REPÈRES CEJM

BTS

2e année

CEJM

ÉDITION ACTUALISÉE

Culture économique, juridique et managériale

Élodie Barbet
Patrice Gillet
Odile Guillermet
Sophie Lacan
Émilie Michaely
Marine Salès-Juet
Audrey Trémeau

DELAGRAVE

Sommaire

THÈME 4 L'impact du numérique sur la vie de l'entreprise

THÈME 5 Les mutations du travail

Le programme de CEJM, *JO* du 3 mars 2018.
www.lienmini.fr/8739-0001

THÈME 6 Les choix stratégiques de l'entreprise

Comment le diagnostic éclaire-t-il les choix stratégiques de l'entreprise ?

Quels sont les choix stratégiques opérés par l'entreprise ?

Entraînements à l'examen

Mes outils pour réussir

Les activités numériques
En accès gratuit pour tous

Tout au long du manuel, des liens ou codes à flasher vous donnent accès à des ressources numériques.

80 vidéos pour découvrir les notions du programme et les entreprises citées en exemple.

VIDÉO
www.lienmini.fr/8739-0702

3 animations de synthèse pour revoir les thèmes de 2e année et les transversalités entre les disciplines.

ANIMATION
www.lienmini.fr/8739-0002

14 QCM autocorrectifs pour tester ses connaissaces sur chaque chapitre.

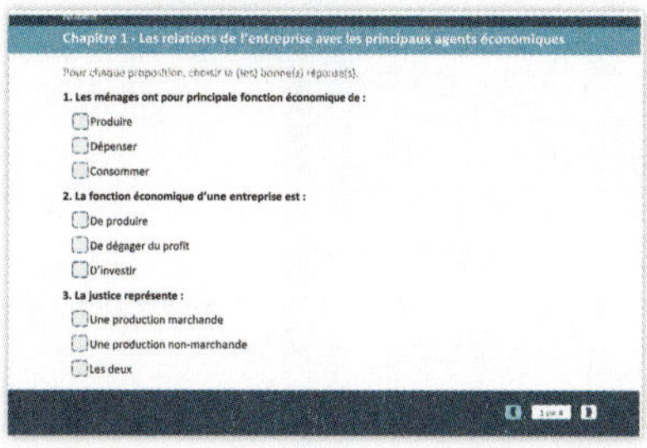

QCM
www.lienmini.fr/8739-0704

Comment accéder à ces activités ?

- Depuis une tablette ou un smartphone, en scannant le QR Code.
- Depuis un ordinateur, en saisissant le lien mini dans un navigateur.

Présentation du manuel

Une page d'ouverture avec une **situation concrète** pour découvrir les problématiques du chapitre **en contexte**.

Des **vidéos** pour découvrir les notions et les organisations.

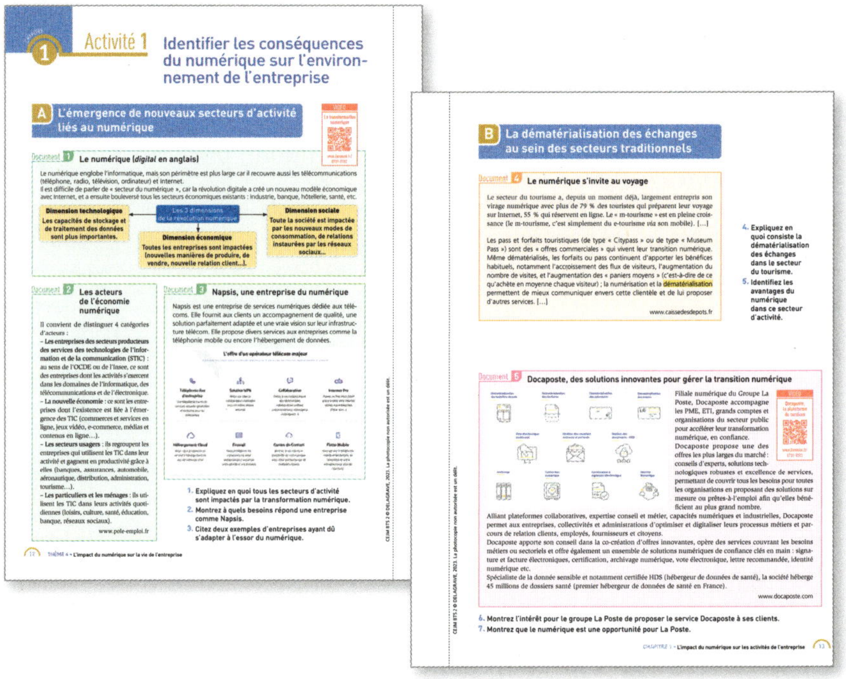

Des **activités** avec des documents variés pour acquérir les compétences et les savoirs du programme.

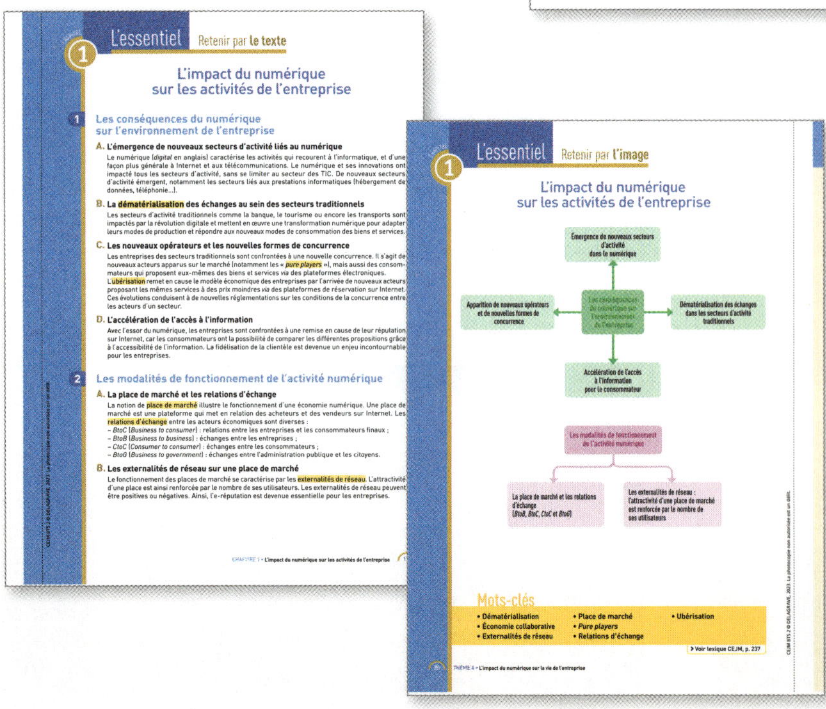

Retenir l'essentiel par le texte et par l'image avec une **synthèse rédigée** et une **synthèse schématique**.

www.lienmini.fr/
8739-0107

Des **QCM** numériques et autocorrectifs.

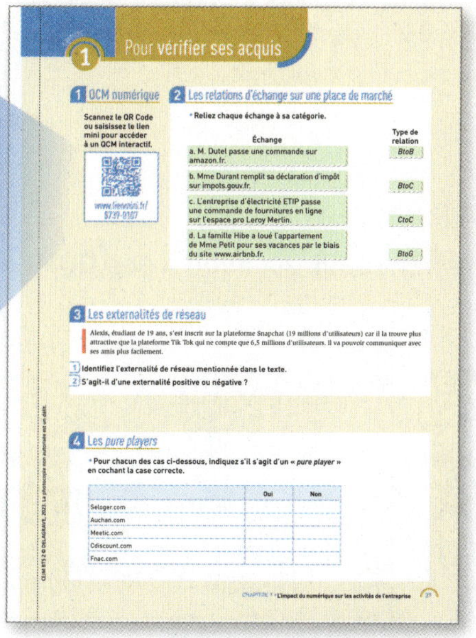

Vérifier ses acquis avec des exercices rapides sur les principales connaissances à acquérir.

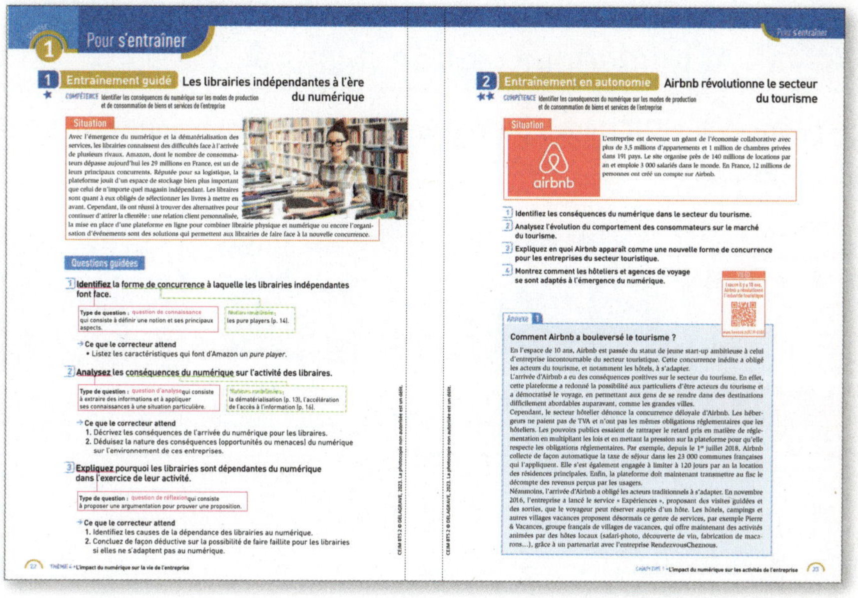

S'entraîner avec des **applications** variées et progressives sur deux niveaux : **Entraînement guidé** et **Entraînement en autonomie**.

Pour préparer l'examen : des cas d'entreprise pour faire la synthèse, chapitre par chapitre.

EN +

- **3 synthèses schématiques** par thème
- **2 entraînements intermédiaires** à l'examen
- **2 entraînements synthétiques** à l'examen sur les thèmes de 1re et 2e années
- **Des fiches méthodes** pour chacune des 3 disciplines
- **Un lexique** avec tous les mots-clés

Pour vérifier ses acquis de BTS 1

QCM numériques sur le thème 1

• Scannez les QR Codes ou saisissez les liens mini pour accéder à des QCM interactifs.

Chapitres 1 à 5

www.lienmini.fr/6995-106

www.lienmini.fr/6995-0206

www.lienmini.fr/6995-0302

www.lienmini.fr/6995-405

www.lienmini.fr/6995-0505

QCM numériques sur le thème 2

• Scannez les QR Codes ou saisissez les liens mini pour accéder à des QCM interactifs.

Chapitres 6 à 9

www.lienmini.fr/6995-608

www.lienmini.fr/6995-706

www.lienmini.fr/6995-0803

www.lienmini.fr/6995-906

QCM numériques sur le thème 3

• Scannez les QR Codes ou saisissez les liens mini pour accéder à des QCM interactifs.

Chapitres 10 à 15

www.lienmini.fr/6995-1005

www.lienmini.fr/6995-1106

www.lienmini.fr/6995-1203

www.lienmini.fr/6995-1306

www.lienmini.fr/6995-1406

www.lienmini.fr/6995-1505

L'intégration de l'entreprise dans son environnement

ÉCONOMIE

Comment s'établissent les relations entre l'entreprise et son environnement économique ?

- Par des **échanges**
  - avec des **agents économiques** → qui génèrent des **externalités** positives ou négatives
- sur les **marchés des biens et services**, le **marché du travail**, le **marché financier**
  - dont il faut connaître le **fonctionnement**
  - qui peuvent être affectés par des **dysfonctionnements**
- Par des relations de **concurrence** ou de **coopération** avec ses **partenaires**

MANAGEMENT

De quelle manière l'entreprise s'inscrit-elle dans son environnement ?

- En prenant en compte les **parties prenantes**
- En mettant en œuvre une **logique entrepreneuriale** et une **logique managériale**
- En poursuivant ses **finalités économiques, sociales et sociétales**
  - qui sont évaluées par des indicateurs de **performance**

DROIT

Comment les contrats sécurisent-ils les relations entre l'entreprise et ses partenaires ?

- Par des **pourparlers**
- Par des **principes contractuels** à respecter
- Par des **clauses** adaptées à une situation professionnelle donnée et à son évolution

VIDÉO

Animation de synthèse

www.lienmini.fr/6995-002

Rappel du thème 2

La régulation de l'activité économique

ÉCONOMIE — Quel est le rôle de l'État dans la régulation économique ?

L'État mène une **politique économique**
- **conjoncturelle**, à court terme
- **structurelle**, à long terme
- pour favoriser la **croissance** économique
- pour lutter contre des déséquilibres **(inflation, chômage)**
- dans un **cadre européen**
- avec des contraintes liées au **budget public**

DROIT — Comment les activités économiques sont-elles régulées par le droit ?

La législation favorise la **concurrence libre**
- en luttant contre les **pratiques anticoncurrentielles**
  - par l'action des **AAI** et de la **Commission européenne**
- en luttant contre les **pratiques déloyales**
- en protégeant la **propriété industrielle**

MANAGEMENT — Comment l'entreprise intègre-t-elle la connaissance de son environnement dans sa prise de décision ?

- En suivant les évolutions de son environnement au moyen d'une **veille informationnelle**
  - pour en identifier les **menaces** et les **opportunités**
- En anticipant les évolutions par l'**innovation**

VIDÉO

Animation de synthèse

www.lienmini.fr/6995-003

L'organisation de l'activité de l'entreprise

Économie

Comment les facteurs économiques déterminent-ils les choix de production ?

- L'analyse de la **structure de coûts**
- Le choix d'une **combinaison productive**
- L'analyse de la **chaîne de valeur**
  - permettent de décider **de faire** ou de **faire faire**

Management

Comment l'entreprise oganise-t-elle ses ressources ?

- En identifiant les **ressources tangibles/intangibles** et les compétences dont elle dispose
- En déterminant les **mécanismes de coordination** et de **contrôle**
- En adoptant un **style de management**
  - qui prend en compte les **parties prenantes**

Quel financement pour l'entreprise ?

- À partir de l'identification des **besoins de financement**
  - **cycle d'exploitation** et **cycle d'investissement**
- un **mode de financement** adapté est choisi
  - en vue d'assurer l'**équilibre financier**

Droit

Comment choisir une structure juridique pour l'entreprise ?

- En fonction des **considérations patrimoniales**, du **statut social** et **fiscal**
  - **Entreprises individuelles** ou **sociétés**
  - Structures juridiques de l'**ESS**

Quelles réponses apporte le droit face aux risques auxquels s'expose l'entreprise ?

- Identification des **risques** liés à son activité
  - **Responsabilité civile** et **pénale**
  - **Responsabilité civile contractuelle** et **extracontractuelle**

VIDÉO

Animation de synthèse

www.lienmini.fr/6995-004

Crédits photographiques

p. 12 © Napsis ; p. 26 © Arcep ; p. 36 © Comarch ; p. 40 © Pokawa ; p. 41 © Biocoop Aquarius ; p. 80 © Ryanair ; p. 82 © Groupe Ametra ; p. 88 © Pierre Fabre ; p. 89 © Transavia ; p. 91 © Cheerz ; p. 96 © Selectour ; p. 161 © CNIL ; p. 170 © Meetic ; p. 175 © Shine ; p. 177 © groupe SII ; p. 185 © Moustache Bikes ; p. 186 © Equipe Baguette à Bicyclette ; p. 187-188 © Williwaw ; p. 189 et 190 (doc. 14) © Obut ; p. 190 (doc. 15) © Decahlon ; p. 195 © BIO-UV Group ; p. 197 © Moustache Bikes ; p. 201 © Shark Robotics ; p. 202 © Tesla ; p. 209-210 © Mama Shelter ; p. 216 © Colles Cléopâtre ; p. 224 © Bonitasoft SA – tous droits réservés
© Adobestock.com pour toutes les autres photos non mentionnées dans la liste ci-dessus.

Édition : Sébastien Le Jean, Judith Ajchenbaum

Conception maquette : Anne-Danielle Naname

Conception couverture : Armelle Boussard

Mise en page : Ghislaine Geneslay, Jean-Jacques Galmiche, Nadine Aymard

www.editions-delagrave.fr

ISBN : 978-2-206-10763-9

CHAPITRE 1

L'impact du numérique sur les activités de l'entreprise

COMPÉTENCES

- Identifier les conséquences du numérique sur les modes de production et de consommation de biens et services de l'entreprise

SAVOIRS ASSOCIÉS

- La place de marché
- Les relations d'échange : *BtoB*, *BtoC*, *CtoC*, *BtoG*
- Les externalités de réseau

Situation professionnelle

L'Oréal lance un diagnostic de la peau basé sur l'intelligence artificielle et les études scientifiques du vieillissement cutané. Cette nouvelle technologie se fonde sur un algorithme développé par ModiFace, une entreprise qui s'est imposée comme la référence mondiale sur le marché de la réalité augmentée et de l'intelligence artificielle appliquées à la beauté. En rachetant ModiFace en 2018, L'Oréal a renforcé sa position d'acteur majeur sur le marché de la beauté et a surpassé les attentes de ses clients grâce à des solutions d'essayage virtuel en ligne et des miroirs connectés en boutique. En effet, la technologie ModiFace permet aux consommateurs de découvrir, de tester et de choisir les produits les plus adaptés à leurs besoins grâce à l'essai virtuel de maquillage, la simulation de coloration capillaire ou encore le « selfie conseil ». Ainsi, L'Oréal a déjà développé plus de 70 services digitaux *via* ses sites Internet, ses applications mobiles ou les réseaux sociaux. Avec l'acquisition de ModiFace, L'Oréal marque une étape majeure dans sa transformation digitale qui a pour objectif de réinventer l'expérience beauté.

VIDÉO

L'Oréal investit dans la *beauty tech*

www.lienmini.fr/8739-0101

Découvrir les problématiques du chapitre

1. Quel est l'intérêt pour L'Oréal d'avoir acquis l'entreprise ModiFace ?
2. Quels sont les impacts du numérique sur le comportement des consommateurs de produits L'Oréal ?
3. En quoi l'émergence du numérique a-t-elle transformé L'Oréal ?

CHAPITRE 1

Activité 1 Identifier les conséquences du numérique sur l'environnement de l'entreprise

A L'émergence de nouveaux secteurs d'activité liés au numérique

VIDÉO
La transformation numérique
www.lienmini.fr/8739-0102

Document 1 Le numérique (*digital* en anglais)

Le numérique englobe l'informatique, mais son périmètre est plus large car il recouvre aussi les télécommunications (téléphone, radio, télévision, ordinateur) et Internet.
Il est difficile de parler de « secteur du numérique », car la révolution digitale a créé un nouveau modèle économique avec Internet, et a ensuite bouleversé tous les secteurs économiques existants : industrie, banque, hôtellerie, santé, etc.

Les 3 dimensions de la révolution numérique

Dimension technologique
Les capacités de stockage et de traitement des données sont plus importantes.

Dimension économique
Toutes les entreprises sont impactées (nouvelles manières de produire, de vendre, nouvelle relation client...).

Dimension sociale
Toute la société est impactée par les nouveaux modes de consommation, de relations instaurées par les réseaux sociaux...

Document 2 Les acteurs de l'économie numérique

Il convient de distinguer 4 catégories d'acteurs :

– **Les entreprises des secteurs producteurs des services des technologies de l'information et de la communication (STIC)** : au sens de l'OCDE ou de l'Insee, ce sont des entreprises dont les activités s'exercent dans les domaines de l'informatique, des télécommunications et de l'électronique.

– **La nouvelle économie** : ce sont les entreprises dont l'existence est liée à l'émergence des TIC (commerces et services en ligne, jeux vidéo, e-commerce, médias et contenus en ligne…).

– **Les secteurs usagers** : ils regroupent les entreprises qui utilisent les TIC dans leur activité et gagnent en productivité grâce à elles (banques, assurances, automobile, aéronautique, distribution, administration, tourisme…).

– **Les particuliers et les ménages** : ils utilisent les TIC dans leurs activités quotidiennes (loisirs, culture, santé, éducation, banque, réseaux sociaux).

www.pole-emploi.fr

Document 3 Napsis, une entreprise du numérique

Napsis est une entreprise de services numériques dédiée aux télécoms. Elle fournit aux clients un accompagnement de qualité, une solution parfaitement adaptée et une vraie vision sur leur infrastructure télécom. Elle propose divers services aux entreprises comme la téléphonie mobile ou encore l'hébergement de données.

1. Expliquez en quoi tous les secteurs d'activité sont impactés par la transformation numérique.
2. Montrez à quels besoins répond une entreprise comme Napsis.
3. Citez deux exemples d'entreprises ayant dû s'adapter à l'essor du numérique.

B La dématérialisation des échanges au sein des secteurs traditionnels

Document 4 Le numérique s'invite au voyage

Le secteur du tourisme a, depuis un moment déjà, largement entrepris son virage numérique avec plus de 79 % des touristes qui préparent leur voyage sur Internet, 55 % qui réservent en ligne. Le « m-tourisme » est en pleine croissance (le m-tourisme, c'est simplement du e-tourisme *via* son mobile). […]

Les pass et forfaits touristiques (de type « Citypass » ou de type « Museum Pass ») sont des « offres commerciales » qui vivent leur transition numérique. Même dématérialisés, les forfaits ou pass continuent d'apporter les bénéfices habituels, notamment l'accroissement des flux de visiteurs, l'augmentation du nombre de visites, et l'augmentation des « paniers moyens » (c'est-à-dire de ce qu'achète en moyenne chaque visiteur) ; la numérisation et la dématérialisation permettent de mieux communiquer envers cette clientèle et de lui proposer d'autres services. […]

www.caissedesdepots.fr

4. Expliquez en quoi consiste la dématérialisation des échanges dans le secteur du tourisme.

5. Identifiez les avantages du numérique dans ce secteur d'activité.

Document 5 Docaposte, des solutions innovantes pour gérer la transition numérique

Filiale numérique du Groupe La Poste, Docaposte accompagne les PME, ETI, grands comptes et organisations du secteur public pour accélérer leur transformation numérique, en confiance.

VIDÉO
Docaposte, la plateforme de services
www.lienmini.fr/8739-0103

Docaposte propose une des offres les plus larges du marché : conseils d'experts, solutions technologiques robustes et excellence de services, permettant de couvrir tous les besoins pour toutes les organisations en proposant des solutions sur mesure ou prêtes-à-l'emploi afin qu'elles bénéficient au plus grand nombre.

Alliant plateformes collaboratives, expertise conseil et métier, capacités numériques et industrielles, Docaposte permet aux entreprises, collectivités et administrations d'optimiser et digitaliser leurs processus métiers et parcours de relation clients, employés, fournisseurs et citoyens.

Docaposte apporte son conseil dans la co-création d'offres innovantes, opère des services couvrant les besoins métiers ou sectoriels et offre également un ensemble de solutions numériques de confiance clés en main : signature et facture électroniques, certification, archivage numérique, vote électronique, lettre recommandée, identité numérique etc.

Spécialiste de la donnée sensible et notamment certifiée HDS (hébergeur de données de santé), la société héberge 45 millions de dossiers santé (premier hébergeur de données de santé en France).

www.docaposte.com

6. Montrez l'intérêt pour le groupe La Poste de proposer le service Docaposte à ses clients.

7. Montrez que le numérique est une opportunité pour La Poste.

Activité 1

C Les nouveaux opérateurs et les nouvelles formes de concurrence

Document 6 Adoré ou détesté, Amazon reste le *pure player** préféré des Français

Amazon est ressorti encore plus fort de la crise sanitaire. L'étude annuelle d'EY Parthenon sur les enseignes préférées des Français fait ressortir que les consommateurs sont devenus encore plus exigeants en matière d'expérience numérique, et que ce critère pèse de plus en plus lourd dans l'évaluation globale des enseignes. […]

D'autres *pure players* réalisent les plus fortes progressions de leur catégorie depuis 2020 en termes de satisfaction. C'est le cas d'Uber Eats, qui devient numéro 4 des enseignes préférées des Français en restauration rapide ou à emporter, derrière McDonald's, Burger King et KFC. « Plus de 10 % des sondés (+ 6,4 points *vs.* 2020) considèrent désormais l'une des trois principales plateformes de livraison de repas comme leur enseigne préférée pour la restauration rapide ou à emporter », note l'étude d'EY.

Raphaële Karayan, www.usine-digitale.fr, 30 mars 2022.

**Pure player* : commerce en ligne qui vend ses produits exclusivement sur Internet.

8. Montrez en quoi l'entreprise Amazon peut être qualifiée de *pure player*.

9. Expliquez en quoi les *pure players* représentent une concurrence pour les entreprises des secteurs traditionnels.

Document 7 Comprendre l'ubérisation

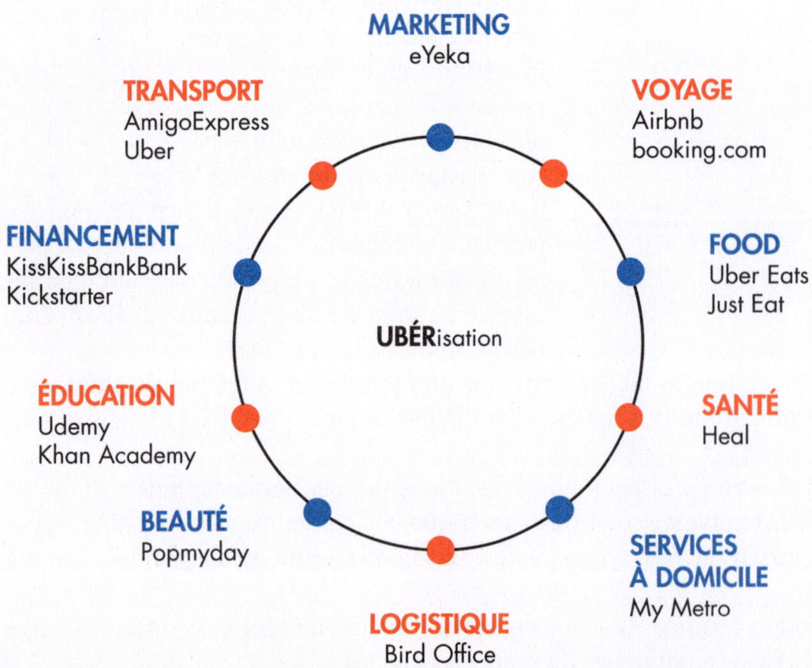

VIDÉO
Ubérisation, ça veut dire quoi ?
www.lienmini.fr/8739-0104

Le terme « ubérisation » apparaît pour la première fois dans le dictionnaire *Le Petit Larousse 2017*, qui le définit comme : la « remise en cause du modèle économique d'une entreprise ou d'un secteur d'activité par l'arrivée d'un nouvel acteur proposant les mêmes services à des prix moindres, effectués par des indépendants plutôt que des salariés, le plus souvent *via* des plateformes de réservation sur Internet ».

L'ubérisation contourne les secteurs classiques de l'économie en créant un nouvel intermédiaire sous la forme d'une plateforme numérique qui met en relation directe les utilisateurs et les prestataires.

10. Montrez en quoi l'entrée d'Uber sur le marché des transports représente une concurrence pour les autres entreprises du secteur.

11. Identifiez les acteurs mis en relation grâce à la plateforme Airbnb.

Document 8 Uber, condamné pour « concurrence déloyale »

910 chauffeurs de taxi vont chacun recevoir 200 euros de la part d'Uber France. La société Uber France a été condamnée vendredi à leur verser des dommages et intérêts pour « concurrence déloyale ». Le tribunal a estimé que la fonctionnalité Uber Pop mise en place entre 2014 et 2015 avait violé les règles du marché et « provoqué nécessairement un préjudice moral, consistant notamment dans l'atteinte portée à l'image et à la réputation des chauffeurs de taxi ». [...]

C'est l'offre du service Uber Pop entre février 2014 et juillet 2015 qui est à l'origine de cette condamnation. Elle permettait aux utilisateurs d'être mis en relation avec des véhicules dont les conducteurs étaient de simples particuliers, non titulaires d'une licence de taxi ou de VTC. Cette offre a valu à Uber de nombreux démêlés avec la justice et une vague de protestations de la part des taxis. Elle a fini par être retirée et Uber a été condamné fin 2015 à 150 000 euros d'amende par la cour d'appel de Paris.

M. F., AFP, 10 septembre 2021.

VIDÉO
Les taxis en guerre contre l'ubérisation
www.lienmini.fr/8739-0105

12. Identifiez deux arguments qui montrent qu'Uber et Deliveroo représentent une concurrence déloyale sur leur marché respectif.

13. Expliquez la nécessité de réglementer les plateformes numériques pour éviter le contournement des règles fiscales et sociales.

14. Proposez un exemple de réglementation qui permettrait de lutter contre la concurrence déloyale des plateformes numériques.

Document 9 La société Deliveroo condamnée à 375 000 euros d'amende pour « travail dissimulé »

Le tribunal correctionnel de Paris a condamné ce mardi Deliveroo à une amende de 375 000 euros – soit le maximum prévu par la loi – pour « travail dissimulé ». La plateforme de livraison de repas est ainsi sanctionnée pour avoir employé des livreurs indépendants plutôt que de les avoir salariés, entre 2015 et 2017. [...] Aux yeux du tribunal, le statut de travailleur indépendant était pour Deliveroo « un habillage juridique fictif, ne correspondant pas à la réalité de l'exercice professionnel des livreurs ». « Le recours à une main-d'œuvre non déclarée génère de facto une situation de concurrence déloyale avec les salariés déclarés pour lesquels l'employeur doit payer des charges sociales et qui eux-mêmes paient des impôts selon leurs ressources, mais aussi avec les autres entreprises du secteur de la livraison courte distance qui, elles, respectent la législation », a déclaré la présidente de la 31e chambre.

www.radiofrance.fr, 19 avril 2022.

Activité 1

D L'accélération de l'accès à l'information

Document 10 La fidélisation des clients grâce aux avis consommateurs

Tous les responsables marketing vous le diront : les avis consommateurs représentent un véritable levier pour booster le chiffre d'affaires d'une entreprise. Il s'agit en quelque sorte d'un retour sur investissement, qui vous permet d'avoir une idée de l'efficacité de vos actions. Ces avis vous permettent d'avoir une bonne réputation en ligne, qui reste disponible et visible par tous et à tout moment.

www.e-relation-client.com

Document 11 Des avis trouvés sur un comparateur de banques en ligne

Avis Crédit du Sud positifs

Commençons d'abord par les avis Crédit du Sud positifs, trouvés sur deux sites : l'internaute.com et TrustPilote. Les témoignages positifs ont cependant été difficiles à dénicher parmi les témoignages négatifs, beaucoup plus nombreux !

> Je suis au CDS de Nancy depuis 20 ans. Je suis chaque fois très bien reçu par tout le personnel. Toujours à l'écoute et disponible. Les frais sont un peu plus chers que certaines banques mais je ne regrette rien. Je pense que ce sera ma banque à vie.

Avis Crédit du Sud négatifs

Les avis Crédit du Sud négatifs sont pléthoriques, à tel point qu'il est presque difficile d'en sélectionner quelques-uns ! Il faut cependant tempérer leur nombre : un client mécontent s'exprime plus volontiers qu'un client satisfait. Il est donc logique que les avis négatifs soient plus présents… Ce qui ne signifie pas non plus qu'ils doivent être ignorés.

> Cette banque ne m'a jamais soutenu et a surtout cherché à me couler financièrement en me proposant toutes sortes de services inadaptés. Ils profitent de la naïveté des gens en proposant des solutions qui empirent votre situation. Je n'ai jamais eu le même conseiller en 3 ans. Je les ai rencontrés en tout une bonne dizaine de fois.

15. Montrez que le numérique accélère l'accès à l'information pour le consommateur.

16. Expliquez ce que peut faire la banque Crédit du Sud pour fidéliser sa clientèle face aux avis publiés sur Internet.

Conclusion

Montrez que le numérique a des conséquences positives et négatives sur l'environnement de l'entreprise.

› Voir lexique CEJM, p. 237

Activité 2 Les modalités de fonctionnement de l'activité numérique

A La place de marché et les relations d'échange

Document 12 La notion de place de marché

Amazon, la Fnac ou encore Cdiscount… La plupart des géants du e-commerce ont décidé d'ouvrir une place de marché permettant de mettre en relation des vendeurs professionnels ou non, avec des particuliers. Le terme de *marketplace*, ou place de marché en bon français, désigne toute plateforme qui met en relation des acheteurs et des vendeurs sur Internet. La plateforme récupère en échange une commission sur les ventes qu'elle a permis de réaliser. Certains sites marchands comme eBay ou Rakuten sont des pures *marketplaces*, c'est-à-dire qu'ils ne proposent que les produits de vendeurs tiers. D'autres, comme Amazon, Cdiscount ou Rueducommerce, accueillent les produits de ces vendeurs tiers, aux côtés de leur propre gamme de produits.

www.lejournaldunet.fr, 4 décembre 2019.

Document 13 La place de marché Facebook

Facebook a déployé sa place de marché en août 2017 en France pour permettre à ses utilisateurs d'acheter et vendre des articles neufs et d'occasion *via* des petites annonces. Avec son interface épurée, la place de marché Facebook mise sur la simplicité. Une photo, une description, un prix : quelques dizaines de secondes suffisent pour mettre un objet en vente, et il n'est pas nécessaire de créer un compte ni de renseigner des informations personnelles. C'est le profil Facebook qui est utilisé, ce qui accentue l'importance de la réputation et de la fiabilisation des transactions sur la plateforme.

Côté acheteur, le service sélectionne automatiquement les annonces susceptibles d'intéresser les utilisateurs en fonction de leurs centres d'intérêt. Facebook ne prélève pas de commission. Le service est rentabilisé en donnant davantage de raisons aux utilisateurs de se connecter plus souvent et en vendant des publicités. Par exemple, il est proposé aux personnes vendant leur voiture de promouvoir leur annonce auprès des utilisateurs ayant récemment recherché un véhicule d'occasion. Facebook profite donc de l'essor du e-commerce.

17. Identifiez les agents économiques mis en relation sur une place de marché.

18. Présentez les avantages pour Facebook d'avoir créé une place de marché.

Document 14 Les relations d'échange sur une place de marché

BtoC	BtoB	CtoC	BtoG
Business to consumer	*Business to business*	*Consumer to consumer*	*Business to government*
C'est l'ensemble des relations qui unissent les entreprises et les consommateurs finaux.	C'est l'ensemble des échanges entre les entreprises.	C'est l'ensemble des échanges entre les consommateurs.	C'est l'ensemble des échanges entre l'administration publique et les citoyens.

19. Identifiez le type de relations d'échange sur les plateformes suivantes : fonction-publique.gouv.fr, leboncoin.fr, auchan.fr, carrefourpro.fr.

20. Montrez en quoi les plateformes permettent de faciliter les échanges entre les acteurs du marché.

Activité 2

B Les externalités de réseau sur une place de marché

Document 15 Les externalités de réseau sur Instagram

VIDÉO
C'est quoi l'effet de réseau ?
www.lienmini.fr/8739-0106

L'externalité de réseau est le phénomène par lequel l'utilité réelle d'une technique ou d'un produit dépend de la quantité de ses utilisateurs. L'attractivité d'une place de marché est ainsi renforcée par le nombre de ses utilisateurs, d'où l'importance de l'effet de réputation.

Il s'agit donc d'une situation dans laquelle l'utilité d'un bien pour un individu dépend du nombre de personnes qui consomment ce bien. L'externalité de réseau est souvent positive. Par exemple, plus le nombre d'utilisateurs sur un réseau social est élevé, plus la plateforme est attractive et incite de nouveaux utilisateurs à s'inscrire.

Reprenons les statistiques Instagram 2021 :

1. **Nombre d'utilisateurs Instagram :** 2 milliards d'utilisateurs actifs par mois dans le monde et 22 millions d'utilisateurs actifs par mois en France.
2. **Âge des utilisateurs Instagram :** 71 % des utilisateurs actifs mensuels de l'appli Instagram ont moins de 35 ans.
3. **Temps passé sur Instagram :** les utilisateurs Instagram passent en moyenne **53 minutes par jour sur la plateforme**.

www.oberlo.fr

21. Expliquez comment Instagram bénéficie de l'externalité de réseau.
22. Montrez qu'il s'agit d'une externalité positive dans le cas de cette entreprise.

Document 16 L'économie collaborative

La notion d'économie collaborative est une forme d'échange basée sur le partage et la collaboration. Elle peut se baser sur du troc ou sur un échange monétaire. L'essor d'Internet a permis à l'économie collaborative de connaître une vraie montée en puissance, notamment grâce à l'émergence de plateformes. Avec des entreprises comme BlaBlaCar, Airbnb ou Groupon, ce nouveau modèle bouleverse l'économie traditionnelle.

www.journaldunet.fr

Document 17 BlaBlaCar et les externalités de réseau

Le succès de BlaBlaCar est dû au phénomène appelé externalité de réseau. Plus le nombre de trajets proposé sur la *marketplace* est important, plus les passagers ont de chance de trouver un trajet. Et avec cela, BlaBlaCar a donc atteint la masse critique nécessaire à son succès avant ses concurrents. Cette *marketplace* est aujourd'hui le leader mondial du covoiturage, et arrive même a être redoutée par des concurrents de taille sur le secteur des transports comme la SNCF, qui a dû revoir ses prix à la baisse.

23. Expliquez l'intérêt de l'économie collaborative pour les consommateurs.
24. Montrez en quoi le succès de BlaBlaCar repose sur les externalités de réseau.

Conclusion

Présentez les modalités de fonctionnement de l'activité numérique à travers les places de marché et les relations d'échange entre les acteurs.

> Voir lexique CEJM, p. 237

L'essentiel Retenir par **le texte**

L'impact du numérique sur les activités de l'entreprise

1 Les conséquences du numérique sur l'environnement de l'entreprise

A. L'émergence de nouveaux secteurs d'activité liés au numérique

Le numérique (*digital* en anglais) caractérise les activités qui recourent à l'informatique, et d'une façon plus générale à Internet et aux télécommunications. Le numérique et ses innovations ont impacté tous les secteurs d'activité, sans se limiter au secteur des TIC. De nouveaux secteurs d'activité émergent, notamment les secteurs liés aux prestations informatiques (hébergement de données, téléphonie...).

B. La dématérialisation des échanges au sein des secteurs traditionnels

Les secteurs d'activité traditionnels comme la banque, le tourisme ou encore les transports sont impactés par la révolution digitale et mettent en œuvre une transformation numérique pour adapter leurs modes de production et répondre aux nouveaux modes de consommation des biens et services.

C. Les nouveaux opérateurs et les nouvelles formes de concurrence

Les entreprises des secteurs traditionnels sont confrontées à une nouvelle concurrence. Il s'agit de nouveaux acteurs apparus sur le marché (notamment les « *pure players* »), mais aussi des consommateurs qui proposent eux-mêmes des biens et services *via* des plateformes électroniques.
L'ubérisation remet en cause le modèle économique des entreprises par l'arrivée de nouveaux acteurs proposant les mêmes services à des prix moindres *via* des plateformes de réservation sur Internet. Ces évolutions conduisent à de nouvelles réglementations sur les conditions de la concurrence entre les acteurs d'un secteur.

D. L'accélération de l'accès à l'information

Avec l'essor du numérique, les entreprises sont confrontées à une remise en cause de leur réputation sur Internet, car les consommateurs ont la possibilité de comparer les différentes propositions grâce à l'accessibilité de l'information. La fidélisation de la clientèle est devenue un enjeu incontournable pour les entreprises.

2 Les modalités de fonctionnement de l'activité numérique

A. La place de marché et les relations d'échange

La notion de place de marché illustre le fonctionnement d'une économie numérique. Une place de marché est une plateforme qui met en relation des acheteurs et des vendeurs sur Internet. Les relations d'échange entre les acteurs économiques sont diverses :

- *BtoC* (*Business to consumer*) : relations entre les entreprises et les consommateurs finaux ;
- *BtoB* (*Business to business*) : échanges entre les entreprises ;
- *CtoC* (*Consumer to consumer*) : échanges entre les consommateurs ;
- *BtoG* (*Business to government*) : échanges entre l'administration publique et les citoyens.

B. Les externalités de réseau sur une place de marché

Le fonctionnement des places de marché se caractérise par les externalités de réseau. L'attractivité d'une place est ainsi renforcée par le nombre de ses utilisateurs. Les externalités de réseau peuvent être positives ou négatives. Ainsi, l'e-réputation est devenue essentielle pour les entreprises.

L'impact du numérique sur les activités de l'entreprise

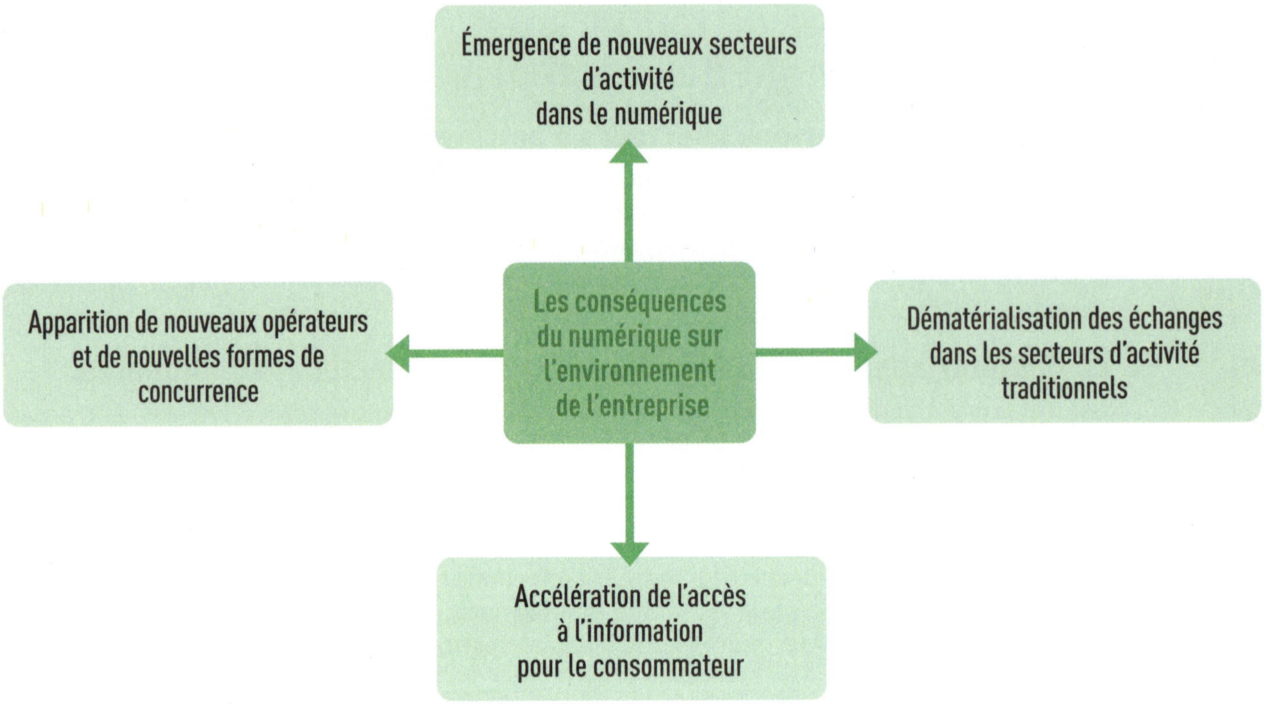

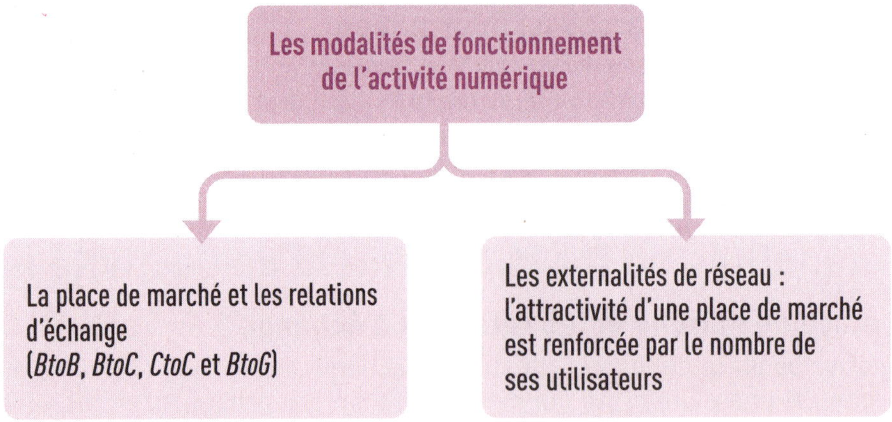

Mots-clés

- Dématérialisation
- Économie collaborative
- Externalités de réseau
- Place de marché
- *Pure players*
- Relations d'échange
- Ubérisation

› Voir lexique CEJM, p. 237

CHAPITRE 1

Pour vérifier ses acquis

1 QCM numérique

Scannez le QR Code ou saisissez le lien mini pour accéder à un QCM interactif.

www.lienmini.fr/8739-0107

2 Les relations d'échange sur une place de marché

• Reliez chaque échange à sa catégorie.

Échange	Type de relation
a. M. Dutel passe une commande sur amazon.fr.	*BtoB*
b. Mme Durant remplit sa déclaration d'impôt sur impots.gouv.fr.	*BtoC*
c. L'entreprise d'électricité ETIP passe une commande de fournitures en ligne sur l'espace pro Leroy Merlin.	*CtoC*
d. La famille Hibe a loué l'appartement de Mme Petit pour ses vacances par le biais du site www.airbnb.fr.	*BtoG*

3 Les externalités de réseau

Alexis, étudiant de 19 ans, s'est inscrit sur la plateforme Snapchat (19 millions d'utilisateurs) car il la trouve plus attractive que la plateforme Tik Tok qui ne compte que 6,5 millions d'utilisateurs. Il va pouvoir communiquer avec ses amis plus facilement.

1 Identifiez l'externalité de réseau mentionnée dans le texte.

2 S'agit-il d'une externalité positive ou négative ?

4 Les *pure players*

• Pour chacun des cas ci-dessous, indiquez s'il s'agit d'un « *pure player* » en cochant la case correcte.

	Oui	Non
Seloger.com		
Auchan.com		
Meetic.com		
Cdiscount.com		
Fnac.com		

CHAPITRE 1

Pour s'entraîner

1 Entraînement guidé — Les librairies indépendantes à l'ère du numérique

★ COMPÉTENCE Identifier les conséquences du numérique sur les modes de production et de consommation de biens et services de l'entreprise

Situation

Avec l'émergence du numérique et la dématérialisation des services, les librairies connaissent des difficultés face à l'arrivée de plusieurs rivaux. Amazon, dont le nombre de consommateurs dépasse aujourd'hui les 29 millions en France, est un de leurs principaux concurrents. Réputée pour sa logistique, la plateforme jouit d'un espace de stockage bien plus important que celui de n'importe quel magasin indépendant. Les libraires sont quant à eux obligés de sélectionner les livres à mettre en avant. Cependant, ils ont réussi à trouver des alternatives pour continuer d'attirer la clientèle : une relation client personnalisée, la mise en place d'une plateforme en ligne pour combiner librairie physique et numérique ou encore l'organisation d'événements sont des solutions qui permettent aux librairies de faire face à la nouvelle concurrence.

Questions guidées

1 **Identifiez** la forme de concurrence à laquelle les librairies indépendantes font face.

Type de question : question de connaissance qui consiste à définir une notion et ses principaux aspects.

Notion mobilisée : les pure players (p. 14).

→ **Ce que le correcteur attend**
- Listez les caractéristiques qui font d'Amazon un *pure player*.

2 **Analysez** les conséquences du numérique sur l'activité des libraires.

Type de question : question d'analyse qui consiste à extraire des informations et à appliquer ses connaissances à une situation particulière.

Notions mobilisées : la dématérialisation (p. 13), l'accélération de l'accès à l'information (p. 16).

→ **Ce que le correcteur attend**
1. Décrivez les conséquences de l'arrivée du numérique pour les libraires.
2. Déduisez la nature des conséquences (opportunités ou menaces) du numérique sur l'environnement de ces entreprises.

3 **Expliquez** pourquoi les librairies sont dépendantes du numérique dans l'exercice de leur activité.

Type de question : question de réflexion qui consiste à proposer une argumentation pour prouver une proposition.

→ **Ce que le correcteur attend**
1. Identifiez les causes de la dépendance des librairies au numérique.
2. Concluez de façon déductive sur la possibilité de faire faillite pour les librairies si elles ne s'adaptent pas au numérique.

2 Entraînement en autonomie ★★

Airbnb révolutionne le secteur du tourisme

COMPÉTENCE Identifier les conséquences du numérique sur les modes de production et de consommation de biens et services de l'entreprise

Situation

airbnb

L'entreprise est devenue un géant de l'économie collaborative avec plus de 3,5 millions d'appartements et 1 million de chambres privées dans 191 pays. Le site organise près de 140 millions de locations par an et emploie 3 000 salariés dans le monde. En France, 12 millions de personnes ont créé un compte sur Airbnb.

1. **Identifiez les conséquences du numérique dans le secteur du tourisme.**
2. **Analysez l'évolution du comportement des consommateurs sur le marché du tourisme.**
3. **Expliquez en quoi Airbnb apparaît comme une nouvelle forme de concurrence pour les entreprises du secteur touristique.**
4. **Montrez comment les hôteliers et agences de voyage se sont adaptés à l'émergence du numérique.**

VIDÉO
Lancée il y a 10 ans, Airbnb a révolutionné l'industrie touristique
www.lienmini.fr/8739-0108

Annexe 1

Comment Airbnb a bouleversé le tourisme ?

En l'espace de 10 ans, Airbnb est passée du statut de jeune start-up ambitieuse à celui d'entreprise incontournable du secteur touristique. Cette concurrence inédite a obligé les acteurs du tourisme, et notamment les hôtels, à s'adapter.

L'arrivée d'Airbnb a eu des conséquences positives sur le secteur du tourisme. En effet, cette plateforme a redonné la possibilité aux particuliers d'être acteurs du tourisme et a démocratisé le voyage, en permettant aux gens de se rendre dans des destinations difficilement abordables auparavant, comme les grandes villes.

Cependant, le secteur hôtelier dénonce la concurrence déloyale d'Airbnb. Les hébergeurs ne paient pas de TVA et n'ont pas les mêmes obligations réglementaires que les hôteliers. Les pouvoirs publics essaient de rattraper le retard pris en matière de réglementation en multipliant les lois et en mettant la pression sur la plateforme pour qu'elle respecte les obligations réglementaires. Par exemple, depuis le 1er juillet 2018, Airbnb collecte de façon automatique la taxe de séjour dans les 23 000 communes françaises qui l'appliquent. Elle s'est également engagée à limiter à 120 jours par an la location des résidences principales. Enfin, la plateforme doit maintenant transmettre au fisc le décompte des revenus perçus par les usagers.

Néanmoins, l'arrivée d'Airbnb a obligé les acteurs traditionnels à s'adapter. En novembre 2016, l'entreprise a lancé le service « Expériences », proposant des visites guidées et des sorties, que le voyageur peut réserver auprès d'un hôte. Les hôtels, campings et autres villages vacances proposent désormais ce genre de services, par exemple Pierre & Vacances, groupe français de villages de vacances, qui offre maintenant des activités animées par des hôtes locaux (safari-photo, découverte de vin, fabrication de macarons...), grâce à un partenariat avec l'entreprise RendezvousCheznous.

Annexe 2

Quel avenir pour les agences de voyage ?

La faillite de l'agence de voyage Thomas Cook (créée vers le milieu du XIXe siècle en Angleterre) pose la question de l'adaptation des entreprises du secteur du tourisme aux évolutions des modes de consommation et de distribution des produits touristiques. Un modèle remis en question par l'essor des agences de voyage en ligne, comme Booking et Expedia, et par l'arrivée disruptive d'Airbnb.

En effet, le secteur touristique est en pleine mutation. De plus en plus, les touristes veulent organiser eux-mêmes leur séjour et un voyage à la carte où ils choisissent leur moyen de transport, leur hébergement et leurs activités. Ils sont à la recherche d'expériences sur mesure et sont de moins en moins intéressés par des services standardisés. Selon une étude de Future Thinking France pour *Le Quotidien du Tourisme*, 68 % des Français séjournant en hébergement marchand à l'étranger organisent eux-mêmes leur voyage, en achetant séparément chaque prestation.

Cependant, les agences de voyage semblent résister à ce phénomène de « désintermédiation » car elles s'inscrivent dans une logique omnicanale, modernisent leurs points de vente, et intègrent Internet dans leur stratégie de développement. Intégrées à de grands groupes de tourisme mondiaux, à des enseignes de grande distribution (Leclerc, Carrefour, Lidl) ou regroupées en coopérative comme Selectour, elles se sont dotées d'une véritable identité numérique. En effet, la révolution digitale a poussé les agences traditionnelles à revoir le rôle du conseiller voyage. Ces dernières ont développé leur présence sur Internet ainsi que des services permettant de renforcer leur avantage compétitif par rapport aux plateformes comme Airbnb. Par exemple, le groupe Prêt-à-Partir s'est doté de casques de réalité virtuelle Oculus Rift pour vendre ses voyages. Cela apporte de la transparence et de la confiance entre l'agent de voyage et le client. De même, l'entreprise Amadeus a développé un service intégré à la TV connectée. Lorsqu'un paysage passe à la télévision, ce système intitulé Travel Cast permet de mettre en pause et d'obtenir des informations sur le lieu et les activités disponibles sur place. Ces différents services permettent au voyageur d'éviter d'être déçu par son futur voyage et l'agent de voyage devient alors un acteur précieux à ses yeux.

3 Faire le lien avec le stage/l'apprentissage

1. Listez les conséquences du numérique sur l'activité de votre entreprise.
2. Présentez les modalités de fonctionnement de l'activité numérique de votre entreprise (place de marché, type de relations d'échange, externalités de réseau…).

CHAPITRE 1

Pour préparer l'examen

Cas d'entreprise — Les GAFAM, champions du numérique

COMPÉTENCE Identifier les conséquences du numérique sur les modes de production et de consommation de biens et services de l'entreprise

Situation

Vous avez été recruté(e) dans le cadre d'un contrat en apprentissage au siège de Microsoft. Vous êtes accueilli(e) par le directeur de votre service qui vous demande de réaliser une analyse des conséquences de l'émergence du numérique sur les modes de production et de consommation des biens et services à travers l'activité des GAFAM (Google, Apple, Facebook, Amazon, Microsoft). Cette mission se décomposera en deux parties : les conséquences du numérique sur l'environnement des entreprises (mission 1), et les modalités de fonctionnement de l'activité numérique (mission 2).

Mission 1 Les conséquences du numérique sur l'environnement des entreprises

1. Identifiez les facteurs ayant permis aux GAFAM de devenir des entreprises leaders du numérique.
2. Montrez en quoi les GAFAM représentent une nouvelle forme de concurrence pour les entreprises des secteurs d'activité traditionnels.

Mission 2 Les modalités de fonctionnement de l'activité numérique

3. Présentez la nature des externalités de réseau ayant permis aux GAFAM d'être leaders sur le marché du numérique.
4. Analysez la nécessité et les difficultés de réguler l'activité des GAFAM.

Annexe 1

Comment les GAFAM ont-ils réussi à s'imposer comme les champions du numérique ?

Les GAFAM se sont développés chacun dans leur activité respective dont ils sont devenus les leaders. Ils se sont répartis, de fait, les principaux segments du marché du numérique dans lesquels ils ont su s'imposer et prospérer grâce à la combinaison de plusieurs facteurs :
- un ou deux fondateurs visionnaires et charismatiques ;
- une offre innovante toujours à la pointe de la technologie ;
- une stratégie « orientée client », c'est-à-dire fondée sur la satisfaction des utilisateurs ;
- des capacités financières à la hauteur des investissements nécessaires, grâce à l'appui initial des fonds d'investissement américains puis à leur cotation en Bourse.

Mais c'est surtout leur formidable capacité à capter et à exploiter les données en provenance de leurs clients – le cœur de leur modèle économique – qui fonde leur spécificité. Au fur et à mesure du développement de leur offre, ils ont ainsi pu construire des bases de données extrêmement riches et profondes, le plus souvent en contrepartie de services fournis gratuitement, qui leur ont procuré un avantage concurrentiel majeur. La richesse des informations contenues dans ces bases permet en effet à Apple, Amazon et Microsoft d'adapter leur offre aux besoins ou attentes des clients, ou à Google et Facebook de vendre des données ou des publicités ciblées et hautement stratégiques pour les entreprises qui les achètent.

www.citeco.fr

Annexe 2

Les GAFAM et les externalités de réseau

Les GAFAM ont joué sur les externalités de réseau générées par leur offre pour renforcer leur domination sur leurs marchés respectifs et ériger des barrières à l'entrée très élevées pour d'éventuels concurrents :

– **Les externalités de réseau directes** apparaissent lorsque l'utilité du produit ou du service offert augmente avec le nombre de ses utilisateurs. Ces effets de réseau directs sont amplifiés par les effets de réputation. Ainsi, un futur client aura tendance à choisir le réseau dominant car c'est celui qui potentiellement lui offrira le meilleur service. C'est ainsi par exemple que Microsoft a pu jouer de ces effets de réseau directs dès que son offre Microsoft Office s'est imposée comme la norme en matière de logiciels bureautiques : les entreprises utilisant très majoritairement cette suite logicielle, elles recherchent prioritairement des personnes la maîtrisant. Dès lors, employés et postulants à un emploi ont intérêt à savoir l'utiliser pour conserver leur employabilité.

– **Les externalités de réseau indirectes** se manifestent lorsqu'une offre ou un produit largement diffusés s'accompagnent de services ou produits complémentaires qui enrichissent le service initial. Par exemple, Apple propose désormais des applications (Wallet, Maps…), des plateformes de contenus (iTunes, App Store), des services payants (Apple Music, iCloud) ou encore des accessoires uniquement compatibles avec ses matériels (ordinateurs, baladeurs, smartphones). Le but d'Apple est d'enrichir son produit initial, à savoir l'iPhone.

Annexe 3

Une régulation des GAFAM nécessaire mais difficile à mettre en œuvre

www.lesnumeriques.com

La domination des GAFAM dans le domaine de l'économie numérique met en évidence l'intensité de leur pouvoir de marché et l'insuffisance du niveau de concurrence engendrée en partie par des pratiques commerciales abusives. Des réglementations pour protéger les autres entreprises et pour lutter contre les stratégies d'optimisations fiscales s'avèrent nécessaires.

En effet, les outils traditionnels de la réglementation des services, comme le contrôle des prix, sont difficiles à appliquer dans le cas des GAFAM, car leur offre repose le plus souvent sur des services ou des produits gratuits en échange de la fourniture d'informations de la part des utilisateurs. L'Union européenne a commencé à mettre en place des dispositifs pour sanctionner les comportements abusifs des GAFAM. Par exemple, Facebook s'est vu infliger une amende de 122 millions de dollars pour avoir faussement affirmé qu'avec l'acquisition de WhatsApp en 2014, elle ne cherchait pas à combiner ses données avec les siennes. Mais la grande difficulté des réglementations mises en place réside dans le fait de trouver un bon compromis : comment lutter contre les abus des GAFAM sans pour autant porter préjudice au coût et à la qualité du service offert aux utilisateurs ?

CHAPITRE 2

L'impact du numérique sur les échanges de l'entreprise avec ses partenaires

COMPÉTENCES	SAVOIRS ASSOCIÉS
■ Analyser les conséquences du numérique dans les relations d'échange de l'entreprise	■ L'évolution des modèles économiques : relations marchandes, non marchandes, économie collaborative, propriété et usages ■ Les normes et les standards ■ Effets de la dématérialisation, de l'automatisation et de la désintermédiation/réintermédiation sur l'économie

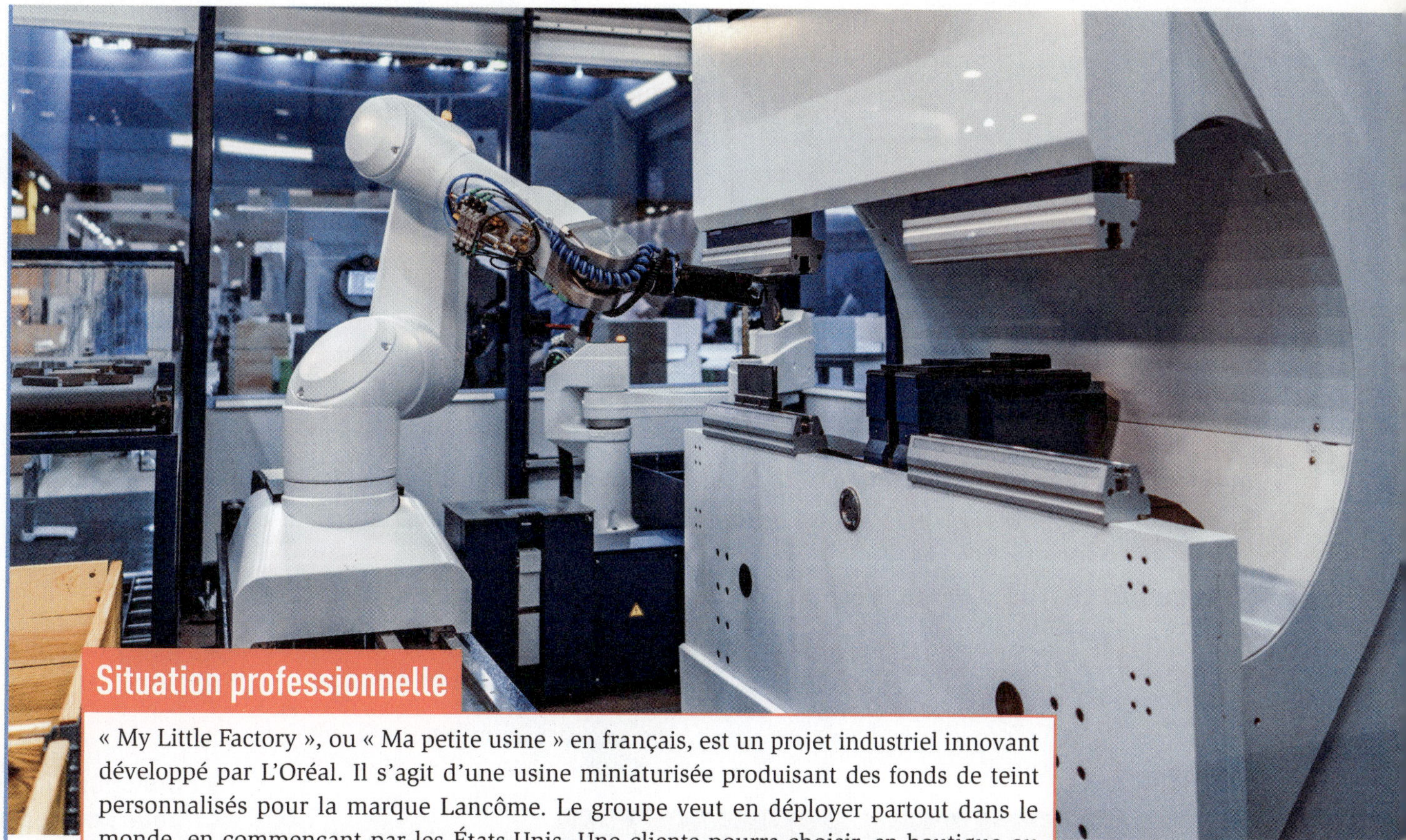

Situation professionnelle

« My Little Factory », ou « Ma petite usine » en français, est un projet industriel innovant développé par L'Oréal. Il s'agit d'une usine miniaturisée produisant des fonds de teint personnalisés pour la marque Lancôme. Le groupe veut en déployer partout dans le monde, en commençant par les États-Unis. Une cliente pourra choisir, en boutique ou *via* une application, la teinte exacte qui lui convient et cette ligne de production 100 % automatisée la fabriquera très exactement grâce à une palette de 22 000 couleurs de fonds de teint. L'enjeu pour le groupe est de passer de produits fabriqués par lots de 500 kilos à une production à l'unité de 30 millilitres. My Little Factory aura une capacité de production à la demande d'une centaine de références par heure. Ce projet s'inscrit dans la tendance à la personnalisation des produits cosmétiques, tout en limitant l'impact environnemental, grâce à l'automatisation, la programmation par ordinateur, les robots collaboratifs et l'intelligence artificielle. Ainsi, la fabrication personnalisée à grande échelle est la nouvelle voie explorée par le leader français des cosmétiques.

VIDÉO

L'industrie 4.0 chez L'Oréal

www.lienmini.fr/8739-0201

Découvrir les problématiques du chapitre

1. En quoi le projet industriel My Little Factory de L'Oréal répond-il aux nouvelles attentes des clientes ?
2. Quels sont les impacts du numérique sur les procédés de production de L'Oréal ?
3. L'automatisation de la production peut-elle avoir un impact sur l'emploi au sein de L'Oréal ?

CHAPITRE 2

Activité 1 Analyser l'émergence de nouveaux modèles de consommation

Document 1 De la propriété à une économie de l'usage

L'économie collaborative (ou économie du partage) désigne les nouveaux modes de consommation permettant de partager entre consommateurs l'usage ou la consommation de produits, équipements ou services. Cette nouvelle tendance économique privilégie la location d'un bien ou service plutôt que sa propriété. L'échange économique ne repose plus sur le transfert de propriété de biens, qui restent la propriété du producteur tout au long de leur cycle de vie, mais sur le consentement des usagers à payer une valeur d'usage. À la différence d'un système de location classique, les solutions s'inscrivent dans une perspective de développement durable.

VIDÉO
L'économie collaborative
www.lienmini.fr/8739-0202

Document 2 L'engouement des consommateurs pour les abonnements

Ce matin, Mélina enclenche sa machine à café Nespresso achetée seulement 1 € moyennant un abonnement de 19 € pour 12 mois. Elle se chausse d'escarpins de la marque Bocage, qu'elle loue et qui lui permet de changer de modèles tous les 2 mois. Elle a également souscrit trois autres abonnements : l'un pour accéder à différents services de vidéos en streaming, le deuxième pour accéder à des titres de musique en illimité sur Deezer et le dernier pour stocker ses données dans le *cloud*.

1. Montrez comment le numérique contribue à l'essor de l'économie collaborative.

2. Expliquez en quoi les offres d'abonnement s'inscrivent dans une consommation d'usage et non de propriété.

3. Quel intérêt ce type d'offres présente-t-il pour le consommateur et pour l'entreprise ?

Document 3 Leroy Merlin et la location gratuite d'outils de bricolage

Leroy Merlin a initié des démarches collaboratives comme celle de la location gratuite d'outils auprès des utilisateurs finaux. La marque propose, *via* Facebook, une location de 48 heures d'outils tels qu'une scie sauteuse, un perforateur, ou encore une ponceuse. Ce service est totalement gratuit et se révèle être un succès face à une clientèle qui préfère louer le produit plutôt que d'en devenir propriétaire.

Leroy Merlin assure protéger la vie privée de ses clients internautes en respectant la législation en vigueur et en déclarant la collecte et le traitement des données personnelles auprès de la CNIL (Commission nationale de l'informatique et des libertés).

4. Indiquez l'intérêt pour l'entreprise Leroy Merlin de proposer de la location gratuite d'outils de bricolage à ses clients.

5. Identifiez les risques liés à l'économie collaborative en matière de diffusion de données personnelles.

Conclusion

Montrez que le numérique a fait naître de nouveaux modes de consommation auxquels l'entreprise doit s'adapter.

› Voir lexique CEJM, p. 237

Activité 2 Analyser les nouveaux modèles économiques nés du numérique

Document 4 La structure de coûts dans les banques en ligne

VIDÉO
La stratégie des banques en ligne
www.lienmini.fr/8739-0203

Les banques en ligne proposent des tarifs plus avantageux que ceux des banques traditionnelles, car elles ont des coûts plus faibles. Elles n'ont pas de réseaux d'agences physiques qui sont une charge considérable pour les banques classiques, lesquelles doivent payer des milliers de salariés, entretenir de nombreux biens immobiliers et les équiper en informatique.
Les frais de structure des banques en ligne sont donc allégés. Elles réduisent leurs services à l'essentiel et concentrent leurs investissements dans les outils informatiques et l'innovation avec le développement de sites Web et d'applications mobiles performantes. Les clients sont devenus plus autonomes pour gérer leurs comptes et souscrire des produits et services bancaires de base. Les banques en ligne n'ont donc pas besoin d'embaucher autant de conseillers bancaires que dans un réseau classique.

Document 5 La réduction des coûts dans les banques traditionnelles

L'augmentation de la concurrence avec l'arrivée des banques en ligne pousse les banques traditionnelles à réduire leurs coûts pour accroître leur rentabilité. La réduction des coûts passe souvent par la suppression des postes les moins rentables. L'objectif est de réduire particulièrement les coûts fixes (charges qui ne varient pas avec le volume de l'activité), car ils sont bien plus élevés que dans les banques en ligne. Cela explique les nombreuses fermetures de succursales mais aussi l'abandon de distributeurs automatiques de billets. Le groupe Société Générale et le groupe Crédit du Nord ont annoncé leur fusion de réseaux de banques pour 2023. Ainsi, 157 agences bancaires, aussi bien Société Générale que Crédit du Nord, devraient fermer en 2023, sur un total de 650 environ, dans le cadre du projet Vision 2025.

6. **Expliquez pourquoi les banques traditionnelles doivent réduire leurs coûts fixes face à la concurrence des banques en ligne.**

7. **Montrez en quoi la décision du groupe BPCE va lui permettre de réduire ses coûts et d'être plus rentable.**

Document 6 De nouveaux modèles économiques facilités par le numérique

Yield management SNCF	La technique du *yield management* consiste en une tarification flexible en fonction du taux de remplissage dont l'objectif est l'optimisation du chiffre d'affaires. Ainsi, le prix n'est plus fixe mais évolue en fonction de la demande des consommateurs.
Freemium Spotify	Ce modèle est basé sur une offre gratuite d'un service de base pour que l'utilisateur puisse se familiariser avec les fonctionnalités avant de payer pour les fonctionnalités plus avancées. Il s'agit d'une stratégie commerciale associant une offre « premium » haut de gamme et payante à une offre basique, en libre accès.
Free to play 	Le *free to play* est un modèle économique par lequel les joueurs peuvent jouer gratuitement. Des éléments payants associés au jeu (vies supplémentaires, niveaux de jeu supplémentaires…) financent le développement technique du jeu et les investissements marketing pour le faire connaître.

8. **Montrez en quoi le numérique facilite la flexibilité et la réactivité des entreprises grâce aux nouvelles techniques de tarification.**

9. **Un hôtelier n'a rempli qu'à moitié son établissement. En fin de journée, il décide de pratiquer des prix plus bas que le prix initial, afin de déclencher des réservations. Identifiez le modèle économique utilisé par l'hôtelier.**

10. **Identifiez deux limites au *yield management* pratiqué par la SNCF du point de vue du consommateur.**

Conclusion

Montrez que le numérique a fait naître de nouveaux modèles économiques utilisés par l'entreprise pour adapter son offre.

› Voir lexique CEJM, p. 237

CHAPITRE 2

Activité 3 Apprécier les effets de l'automatisation et de la désintermédiation/réintermédiation

Document 7 Différencier désintermédiation et réintermédiation

La désintermédiation est un phénomène économique et commercial qui se traduit par la réduction ou la suppression des intermédiaires dans un circuit de distribution. Le développement d'Internet a par exemple largement favorisé la désintermédiation dans le domaine du voyage/tourisme et dans celui de la distribution de certains logiciels ou jeux [...]. La désintermédiation ne doit pas être confondue avec un phénomène proche qui est celui de la désintermédiation/réintermédiation qui se traduit par la suppression (ou la réduction d'activité) d'intermédiaires historiques par de nouveaux intermédiaires qui sont souvent des plateformes Internet.

www.definitions-marketing.com

Document 8 La désintermédiation/réintermédiation dans le transport aérien

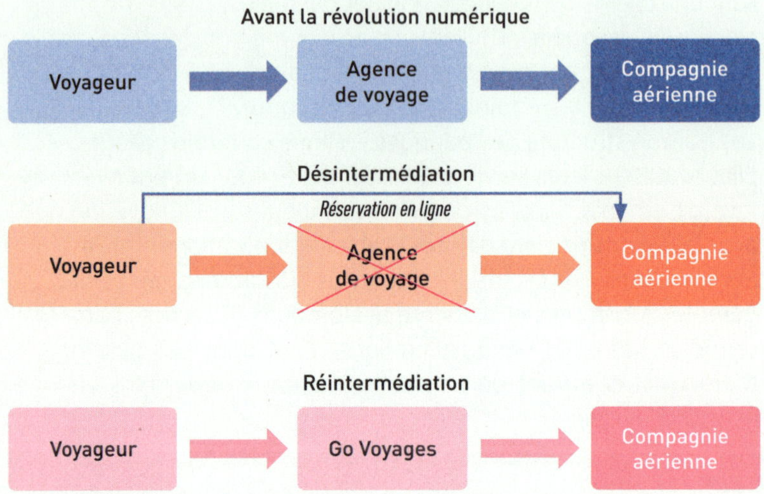

11. Identifiez les changements induits par le numérique dans le secteur du transport aérien.

12. Proposez un avantage et un inconvénient de la désintermédiation pour les consommateurs.

VIDÉO
Non, les robots ne vont pas remplacer tous les salariés
www.lienmini.fr/8739-0204

Document 9 Les nouveaux métiers induits par l'automatisation

Après la vague du big data se lève celle de l'IA. L'intelligence artificielle va détruire des emplois, mais elle va aussi créer de nouveaux métiers très qualifiés car avant de remplacer l'homme, les machines doivent être conçues et programmées. [...] Des postes très qualifiés concentrant la valeur ajoutée de l'intelligence humaine tandis que l'intelligence artificielle permettra de remplacer les tâches peu qualifiées par des machines. [...] Alexandre se présente comme un « juriste augmenté ». Il a cofondé une société qui propose aux juristes une plateforme intelligente pouvant relire et vérifier leurs contrats. « Les juristes passent beaucoup de temps à éplucher des milliers de pages de textes souvent identiques. Nous avons développé un logiciel capable d'analyser et de vérifier toutes les clauses d'un contrat », explique Alexandre. Le client gagne ainsi un temps précieux qu'il peut consacrer aux travaux réclamant une réelle expertise juridique.

www.reussirmavie.net

13. Identifiez les types d'emplois les plus menacés par l'intelligence artificielle.

14. Montrez que l'automatisation peut avoir un impact positif sur les emplois en France.

Conclusion

Montrez que le numérique peut conduire à un phénomène de destruction créatrice, à travers les exemples de la désintermédiation/réintermédiation et de l'emploi.

› Voir lexique CEJM, p. 237

L'impact du numérique sur les échanges de l'entreprise avec ses partenaires

1 L'émergence de nouveaux modèles de consommation

A. De la propriété à la consommation d'usage

Le numérique facilite l'émergence de nouveaux modèles de consommation qui se caractérisent par le passage de la propriété à une économie de l'usage : les propriétaires mettent leurs biens à la disposition de tiers qui en auront l'usage pendant un temps déterminé. L'échange économique ne repose plus sur le transfert de propriété de biens, qui restent la propriété du producteur tout au long de leur cycle de vie, mais sur le consentement des usagers à payer une valeur d'usage.

B. L'émergence de l'économie collaborative

L'économie collaborative (ou économie du partage) désigne les nouveaux modes de consommation permettant de partager entre consommateurs l'usage ou la consommation de produits, équipements ou services. Ce nouveau modèle économique s'inscrit dans une logique de développement durable. L'économie collaborative a de nombreux avantages tels qu'une consommation plus responsable et durable, la création d'emplois dans certains secteurs d'activité… Mais elle présente aussi des risques et nécessite une réglementation afin d'instaurer la confiance, notamment en ce qui concerne la protection des données personnelles et de la vie privée des internautes.

2 Les nouveaux modèles économiques nés du numérique

A. L'évolution de la structure de coûts de l'entreprise

Avec l'émergence du numérique, les entreprises sont amenées à repenser leur modèle économique en réfléchissant à l'évolution de leur structure de coûts. L'objectif est de réduire en particulier les coûts fixes pour faire face à la concurrence des acteurs en ligne.

B. Les modèles de tarification

Les entreprises ont intégré les technologies de l'information et de la communication dans leurs modes de production afin de gagner en flexibilité et en réactivité pour adapter leur offre de biens et de services aux attentes des clients. Elles utilisent de nouveaux modèles économiques pour fixer leur tarification :
– le *yield management* : modèle de tarification flexible en fonction du taux de remplissage ;
– le *free to play* : modèle utilisé pour des jeux en ligne à accès gratuit avec des options supplémentaires payantes ;
– le *freemium* : modèle qui associe une offre basique gratuite et une offre « premium », plus haut de gamme, à accès payant.

3 Les effets économiques de l'automatisation et de la désintermédiation/réintermédiation

A. Le phénomène de désintermédiation/réintermédiation

La désintermédiation/réintermédiation se traduit par la suppression d'intermédiaires historiques au profit de nouveaux intermédiaires qui sont souvent des plateformes Internet. Elle ne doit pas être assimilée à la simple désintermédiation, phénomène économique et commercial qui se traduit par la réduction ou la suppression des intermédiaires dans un circuit de distribution.

B. Les effets de l'automatisation sur l'emploi

Les évolutions technologiques liées à la dématérialisation des échanges et à l'automatisation peuvent avoir un double impact sur l'emploi : d'un côté, le risque de disparition d'emplois peu qualifiés avec le remplacement des hommes par des machines, mais d'un autre côté des perspectives de création d'emplois dans des métiers plus qualifiés.

L'impact du numérique sur les échanges de l'entreprise avec ses partenaires

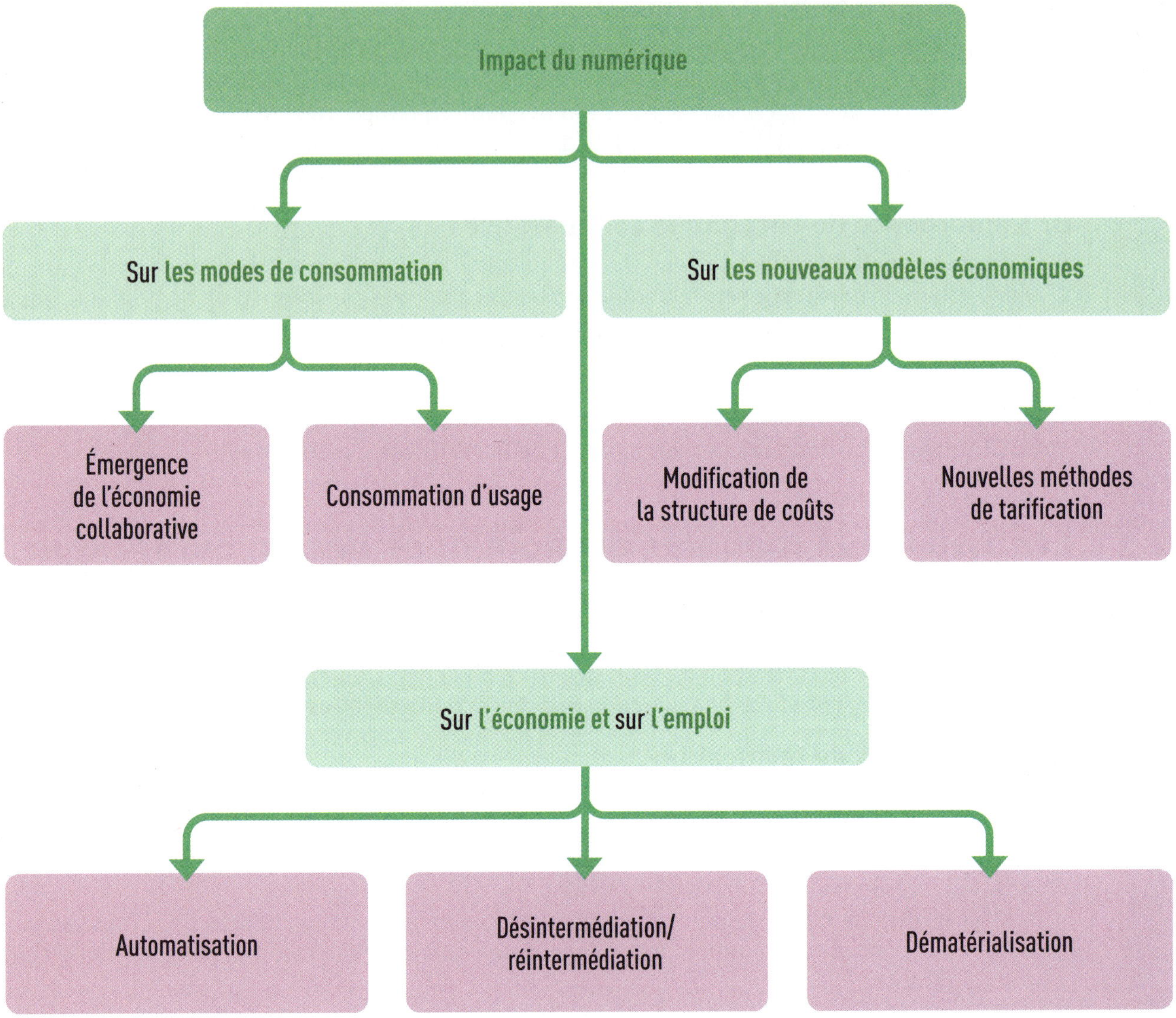

Mots-clés

- Automatisation
- Coûts fixes
- Désintermédiation/réintermédiation
- Économie collaborative
- *Yield management*

› Voir lexique CEJM, p. 237

Pour vérifier ses acquis

1 QCM numérique

Scannez le QR Code ou saisissez le lien mini pour accéder à un QCM interactif.

www.lienmini.fr/8739-0205

2 Les effets de l'automatisation sur l'emploi

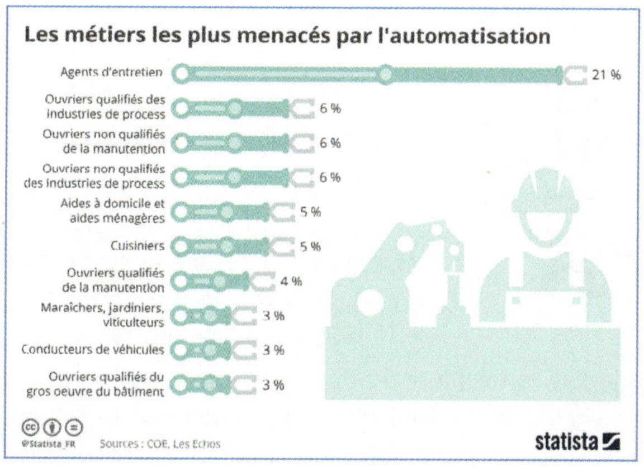

1. **Identifiez les deux métiers les plus menacés par l'automatisation.**
2. **Proposez un exemple de métier créé par l'automatisation.**

3 Les nouveaux modèles de tarification des entreprises

1. **Identifiez dans chaque cas la technique de tarification utilisée par la plateforme numérique.**
2. **Proposez un avantage et un inconvénient pour chaque technique identifiée.**

Cas 1

marcel

Marcel est une nouvelle plateforme de réservation en ligne de VTC (véhicules de tourisme avec chauffeur) en Île-de-France. Plus le client réserve à l'avance, plus le prix de la course diminue et ce jusqu'à 15 % de réduction pour une réservation effectuée l'avant-veille. L'outil de réservation se veut simple et efficace avec une interface claire : confirmation par courriel, suivi de l'approche par SMS, paiement et facturation dématérialisés. Quant aux chauffeurs, ils sont sélectionnés avec soin et sont formés pour répondre aux attentes des utilisateurs.

Cas 2

Dropbox

Dropbox offre la possibilité à ses utilisateurs de bénéficier d'un espace de stockage volumineux qu'ils pourront utiliser à leur guise pour enregistrer et partager différentes données (documents, photos, vidéos) sur n'importe quel support de navigation. La version gratuite de Dropbox offre un accès à une majorité de ses fonctionnalités, mais une version payante est nécessaire pour avoir accès à l'ensemble de la gamme des services.

4 Le numérique et le secteur musical

Dans l'industrie de la musique, les maisons de disques servent traditionnellement d'intermédiaires aux artistes car elles leur permettent de distribuer leurs productions musicales *via* des grandes enseignes. Cependant, avec l'arrivée d'Internet, il est possible aux artistes de s'autoproduire, c'est-à-dire de créer les morceaux de musique mais aussi de les distribuer.

- **Qualifiez le phénomène économique auquel est confrontée l'industrie de la musique.**

Pour s'entraîner

1 Entraînement guidé — Jwebi, leader du transport de colis entre particuliers

★ **COMPÉTENCE** Analyser les conséquences du numérique dans les relations d'échange de l'entreprise

Situation

Basé sur l'entraide, Jwebi innove dans le secteur du transport de colis en proposant un service de «colis voiturage». Le principe est similaire au covoiturage de BlaBlaCar, sauf que les personnes qui voyagent sont remplacées par des colis. Le site met en relation des expéditeurs ayant besoin d'envoyer un colis avec des particuliers ayant prévu de voyager et qui souhaitent rentabiliser leurs trajets. Ces derniers rendent donc service à l'expéditeur en contrepartie d'un bonus financier. Il est également possible pour un particulier de solliciter un voyageur Jwebi pour lui demander d'acheter des produits à l'étranger lorsqu'ils sont inexistants en France ou moins chers ailleurs.

VIDÉO
Jwebi fait voyager vos colis avec le transport de colis entre particuliers
www.lienmini.fr/8739-0206

Questions guidées

1 Identifiez le **modèle économique** dans lequel s'inscrit l'activité de Jwebi.

Type de question : question de connaissance qui consiste à définir une notion et ses principaux aspects.

Notion mobilisée : économie collaborative (p. 28)

→ **Ce que le correcteur attend**
- Listez les caractéristiques qui montrent que l'entreprise Jwebi s'inscrit dans un modèle d'économie collaborative.

2 Analysez le phénomène de **désintermédiation/réintermédiation** dans le secteur du colis.

Type de question : question d'analyse qui consiste à extraire des informations et à appliquer ses connaissances à une situation particulière.

Notion mobilisée : désintermédiation/réintermédiation (p. 30)

→ **Ce que le correcteur attend**
1. Décrivez le phénomène de désintermédiation/réintermédiation.
2. Appliquez cette notion au secteur du transport des colis en montrant que la plateforme Jwebi est un nouvel intermédiaire qui concurrence les acteurs historiques.

3 Expliquez en quoi l'activité de Jwebi correspond à un nouveau mode de consommation recherché par les consommateurs.

Type de question : question de réflexion qui consiste à proposer une argumentation pour prouver une proposition.

→ **Ce que le correcteur attend**
1. Identifiez les raisons de l'intérêt pour les consommateurs de passer à une consommation d'usage plutôt que de propriété.
2. Concluez de façon déductive sur les avantages de développer l'économie du partage.

2 Entraînement en autonomie

★★ COMPÉTENCE Analyser les conséquences du numérique dans les relations d'échange de l'entreprise

La grande distribution adopte l'échange de données informatisé

Situation

Les échanges entre les entreprises de la grande distribution et leurs fournisseurs représentent des volumes de données (*data*) très importants. L'intensification de ces échanges a fait apparaître la nécessité d'adopter un échange de données informatisé (EDI). Ces données sont standardisées et normalisées pour permettre des interconnexions entre serveurs. Auchan a adopté l'EDI pour améliorer ses échanges avec plus de 300 fournisseurs pour les biens non alimentaires.

VIDÉO

Les avantages de l'EDI

www.lienmini.fr/8739-0207

1. Identifiez les avantages de l'EDI dans le secteur de la grande distribution.
2. Analysez l'évolution de la gestion de l'approvisionnement opérée par l'entreprise Auchan.
3. Expliquez en quoi le passage à l'EDI impacte la structure de coûts de l'entreprise Auchan.
4. Montrez en quoi Auchan dématérialise les échanges avec ses fournisseurs.

Annexe 1

L'échange de données informatisé (EDI) dans la grande distribution

Dans le secteur de la grande distribution, l'EDI[1] devient depuis quelques années maintenant, un axe majeur d'échange de flux commerciaux, logistiques et de produits. En effet, l'EDI permet d'améliorer l'efficacité des échanges entre fournisseurs et distributeurs et rend les organisations plus flexibles. L'ensemble des normes et standards EDI propres à ce secteur d'activité sont définis par GS1 France, organisme de certification, en collaboration avec les acteurs majeurs de la grande distribution tels que Carrefour, Auchan et bien d'autres. Le secteur de la grande distribution a recours à l'EDI depuis les années 1990. Ce système se généralise de plus en plus, tant en France qu'à l'international. Une étude réalisée par GS1 sur l'industrie de la grande distribution au Royaume-Uni a démontré que 87 % des entreprises utilisaient des bons de commande basés sur l'EDI et que 84 % utilisaient des factures basées sur cette même technologie, ce qui leur permettait d'économiser 775 millions d'euros (650 millions de livres sterling) chaque année. […]

Les objectifs de l'EDI au sein du secteur de la grande distribution sont multiples. En effet, l'EDI permet d'améliorer l'efficacité de la chaîne d'approvisionnement et d'atteindre une meilleure satisfaction du client par l'échange d'informations actualisées et complètes, de réduire les coûts de gestion de l'information dans les processus marchandises, d'accélérer les flux de communication intra et interentreprises et de diminuer les erreurs humaines. Le but commun entre les acteurs de la grande distribution et les fournisseurs étant de fournir aux clients finaux : le bon produit, au bon endroit, au bon moment et au bon prix.

www.tx2.fr

1. Échange de données informatisé : échange de données d'ordinateur à ordinateur utilisant un langage normalisé, par voie électronique, avec un minimum d'intervention humaine.

Annexe 2

Auchan optimise sa gestion des approvisionnements avec l'EDI

Pour absorber la montée des commandes en ligne ces dernières années, Auchan a dû revoir sa gestion des approvisionnements. L'entreprise a connecté tous ses fournisseurs non alimentaires en échange de données informatisé (EDI) afin d'être plus efficace sur les communications et le suivi des flux. Avant l'EDI, les contacts se faisaient par courriel ou par téléphone, avec beaucoup d'informations à traiter manuellement (plus de 300 000 messages par an sont échangés entre les équipes du site d'e-commerce et les fournisseurs).

En 2012, Auchan e-Commerce s'est ainsi rapproché de l'entreprise Comarch, spécialiste de l'EDI. La solution a été déployée progressivement, rayon par rayon, car cela représentait un travail extrêmement lourd. En interne, une équipe dédiée a été mise en place pour accompagner ce changement, en complément de celle de Comarch. Ce projet d'envergure a nécessité un investissement important. Tous les développements ont été cofinancés par Auchan e-Commerce et Comarch. Cet outil a généré autant de gains pour le client final que pour les gestionnaires d'approvisionnement, qui peuvent ainsi suivre la performance des fournisseurs. De plus, cela a permis d'anticiper les aléas des commandes, comme la modification des quantités ou le report de livraison.

La mise en place de la plateforme Comarch a permis à Auchan e-Commerce d'automatiser ses échanges commerciaux, de les suivre en temps réel et surtout de réduire significativement le nombre d'erreurs liées au traitement manuel des documents papier. Le nombre d'erreurs a été réduit à 5 sur 10 000 documents échangés.

VIDÉO
Auchan e-Commerce choisit Comarch EDI
www.lienmini.fr/8739-0208

3 Faire le lien avec le stage/l'apprentissage

1. **Listez les nouvelles attentes des clients de votre entreprise dans leur mode de consommation.**
2. **Présentez les changements de mode de production opérés par votre entreprise à la suite de l'émergence du numérique.**

Cas d'entreprise

Ikea et l'intelligence artificielle

COMPÉTENCE Analyser les conséquences du numérique dans les relations d'échange de l'entreprise

Situation

Ikea accélère sa transformation numérique en investissant 250 millions d'euros en France. L'enseigne d'ameublement et de décoration mise sur l'intelligence artificielle pour accroître sa rentabilité dans différents domaines : la restauration, l'habitat ou encore le recrutement.

Dans le cadre d'un stage au siège social d'Ikea France situé à Plaisir dans les Yvelines, vous réalisez une analyse des conséquences du numérique sur les relations d'échange de l'entreprise Ikea. Cette mission se décomposera en deux parties : les conséquences du numérique sur la demande et l'offre de l'entreprise (mission 1), et les effets de l'automatisation sur les emplois (mission 2).

VIDÉO
Un robot pour monter des meubles Ikea
www.lienmini.fr/8739-0209

Mission 1 Les conséquences du numérique sur la demande et l'offre de l'entreprise

1. Identifiez les caractéristiques de la demande des consommateurs née du numérique auxquelles Ikea fait face.
2. Expliquez en quoi Ikea fait évoluer ses modes de production avec le numérique.

Mission 2 Les effets de l'automatisation sur les emplois

3. Présentez en quoi l'automatisation est bénéfique pour Ikea dans le domaine du recrutement.
4. Analysez l'impact du projet « Vera » sur les emplois dans l'entreprise Ikea.

Annexe 1

Les restaurants Ikea misent sur l'IA pour réduire le gaspillage

Ikea Food, l'entité de restauration du leader de l'ameublement, sert près de 2 millions de repas par jour. Pour être en phase avec les valeurs environnementales de l'enseigne, ainsi qu'avec son positionnement prix, Ikea Food a décidé de revoir la gestion de sa chaîne d'approvisionnement grâce à une nouvelle plateforme déployée dans ses restaurants. Grâce à l'analyse de centaines de variables pour identifier les préférences des clients et anticiper les plats qu'ils vont commander, cet outil prévoit au plus juste les approvisionnements tout en évitant les ruptures de stock. Cette innovation permet une optimisation des coûts mais aussi une réduction du gaspillage alimentaire.

Annexe 2

Ikea imagine l'habitat de demain grâce à l'intelligence artificielle et à la réalité augmentée

Ikea a lancé, en partenariat avec son studio de design Space10, une nouvelle plateforme digitale, EverydayExperiments.com. Destinée aux studios de design et de technologie, elle participe à explorer de manière inédite et immersive l'habitat en recourant aux nouvelles technologies, notamment l'intelligence artificielle (IA), le *machine learning*, la réalité augmentée ou encore la télédétection par laser (LIDAR). L'objectif est de repenser l'espace intérieur en projetant un nouveau meuble dans une pièce, en modifiant les coloris et les formes, en évaluant l'impact d'un nouvel éclairage ou la propagation du son. « La maison n'est pas seulement le lieu où nous vivons, mais aussi celui où nous travaillons, où nous enseignons à nos enfants et où nous nous connectons au monde grâce au digital, explique Bas Van De Poel, directeur de la création de Space10. Nous pensons que plus nous en apprenons sur le futur du design et de l'innovation technologique, plus nous pouvons aider les gens à rendre leur quotidien encore meilleur, chez eux et entre eux. »

www.lemoniteur.fr

Annexe 3

Recrutement et intelligence artificielle : Ikea choisit Vera

L'intelligence artificielle est un allié de taille pour tous ceux qui travaillent dans le secteur du recrutement, ce n'est plus à démontrer : objective, elle réduit les biais cognitifs tout en accélérant le processus de sélection des profils. Ikea a été encore plus loin et utilise l'intelligence artificielle, non seulement pour traiter les CV, mais également pour faire passer les premiers entretiens *via* un robot nommé Vera !

Vera : un robot au service des ressources humaines

Le projet « Vera » a été lancé par une start-up russe en 2017. Il s'agit du premier exemple d'utilisation de l'intelligence artificielle à grande échelle. Comme le souligne le *Washington Post*, Vera peut interviewer jusqu'à 1 500 candidats potentiels en une seule journée de travail. Elle appelle des personnes ayant répondu à une offre d'emploi et réalise un premier entretien téléphonique ou vidéo qui dure environ 8 minutes. Les profils des candidats les plus prometteurs sont ensuite transmis aux recruteurs qui poursuivent la sélection.

La mission de Vera commence par le CV

Utiliser Vera est très simple : le robot recruteur commence par examiner les CV reçus pour identifier les profils adéquats. Ensuite, le « chatbot » (ou agent conversationnel) contacte chacun des candidats individuellement pour vérifier son intérêt pour le poste. Dans le cas d'une réponse positive, Vera procède au premier entretien de sélection. Le recruteur en chair et en os alloue moins de temps à la sélection et concentre son action sur son objectif : choisir parmi les candidats « finalistes » […].

L'intelligence artificielle remplacera-t-elle les DRH ?

Pour le moment, il n'y a pas de risque que l'intelligence artificielle remplace le personnel dédié au recrutement. Le père du robot recruteur lui-même, Alexei Kostarev, a déclaré que « les êtres humains restent les meilleurs sélectionneurs ». Une technologie ne peut remplacer l'empathie, l'intuition et les capacités relationnelles d'un DRH. En revanche, elle peut simplifier les premières étapes du processus de sélection et le rendre plus rapide et efficace.

https://blog.cornerjob.com

CHAPITRE 3

La protection des actifs immatériels

COMPÉTENCES

- Identifier pour l'entreprise les modalités juridiques de la protection des actifs immatériels

SAVOIRS ASSOCIÉS

- La protection des actifs immatériels : le droit d'auteur et les droits d'utilisation des services et des applications

Situation professionnelle

Née en 2008, Airbnb débute son activité par un site Internet de location de vacances entre particuliers. En 2014, la refonte du site traduit l'évolution de l'entreprise vers une marque orientée «style de vie». En effet, en plus de la location, d'autres services sont désormais proposés, comme des visites guidées par des locaux, des cours de cuisine, des expériences sportives…

En 2022, Airbnb est valorisée à près de 100 milliards de dollars. Pourtant, si la plateforme commercialise plusieurs millions de nuitées par an, elle n'a jamais investi dans le moindre logement. Ses actifs matériels sont quasi inexistants, comme chez Google dont les immobilisations représenteraient 1 % de sa valeur.

Où réside donc la valeur de l'entreprise ? Dans ses actifs numériques : site Internet, fichiers clients et logements, algorithme… Le site et l'application mobile accordent une grande importance au design graphique, permettant une navigation agréable et intuitive. Ainsi, la qualité du site et ses fonctionnalités valorisent l'offre de l'entreprise, ce qui lui a permis de devenir un géant du tourisme sans jamais construire le moindre hôtel !

VIDÉO

Airbnb, une entreprise numérique

www.lienmini.fr/8739-0301

Découvrir les problématiques du chapitre

1. Quels services propose le site Airbnb ?
2. Qui réalise concrètement les prestations offertes ?
3. Comment l'entreprise crée-t-elle de la valeur ?

CHAPITRE 3

Activité 1 Les enjeux de la protection des actifs immatériels

A Présentation des actifs immatériels

Document 1 Le site Internet et le nom de domaine

Un site Internet est un groupe de pages Web accessible depuis un navigateur Internet. Les pages sont reliées entre elles par des hyperliens. Le nom de domaine correspond à l'adresse saisie dans un navigateur pour accéder à ce site.

Document 2 Un nouveau site Internet pour la société Pokawa

VIDÉO
Interview du cofondateur de Pokawa
www.lienmini.fr/8739-0302

Née en 2017, la société Pokawa propose des « bowls » (plats hawaïens présentés dans un bol) fabriqués à la commande à base de riz vinaigré ou de quinoa, de poisson cru mariné, de fruits et de légumes cuits et crus, de sauces maison, mais également des bowls sucrés. Pokawa est la contraction de poké (version moderne d'un plat traditionnel hawaïen) et de Hawaï. En 2020, le site Internet de l'entreprise a été refondu pour mieux correspondre à l'univers que les fondateurs souhaitent véhiculer, basé sur le voyage et le dépaysement. Il intègre également de nouvelles rubriques : un accès pour devenir franchisé, pour le recrutement, la localisation des restaurants, l'accès à la commande en ligne. Un service de *click and collect* est également proposé avec une gestion des stocks intégrée pour assurer la disponibilité des produits. La collecte des données grâce à ce service permet de connaître les habitudes de consommation des clients.

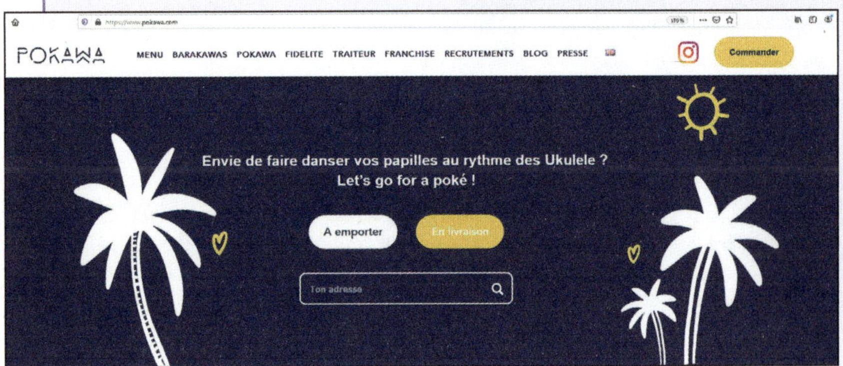

1. Expliquez en quoi le site de Pokawa est un atout pour se distinguer de ses concurrents.

2. Précisez le nom de domaine de Pokawa.

Document 3 Le logiciel

Un logiciel est une suite d'instructions qui permet à un ordinateur d'exécuter une tâche particulière. Il existe différents types de logiciels, par exemple des logiciels métiers paramétrés pour s'adapter aux besoins spécifiques de l'entreprise, notamment la réalisation de tâches de gestion et de production.

Document 4 Des applications pour retoucher ses photos comme les pros

Il y a toujours un secret, surtout derrière les plus belles photos Instagram. Ce secret ou plutôt ces secrets se prénomment VSCO, Facetune, Snapseed, YouCam Makeup ou encore Lightroom. Zoom sur cinq applis pour retoucher vos photos comme un pro.
VSCO : si vous êtes un rien connecté sur Instagram, vous avez sans aucun doute déjà entendu parler de cette application, meilleure amie de presque tous les blogueurs, influenceurs, bref de tout le petit monde d'Instagram. Ce qu'on aime principalement avec l'App VSCO, ce sont les filtres, notamment le célèbre A6 ou HB2. Si ces derniers sont gratuits, il faut s'acquitter de quelques euros pour en télécharger d'autres.

www.flair.be

3. Précisez quelles tâches les logiciels (ou applications) mentionnés permettent de réaliser.

4. Précisez le modèle économique du logiciel VSCO.

Document 5 Les produits de Biocoop Aquarius

Document 6 La base de données

Une base de données est un ensemble d'informations qui est organisé de manière à être facilement accessible, géré et mis à jour. Elle est utilisée par les organisations comme méthode de stockage, de gestion et de récupération de l'informations. [...]
Les bases de données contiennent généralement des agrégations d'enregistrements ou de fichiers de données, tels que les transactions de vente, les catalogues et inventaires de produits et les profils de clients.

www.oracle.com

5. Montrez que la liste des produits de la coopérative Aquarius est bien une base de données.

6. Expliquez en quoi une base de données est indispensable à un site d'e-commerce comme celui d'Aquarius.

B Les enjeux de la protection des actifs immatériels

Document 7 Un éditeur de jeux vidéo piraté

Il y a quelques semaines, CD Projekt RED faisait l'objet d'un piratage de grande ampleur avec le vol du code source de plusieurs jeux comme The Witcher 3 et Cyberpunk 2077. [...]
On sait désormais qu'un acheteur a payé le prix fort pour mettre la main sur le code source des titres cités, et cela implique sans aucun doute la volonté d'un retour sur investissement : soit en diffusant des malwares aux hackers exploitant les failles des jeux en question, soit en revendant des versions modifiées des jeux...

Mathieu M., www.generation-nt.com, 23 février 2021.

7. Indiquez quel actif immatériel de CD Projekt RED a été attaqué.

8. Précisez quelles pourraient être les conséquences pour l'entreprise.

Conclusion

Montrez que de nombreuses entreprises s'appuient sur leur patrimoine immatériel pour créer de la valeur et que celui-ci nécessite une protection.

> Voir lexique CEJM, p. 237

Activité 2 La protection juridique des actifs immatériels

A La propriété littéraire et artistique pour les sites Internet et les logiciels

VIDÉO
Qui peut prétendre aux droits d'auteur ?
www.lienmini.fr/8739-0303

Document 8 Qui peut prétendre aux droits d'auteur ?

Selon l'article L. 111-1 du Code de la propriété intellectuelle (CPI), « l'auteur d'une œuvre de l'esprit jouit sur cette œuvre, du seul fait de sa création, d'un droit de propriété incorporelle exclusif et opposable à tous. Ce droit comporte des attributs d'ordre intellectuel et moral ainsi que des attributs d'ordre patrimonial. » Pour bénéficier de la protection du droit d'auteur, l'œuvre doit être matérialisée dans une forme perceptible par les sens.

L'auteur bénéficie de cette protection dès la création de son œuvre, sans formalité administrative. Cependant, l'enregistrement de l'œuvre est conseillé afin de prouver la paternité et la date de création en cas de litige. En cas d'atteinte à ses droits d'auteur, le créateur peut dénoncer la contrefaçon ou la concurrence déloyale.

▸ Les droits moraux accordent à l'auteur :
- le droit de divulgation (liberté de décider seul du moment de la communication de son œuvre et droit de s'opposer à sa divulgation) ;
- le droit d'en demander le retrait ;
- le droit d'en revendiquer la paternité (droit de se faire connaître publiquement en sa qualité d'auteur de l'œuvre) ;
- le droit au respect de son œuvre.

▸ Les droits patrimoniaux liés à l'œuvre permettent à l'auteur de décider des conditions d'exploitation de celle-ci et de percevoir une rémunération en contrepartie.

Document 9 Une idée de site de voyage

Alex et Pierre ont pris une année sabbatique pour effectuer le tour du monde dont ils rêvaient depuis 5 ans. À leur retour, en parlant de ce voyage avec des amis, ils ont une idée originale de site Internet : proposer des voyages en fonction de la personnalité des voyageurs.
Accaparés par leur travail, ils n'ont pas encore eu le temps de mettre en place ce projet.

Document 10 La protection des sites Internet

Un site Internet peut bénéficier du droit d'auteur, en tant qu'œuvre multimédia, si son créateur peut démontrer que son site témoigne d'une physionomie caractéristique originale et d'un effort créatif témoignant de la personnalité de son auteur (disposition spécifique des rubriques, choix et combinaison des couleurs, typographie…).

9. Indiquez si Alex et Pierre peuvent bénéficier du droit d'auteur.

10. Précisez les droits accordés au créateur d'un site Internet.

11. Indiquez quelles conditions devra remplir le futur site d'Alex et Pierre pour qu'ils bénéficient du droit d'auteur.

Document 11 L'action en contrefaçon

La société Lundi Matin est un éditeur de logiciels de gestion en ligne et d'applications mobiles pour les entreprises. En juillet 2021, la société La Poste a été condamnée à verser à cette société 145 620 euros de dommages et intérêts du fait d'actes de contrefaçon. La Poste commercialisait sur PlayStore une application destinée aux entreprises. Or, cette application intégrait un logiciel de la société Lundi Matin, sans l'autorisation de celle-ci. Lundi Matin reprochait à la société La Poste de contrevenir à son droit d'exploitation et de lui causer un préjudice patrimonial.

D'après www.doctrine.fr

Document 12 L'action en concurrence déloyale

Par un arrêt du 16 avril 2021 de la cour de Paris, la société Followerspachers a été condamnée à payer 10 000 € de dommages et intérêts en réparation d'actes de concurrence déloyale parasitaire. La société Conseils NR lui reprochait d'avoir repris à l'identique les conditions générales d'utilisation de son site Internet, alors que leur précision et leur technicité avaient nécessité un investissement intellectuel et financier.

www.legalis.net, 21 avril 2021.

12. **Précisez la nature de la sanction pour La Poste au détriment de Lundi Matin.**

13. **Expliquez les motifs de la condamnation du concurrent de la société Conseils NR.**

Document 13 Le cas du salarié créateur de logiciel

Philippe T a créé un logiciel dans le cadre de son travail. Suite à son licenciement, il a prévenu son ancien employeur qu'il lui retirait le droit d'utiliser ce logiciel et que la persistance dans l'exploitation constituerait une contrefaçon.

Le Code de la propriété intellectuelle (CPI) précise que le contrat de travail ne porte pas atteinte aux droits d'auteur du salarié.
Cependant il existe une exception, le logiciel. C'est dans ce cas l'employeur, personne morale, qui devient titulaire des droits d'auteur (article 113-9 du CPI). Mais certaines conditions doivent être respectées, notamment il faut que le logiciel ait été réalisé par le salarié durant ses heures de travail, dans l'exercice de ses fonctions ou d'après les instructions de l'employeur. L'employeur est titulaire des droits patrimoniaux, le salarié restant titulaire du droit de paternité et du droit de divulgation (droits moraux).

Code CPI

14. **Précisez si Philippe T peut :**
- **demander à son employeur de ne plus exploiter le logiciel ;**
- **lui interdire d'y apporter des améliorations ;**
- **exiger que son nom apparaisse lors de la commercialisation du logiciel ;**
- **exiger une rémunération sur l'exploitation commerciale du logiciel.**

B Le nom de domaine : une protection juridique autonome

Document 14 Comment protéger son nom de domaine

Pour déposer un nom de domaine, il faut faire appel aux services d'un *registrar*, intermédiaire avec les offices d'enregistrement comme l'afnic qui gère les noms de domaines en « .fr ». La règle générale est celle du « premier arrivé, premier servi ». Cependant, pour éviter tout litige, il faut vérifier que le nom de domaine est disponible et ne porte pas atteinte aux droits d'une marque.

Le nom de domaine est protégé, à condition d'être exploité, par l'action en responsabilité civile de l'article 1382 du Code civil. En cas d'action en justice, celle-ci sera fondée sur la concurrence déloyale. Cependant, il existe une procédure préalable de règlement à l'amiable du litige.
Il est également possible d'agir en contrefaçon, à condition d'avoir déposé son nom de domaine comme marque.

15. **Précisez ce qu'il faut faire avant de choisir son nom de domaine.**

16. **Expliquez comment peut être protégé le nom de domaine.**

Document 15 Cybersquattage et typosquattage

Le cybersquattage est une pratique consistant à enregistrer un nom de domaine correspondant à une marque, avec l'intention de le revendre ensuite à l'ayant droit, d'altérer sa visibilité ou de profiter de sa notoriété.

Le typosquattage consiste à déposer des noms de variantes orthographiques ou phonétiques d'une dénomination connue afin de tromper les internautes (ex. : microstf.fr au lieu de microsoft.fr).

17. **Distinguez le cybersquattage et le typosquattage.**

Activité 2

Document 16 Facebook s'attaque à des sites qui se font passer pour lui

Ils ont pour nom facebook-verify-inc.com, instagramhjack.com ou encore videocall-whatsapp.com. Ils donnent l'impression d'avoir un lien avec le célèbre réseau social américain ou ses principales filiales. Ils en imitent parfois l'habillage et se livrent de temps en temps à d'étonnantes promesses. Pourtant, ces domaines n'ont rien à voir avec les vrais services dont il est fait référence dans l'URL.

Ces adresses constituent en fait du parasitage de marque. Un comportement contre lequel Facebook a décidé d'agir : l'entreprise américaine annonce une action contre douze d'entre elles. [...]

Face à ces comportements, les sociétés sont contraintes d'acheter et de s'occuper de nombreuses adresses. Par exemple, Facebook gère des adresses dans lesquelles il existe volontairement des fautes de frappe, à l'image de facbook.com, faceebook.com ou faceboo.com, afin de les rediriger sur son domaine principal, car le site sait bien qu'il arrive par moments que les internautes [se trompent de] touche en écrivant directement l'URL du site dans leur navigateur.

www.numerama.com

18. Indiquez et caractérisez la pratique dont a été victime Facebook.

19. Expliquez comment Facebook se prémunit contre ces risques.

C Base de données : une protection hybride

Document 17 La protection de la base de données

Les bases de données peuvent bénéficier d'une protection au titre du droit d'auteur et au titre des droits des producteurs de bases de données.

Une base de données est protégée par le droit d'auteur si elle fait preuve d'originalité dans la sélection du contenu, la disposition des informations. Le droit d'auteur protège la structure de la base de données.

La loi du 1er juillet 1998 a par ailleurs instauré un droit « *sui generis* », au profit des producteurs de bases de données. Le contenu de la base de données est protégé lorsque le producteur justifie d'un investissement financier, matériel ou humain important (art. L. 341-1 du Code de la propriété intellectuelle).

Document 18 La Centrale défend ses droits

Le tribunal judiciaire de Paris a condamné, le 8 juillet 2021, une société pour extraction substantielle de la base de données du site www.lacentrale.fr à une indemnité de 50 000 euros en réparation du préjudice subi. [...]

[Le groupe La Centrale invoquait des] investissements importants pour l'obtention des données, leur rassemblement dans la base et la vérification de leur exactitude.

Entre 2016 et 2019, [l'entreprise justifiait] avoir dépensé plus de six millions d'euros.

[De plus] le PV de constat Internet démontre que « le site Internet www.leparking.fr reprenait les informations contenues dans 346 030 annonces publiées sur le site www.lacentrale.fr, alors qu'au mois de décembre 2018, ce site recensait entre 324 748 et 355 189 annonces ». Les juges en concluent que le défendeur a extrait et réutilisé une partie quantitativement substantielle du contenu du site www.lacentrale.fr. Une telle démarche est de nature à remettre en cause les investissements substantiels du demandeur et lui porte atteinte en sa qualité de producteurs de base de données.

www.usine-digitale.fr, 14 septembre 2021.

20. Précisez quel droit le tribunal judiciaire a reconnu au groupe La Centrale.

21. Expliquez ce qui a justifié cette décision.

Conclusion

Caractérisez la protection des différents actifs numériques de l'entreprise. > Voir lexique CEJM, p. 237

CHAPITRE 3

L'essentiel — Retenir par **le texte**

La protection des actifs immatériels

1 Les actifs immatériels

La digitalisation de l'économie donne un rôle stratégique aux actifs immatériels numériques des entreprises : sites Internet, logiciels, bases de données, noms de domaines. Nécessitant des investissements, parfois importants, ces actifs doivent être protégés de la concurrence déloyale et de la contrefaçon.

2 Les sites Internet et les logiciels : une protection par le droit d'auteur

A. Droits moraux et droits patrimoniaux

Dès sa création, l'auteur d'un site Internet ou d'un logiciel bénéficie de la protection du droit d'auteur :
– droits moraux comme le droit de divulgation, de paternité, d'intégrité de l'œuvre et de retrait. Ces droits n'ont pas de valeur monétaire et ne peuvent être cédés ;
– droits patrimoniaux comme le droit de représentation et le droit de reproduction. Ces droits permettent à l'auteur d'exploiter sa création. Ils ont une valeur monétaire et peuvent être vendus (article L. 111-1 du Code de la propriété intellectuelle).
Pour bénéficier de cette protection, l'actif numérique doit résulter d'un effort créatif et doit avoir nécessité des investissements. Il faudra aussi prouver l'antériorité de la création.

B. Les actions en justice

En cas de litige, le créateur peut agir en justice en concurrence déloyale ou en contrefaçon. Ces actions lui permettront d'obtenir des dommages et intérêts pour réparer le dommage subi (détournement de la clientèle). L'action en contrefaçon permet également de sanctionner le contrefacteur par des peines d'amende et d'emprisonnement.

C. Le salarié créateur de logiciel

Si un salarié crée un actif immatériel, il bénéficie des droits d'auteur. Son entreprise doit prévoir un contrat de cession des droits patrimoniaux pour pouvoir exploiter l'actif immatériel.
Le logiciel fait exception à cette règle : les droits patrimoniaux sont dévolus à l'employeur ; le salarié ne bénéficie que des droits moraux.

3 Les noms de domaines : une protection juridique autonome

Les noms de domaines doivent être réservés auprès d'un *registrar* (bureau d'enregistrement). La règle est celle du « premier arrivé, premier servi ». Cependant, le nom enregistré ne doit pas porter atteinte à une marque déjà enregistrée.
Deux risques se sont développés ces dernières années :
– le cybersquattage (dépôt d'un nom de domaine en rapport avec une marque pour lui nuire ou pour exploiter sa notoriété) ;
– le typosquattage (détournement d'un nom de domaine au moyen d'un changement d'orthographe).
Contre ce type d'agissements, l'entreprise peut agir en concurrence déloyale pour obtenir réparation.

4 Les bases de données : une double protection

Les bases de données bénéficient d'une double protection. La structure de la base de données est, sous conditions, protégée par le droit d'auteur. Le contenu de la base est protégé par un droit « *sui generis* » pour empêcher l'extraction de données et/ou l'utilisation des données de la base.

La protection des actifs immatériels

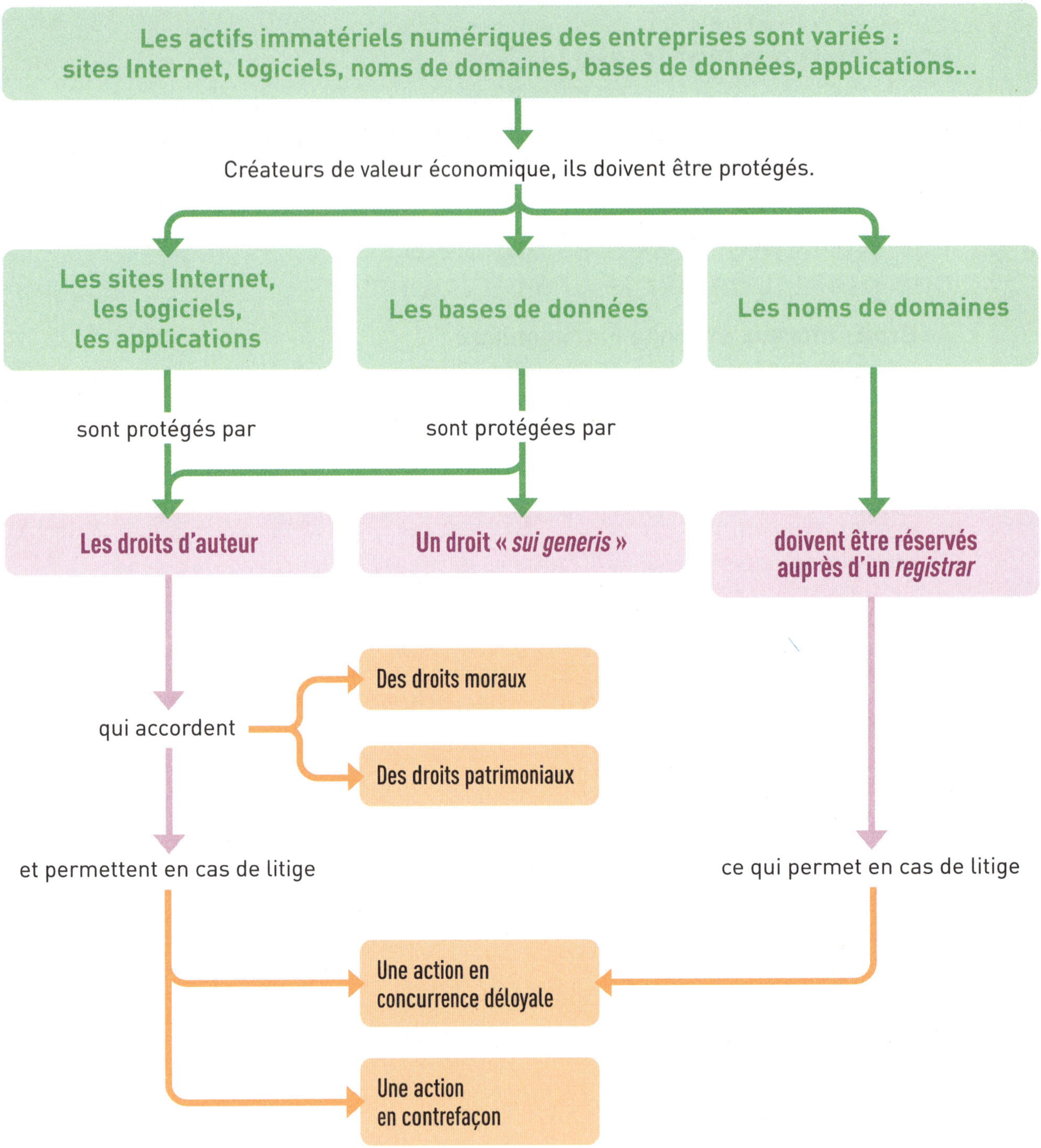

Mots-clés

- Base de données
- Concurrence déloyale
- Contrefaçon
- Cybersquattage
- Droit d'auteur
- Logiciel
- Nom de domaine
- Site Internet
- Typosquattage

> Voir lexique CEJM, p. 237

Pour vérifier ses acquis

1 QCM numérique

Scannez le QR Code ou saisissez le lien mini pour accéder à un QCM interactif.

www.lienmini.fr/8739-0304

2 Les différentes protections des actifs numériques

- **Reliez chaque création numérique au(x) régime(s) de protection correspondant(s).**

Site Internet	Droit d'auteur
Nom de domaine	Enregistrement auprès d'un *registrar*
Logiciel	Protection « *sui generis* »
Base de données	

3 Des noms de domaine litigieux

En juin et juillet 2021, différents noms de domaines reprenant la marque Decathlon ont été déposés avec des termes additionnels comme ebike, promo, sport, store, dans de nouvelles extensions comme .fun ou .site. Pour tenter de gagner un vélo électrique, les internautes devaient répondre à un sondage, en fournissant des données personnelles.

Ces noms de domaine ont également permis de créer des adresses de messagerie afin d'envoyer des mails frauduleux.

1. **Qualifiez la pratique dont a été victime la société Decathlon.**
2. **Précisez quelles peuvent en être les conséquences pour l'entreprise.**

4 Un salarié créateur d'un jeu vidéo

M. Lormont a été embauché en CDI par une société de création de jeux vidéo en tant que « chef de projet technique ». Chargé de développer un outil logiciel 3D particulièrement innovant, il a ainsi participé à la mise au point d'un jeu vidéo qui a connu un grand succès.

Compte tenu de son rôle important dans le développement du jeu, M. Lormont considère qu'il est le titulaire exclusif des droits de propriété intellectuelle, puisque aucune clause de cession n'est mentionnée dans son contrat de travail. Pour lui, la société a commis des actes de contrefaçon en exploitant et commercialisant le jeu et il demande à percevoir une rémunération sur les ventes du jeu. De plus, M. Lormont reproche au dirigeant de ne pas avoir mentionné son nom lors d'une remise de récompenses des meilleurs jeux de l'année.

1. **Qualifiez juridiquement les faits.**
2. **Expliquez quels sont les droits revendiqués par M. Lormont.**
3. **Indiquez si le tribunal pourrait donner raison à M. Lormont.**

Pour s'entraîner

1 Entraînement en autonomie — Des descriptions identiques

★★ COMPÉTENCE Identifier pour l'entreprise les modalités juridiques de la protection des actifs immatériels

Situation

Créée en 2014, la SAS Creative Commerce Partners (CPC) est spécialisée dans la commercialisation en ligne de produits d'équipement du jardin et de la maison. Elle gère une vingtaine de sites, notamment le site www.sauna-bien-etre.com pour la vente de saunas et spas.
Afin de mettre en avant son offre commerciale sur les moteurs de recherche, une description technique et un « avis du spécialiste » sont rédigés avec soin pour chaque produit.
En 2016, la société découvre que ses descriptions techniques et avis du spécialiste sont repris sur le site www.abri-jardin.eu de la société MV qui commercialise les mêmes saunas et spas. Pour CPC, il s'agit d'un acte de concurrence déloyale, considérant que MV cherchait à tirer profit, sans effort financier, d'un catalogue avec des rédactionnels de qualité.
Après l'envoi d'une mise en demeure à la société MV, la société CPC constate que seuls les avis du spécialiste ont été supprimés. Ce pourquoi elle assigne la société MV en justice, chiffrant son préjudice à 20 000 euros.

1 **Qualifiez les faits opposant la société CPC et la société MV.**

2 **Expliquez la décision de la cour d'appel.**

3 **Précisez la décision et l'argumentation de la cour de cassation.**

Annexe

Cour de cassation, civile, Ch. cciale, arrêt du 17 mars 2021

[...]
Vu l'article 1382, devenu 1240, du Code civil :

4. Aux termes de ce texte, tout fait quelconque de l'homme qui cause à autrui un dommage oblige celui par la faute duquel il est arrivé à le réparer.

5. Pour dire que la société MV n'a commis aucun acte de concurrence déloyale par copie servile au préjudice de la société CCP et rejeter les demandes formées par cette dernière à ce titre, l'arrêt, après avoir énoncé que tout préjudice en matière de concurrence déloyale se caractérise généralement par une perte de clientèle ou par une perte de chiffre d'affaires imputable au parasite, relève que la société CCP se borne à se prévaloir d'une similitude de descriptifs techniques se rapportant à des produits identiques, sans démontrer et étayer de manière précise, concrète et tangible l'existence d'un lien de causalité entre l'attitude parasitaire imputée à la société concurrente et le préjudice corrélatif dont elle se prévaut. Il ajoute qu'en tout état de cause, la société MV a retiré les références litigieuses dès réception de la mise en demeure et que l'utilisation, pendant moins de deux mois, des descriptifs objet du litige n'a pu porter préjudice à la société CCP, ce que confirme la société MV qui indique que, depuis la mise en ligne du site, à savoir le 23 décembre 2015, aucune vente n'a été réalisée.

6. En statuant ainsi, alors que, le parasitisme économique consistant à s'immiscer dans le sillage d'autrui afin de tirer profit, sans rien dépenser, de ses efforts et de son savoir-faire, il s'infère nécessairement un préjudice, fût-il seulement moral, de tels actes, même limités dans le temps, la cour d'appel a violé le texte susvisé.

[...] Par ces motifs [...] En application de l'article 700 du Code de procédure civile, [la Cour de cassation] condamne la société MV à payer à la société Creative Commerce Partners la somme globale de 3 000 euros ;

www.legifrance.gouv.fr

2 Faire le lien avec le stage/l'apprentissage

1 **Votre entreprise détient-elle des actifs numériques ?**

2 **Ces actifs ont-ils fait l'objet d'un dépôt auprès d'un organisme ?**

3 **Votre entreprise a-t-elle déjà fait l'objet d'un acte de concurrence déloyale ou de contrefaçon concernant un actif numérique ?**

CHAPITRE 3

Pour préparer l'examen

Cas d'entreprise | La Beyle Étoile

COMPÉTENCE Identifier pour l'entreprise les modalités juridiques de la protection des actifs immatériels

Situation

M. Beyle est restaurateur. Pour son établissement, La Beyle Étoile, il a voulu une gestion éco-responsable. Pour cela, il a mis en place un certain nombre d'actions : achats de produits frais en circuits courts, gestion raisonnée des déchets alimentaires, utilisation de contenants recyclables, etc.

Pour ne pas dépendre des seules plateformes de référencement des restaurants, il a décidé, après avoir suivi une formation, de concevoir le site Internet de son restaurant pour en assurer lui-même la promotion.

Sur ce site, il présentera son restaurant et les actions éco-responsables mises en place ; les plats et desserts qu'il propose avec, pour chacun, un texte de présentation et une photo et quelques-unes de ses recettes. Sur le conseil d'un ami, il déposera son site à l'APP (Agence pour la protection des programmes).

Alors qu'il travaille sur ce site, il reçoit un courriel d'une agence de communication nommée Attoo à propos de son nom de domaine. Ne la connaissant pas, il fait des recherches sur Internet mais ne trouve qu'une agence au nom proche : Atoo.

Pour gérer les réservations, M. Beyle décide de faire appel à la société LoGDeV proposant un logiciel de réservation en ligne qu'il pourra intégrer à son site.

Mission 1 La protection d'un site Internet

1. Expliquez en quoi le site Internet est créateur de valeur pour l'entreprise de M. Beyle.
2. Précisez l'intérêt du dépôt du site à l'APP pour M. Beyle (annexe 1).
3. Précisez si ce dépôt sera suffisant pour le protéger d'une contrefaçon de son site (annexe 2).

Mission 2 La protection d'un nom de domaine

4. Identifiez la pratique dont a été victime l'agence Atoo (annexe 3).
5. Précisez quelles pourraient en être les conséquences pour l'agence.

Mission 3 La protection d'un logiciel

6. Expliquez comment l'application de réservation est protégée (annexe 4).
7. Quels sont les droits accordés à M. Beyle en tant qu'utilisateur du logiciel (annexe 4) ?

Annexe 1

Le dépôt d'un actif immatériel à l'APP

Le dépôt ou le référencement d'un actif immatériel auprès de l'APP (Agence pour la protection des programmes, organisme européen spécialisé dans la protection des créations numériques) permet de se préconstituer la preuve de ses droits [...] et plus particulièrement de :

- matérialiser le contenu de l'actif afin de rapporter plus facilement la preuve d'une éventuelle contrefaçon ou reprise illicite ;
- prouver la date de la création afin de démontrer que vous détenez l'antériorité sur celle-ci ;
- bénéficier d'une présomption de titularité sur la création afin de vous permettre d'agir en justice et de prétendre à réparation en cas de préjudice ;
- matérialiser les évolutions de la création afin de permettre de retracer son évolution en figeant les transformations progressives et successives qui y auront été apportées.

www.app.asso.fr

Annexe 2

Des conditions indispensables à la protection d'un site Internet

Selon l'article L. 111-1 du Code de la propriété intellectuelle, « l'auteur d'une œuvre de l'esprit jouit sur cette œuvre, du seul fait de sa création, d'un droit de propriété incorporelle exclusif et opposable à tous ».

Aucune formalité n'est donc nécessaire pour que la création soit protégée, mais encore faut-il que l'œuvre soit originale. L'originalité d'un site Internet suppose de démontrer que le créateur a réalisé un effort créatif dans l'agencement des éléments qui le composent (couleurs, nom des rubriques, images, etc.), qui confère au site « une physionomie propre » et un « parti pris esthétique » portant l'empreinte de la personnalité de l'auteur.

Mais ce n'est pas tout : en cas de litige avec un concurrent, l'auteur devra prouver l'antériorité de son site.

Annexe 3

Courriel reçu par M. Beyle

Monsieur,

Je vous contacte concernant le choix de votre nom de domaine. Aujourd'hui, le numérique a pris une place encore plus importante depuis le confinement. Un nom de domaine bien choisi est une condition nécessaire à votre succès.

Attoo, agence de communication spécialisée dans la création de sites Web professionnels, peut vous aider. Nos prix sont très compétitifs.

Je reste à votre disposition pour discuter de votre projet à l'adresse : ycourbot@attoo.digital

Cordialement,

Y. Courbot

Annexe 4

Extrait des CGV (conditions générales de vente) de la société LoGDeV

Le Client est autorisé à utiliser le logiciel conformément à la licence.

Le logiciel développé par la société LoGDeV est une œuvre originale protégée par les droits de propriété intellectuelle. Le droit d'utilisation est intransmissible et inaliénable et n'a pas pour conséquence de transférer des droits patrimoniaux et moraux.

Toute modification, location, vente ou distribution de ce logiciel est susceptible de constituer un délit de contrefaçon.

CHAPITRE 4

La protection des personnes et des données

COMPÉTENCES

- Caractériser les conséquences juridiques des choix opérés par l'entreprise sur la protection des personnes, des données

SAVOIRS ASSOCIÉS

- Le rôle de la CNIL
- La protection de la personne : les données à caractère personnel, l'identité numérique, l'usage du numérique dans l'activité de travail

VIDÉO

Clubhouse : la CNIL enquête

www.lienmini.fr/7639-0401

Situation professionnelle

Grand succès de l'année 2021, l'application Clubhouse permet à ses utilisateurs de se regrouper dans un salon virtuel pour avoir une conversation en audio, sur des thèmes divers. Rapidement, elle a suscité l'inquiétude d'utilisateurs sur la sécurité et la confidentialité des données. Une pétition de plus de 10 000 signatures a circulé dès mars 2021 sur de possibles atteintes à la vie privée par l'application.

Ainsi, lors du processus d'inscription, l'application a accès aux contacts de l'internaute sans qu'il ait donné son consentement. Des experts en cybersécurité ont également constaté qu'il était possible d'enregistrer les conversations ayant lieu dans les « salons ». Enfin, la politique de confidentialité de Clubhouse n'informe pas les utilisateurs du transfert de leurs données aux États-Unis. Or s'il apparaît que les données personnelles ne sont pas collectées et traitées de manière transparente ou que leur finalité ne semble pas légitime, un internaute peut introduire un recours auprès des autorités de protection des données comme la Commission nationale de l'informatique et des libertés (CNIL) en France. Il peut également demander à l'entreprise un droit d'effacement de données le concernant.

Découvrir les problématiques du chapitre

1. Quels étaient les reproches faits à l'application Clubhouse ?
2. Quel est l'intérêt pour Clubhouse de collecter des données personnelles ?
3. Que peuvent faire les utilisateurs pour se protéger ?

Activité 1 Identifier les enjeux de la protection des données à caractère personnel

A La valeur des données à caractère personnel

Document 1 Les données à caractère personnel

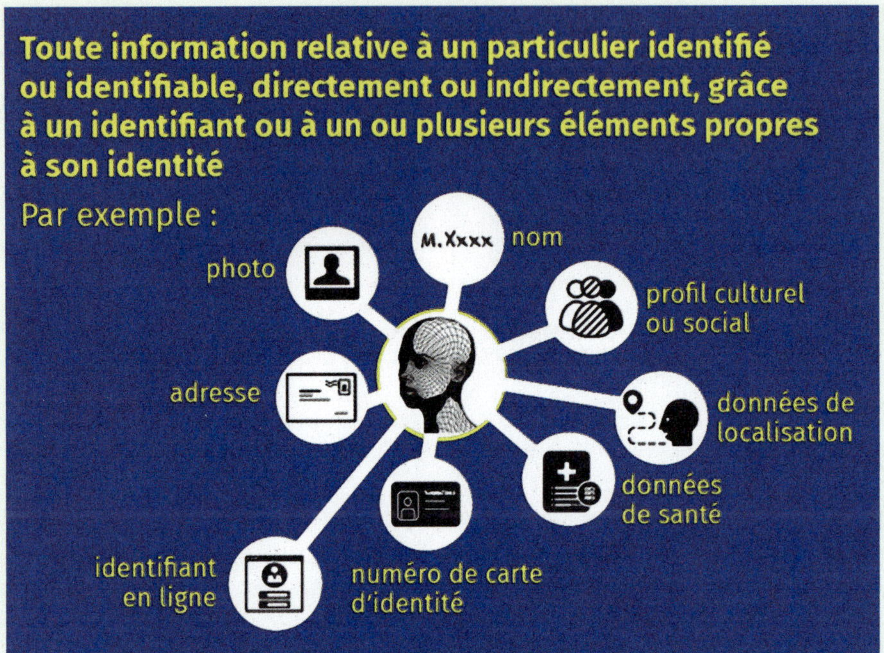

Source : Règlement général sur la protection des données (RGPD)

L'article 4 du RGPD définit une donnée à caractère personnel (DCP) comme « toute information relative à une personne physique susceptible d'être identifiée, directement ou indirectement ». Une personne peut être identifiée par son nom, son numéro de client, des données sur sa localisation ou son adresse IP, par exemple. Elle est également identifiable lorsqu'un ou plusieurs éléments spécifiques, propres à son identité physique, physiologique, génétique, psychique, économique, culturelle ou sociale sont inclus dans les données traitées : la voix (enregistrement téléphonique) et l'image (photos, vidéos) en font donc partie.

Document 2 Pourquoi collecter des données ?

VIDÉO
Le big data
www.lienmini.fr/8739-0402

La collecte croissante d'informations liées aux habitudes, aux préférences ou aux attentes des consommateurs a donné naissance au big data. Cette masse de données représente aujourd'hui un réel avantage concurrentiel car elle peut être mise à profit par l'entreprise pour mieux répondre à ses clients. En effet, le big data est avant tout une formidable opportunité pour les entreprises d'innover, de développer leurs ventes, leurs bénéfices, leurs marchés, de s'adresser à de nouveaux clients et de créer de nouvelles offres. […] C'est ce qu'Amazon fait depuis deux ans [en utilisant] un algorithme prédictif pour personnaliser au maximum le processus d'e-mailing. Ainsi, le client reçoit un e-mail personnalisé avec une à huit propositions de produits, se basant sur les informations de ses précédents achats et sur ses dernières recherches. Ces recommandations personnalisées permettent d'augmenter les ventes de 5 à 15 % selon une étude. […] Selon la CNIL, 75 % des données collectées et analysées aujourd'hui concernent directement les individus […]. Les individus sont certes souvent prêts à donner des informations, mais ils veulent cependant surtout s'assurer de l'usage qu'en fera l'entreprise et connaître les conditions dans lesquelles leurs données seront exploitées.

https://comarketing-news.fr

1. Qu'est-ce que le big data ? Comment est-il constitué ?
2. Est-ce uniquement une menace ?
3. Donnez des exemples de données à caractère personnel que vous fournissez en utilisant une application comme Google Maps.
4. Fournissez-vous toujours ces données personnelles consciemment et volontairement ?

B Les risques liés aux données à caractère personnel

Document 3 Violation de données chez EMOA Mutuelle

Les informations personnelles de plus de 80 000 adhérents et ex-clients d'EMOA Mutuelle du Var ont été dérobées pour être vendues au plus offrant sur des plateformes cybercriminelles. [...] L'essentiel de la fuite concerne les noms, prénoms, dates de naissance, codes postaux et – pour plus d'un quart de la base – adresses mail des adhérents de cette mutuelle du sud de la France. Près de 3 000 victimes voient également leur numéro de Sécurité sociale divulgué. Et, pour certaines, c'est carrément la photocopie de leur passeport ou l'ensemble de leurs coordonnées bancaires (RIB, IBAN, BIC) qui se retrouvent dans la nature, grâce à des liens accessibles dans le fichier volé. Autant d'informations qui exposent l'ensemble des victimes à des tentatives d'hameçonnage (« phishing ») ou d'arnaques en ligne.

Alexandre Horn et Florian Gouthière, www.liberation.fr, 29 juillet 2022.

5. **Expliquez les risques d'un vol de données personnelles pour l'internaute.**

Document 4 L'identité numérique

L'identité numérique est l'ensemble des renseignements et des données qui se rapportent spécifiquement à un individu ou à un organisme sur Internet :

- des **éléments d'authentification** : numéro d'identification, adresse IP, adresse mail, nom d'usager, mot de passe, nom, prénom, pseudonyme, etc.
- des **données** : personnelles, administratives, bancaires, professionnelles, sociales, etc.
- des **signes de reconnaissance** : photo, avatar, logo, image, etc.
- des **traces numériques** : contributions à des blogues et autres systèmes de gestion de contenu, liens, etc.

CNDP.fr

L'identité numérique, c'est donc l'ensemble des contenus publiés sur Internet qui permettent de définir un individu. L'e-réputation est l'image renvoyée par la perception de ces contenus.

Document 5 Une entreprise victime d'une escroquerie

Un domaine viticole du Mâconnais a été victime d'une escroquerie il y a quelques semaines. Pensant faire affaire avec une entreprise de la région parisienne dont ils avaient vérifié les garanties, les professionnels ont préparé en toute confiance deux commandes de 3 000 et 4 000 bouteilles, récupérées par un transporteur des pays de l'Est. Mais à la troisième commande, le domaine a eu un doute et s'est rendu compte que l'entreprise parisienne était victime d'usurpation d'identité. Le préjudice est estimé à plus de 50 000 €.

Le Journal de Saône-et-Loire, 12 mai 2021.

6. **Expliquez à quel problème a été confrontée l'entreprise parisienne.**

7. **Précisez quelles en sont les conséquences pour le domaine viticole.**

Conclusion

Montrez que l'utilisation des technologies numériques génère des traces qui peuvent être enregistrées et exploitées à des fins diverses et parfois malveillantes.

> Voir lexique CEJM, p. 237

Activité 2 Connaître le cadre réglementaire relatif à la protection des personnes et des données

Document 6 Les missions de la CNIL

CNIL.
COMMISSION NATIONALE
INFORMATIQUE & LIBERTÉS

La CNIL (Commission nationale de l'informatique et des libertés) a été créée par une loi de 1978, modifiée en 2004 pour l'adapter à l'essor d'Internet. Elle a le statut d'autorité administrative indépendante (AAI).

À la suite de contrôles effectués sur des traitements de données permettant d'effectuer des campagnes de ciblage publicitaire vers des téléphones mobiles sur la base des données de géolocalisation par les sociétés FIDZUP et SINGLESPOT, la présidente de la CNIL a mis en demeure ces sociétés de se conformer à la loi.

La formation restreinte de la CNIL a prononcé une sanction de 400 000 € à l'encontre de la société SERGIC pour avoir insuffisamment protégé les données des utilisateurs de son site Web et mis en œuvre des modalités de conservation des données inappropriées.

La CNIL répond aux demandes des particuliers et des professionnels. Toute personne peut solliciter la CNIL en cas de difficulté dans l'exercice de ses droits en lui adressant une plainte.

De plus en plus d'entreprises ont recours à des dispositifs collectant des données depuis les terminaux mobiles (téléphones portables, smartphones, etc.) afin de mesurer l'audience de panneaux publicitaires ou la fréquentation au sein d'espaces accessibles au public. La CNIL fait le point sur les règles applicables à ces dispositifs et accompagne les professionnels dans le développement de solutions respectueuses de la vie privée.

CNIL.

8. **Rappelez ce qu'est une autorité administrative indépendante (AAI).**

9. **Précisez, à l'aide des documents, les missions de la CNIL.**

Document 7 La mise en place du Règlement général sur la protection des données (RGPD)

VIDÉO
Le RGPD
www.lienmini.fr/8739-0403

Le RGPD encadre le traitement des données personnelles dans l'Union européenne. Ce règlement entré en vigueur en 2018 complète la loi Informatique et libertés de 1978 afin de faire face au développement du big data et de son utilisation par les entreprises et harmonise les règles en Europe. Il permet aux professionnels de développer leurs activités numériques en établissant une relation de confiance avec les utilisateurs. Le règlement s'applique à toute organisation, publique ou privée, qui traite des données personnelles pour son compte ou non, dès lors qu'elle est établie sur le territoire de l'Union européenne ou que son activité cible directement des résidents européens. Le RGPD renforce les droits des internautes et responsabilise les entreprises dans la collecte, le traitement et la sécurisation de ces données.

Document 8 Le RGPD définit des obligations et des droits pour les entreprises

RGPD

- NOMMER UN RESPONSABLE DU TRAITEMENT DES DONNÉES (data protection officer)
- CRÉER UN REGISTRE DES TRAITEMENTS DES DONNÉES
- NE COLLECTER QUE LES DONNÉES UTILES
- RESPECTER LES DROITS DES PERSONNES
  - Droit d'accès, de rectification et d'opposition
  - Droit d'information
  - Droit à la portabilité
  - Droit à l'effacement (droit à l'oubli)
- SÉCURISER LES DONNÉES EN RESPECTANT DES PRINCIPES
  - *Accountability* : obligation de mettre en œuvre des mécanismes et procédures internes permettant de démontrer le respect des règles relatives à la protection des données
  - *Privacy by design* : obligation de prendre en compte l'objectif de protection des données personnelles dès la conception du service ou du produit de l'entreprise
  - *Privacy by default* : obligation de paramétrer par défaut des outils ou produits numériques pour assurer la meilleure protection

RGPD
Règlement Général sur la Protection des Données

10. **Montrez que le RGPD renforce la protection des données personnelles et les droits des personnes.**

11. **Indiquez quels sont les bénéfices du respect du RGPD pour les entreprises dans leurs échanges avec les internautes.**

Document 9 La CNIL condamne TotalEnergies à 1 million d'euros d'amende

La Commission [CNIL] a indiqué avoir reçu « plusieurs plaintes » concernant les difficultés rencontrées par des clients dans la prise en compte par le producteur et fournisseur d'énergies français de « leurs demandes d'accès à leurs données » et « d'opposition à recevoir des appels de prospection commerciale ». […]
La société proposait, sur son site Internet, un formulaire de souscription à un contrat d'énergie dans lequel l'utilisateur reconnaissait donner son accord pour l'utilisation de ses données personnelles afin de recevoir ultérieurement des offres commerciales, sans avoir la possibilité de s'y opposer.

www.lepoint.fr, 30 juin 2022.

12. **Identifiez les obligations que l'entreprise TotalEnergies ne respecte pas.**

Conclusion

Montrez comment le cadre réglementaire protège les données personnelles.

> Voir lexique CEJM, p. 237

CHAPITRE 4

Activité 3 Protéger les données personnelles dans le cadre du travail

Document 10 Le contrôle de l'utilisation par les salariés des outils numériques

[…] « Je ne compte plus le nombre d'employeurs qui veulent surveiller l'activité de leurs collaborateurs », commente Alain Stevens, consultant spécialisé en sécurité informatique, qui multiplie les mises en garde. « Techniquement, on peut tout faire et tout savoir, jusqu'à quels mots ont été tapés par le salarié sur son clavier. Or c'est totalement illégal. » […]

Toute surveillance est-elle pour autant illicite ? Non. « Il ne s'agit pas forcément de démasquer des collaborateurs qui perdraient trop de temps sur certains sites, précise Alain Stevens. Certains employeurs sont motivés par la protection industrielle ou la crainte qu'un salarié ne s'adonne à des pratiques comme le téléchargement illégal dont il pourrait être pénalement responsable. » […] il faut trouver un équilibre entre le respect de la vie privée du salarié et la nécessité de contrôler l'usage des outils que l'employeur met à disposition. » […]

Céline Chaudeau, *Le Parisien Économie*

13. Montrez que les règles juridiques protègent les intérêts de l'employeur et du salarié en matière d'utilisation du numérique.

Document 11 La charte informatique

Camille travaille dans une grande entreprise française en télétravail 3 jours sur 5.

Avez-vous eu des consignes particulières pour l'utilisation des outils informatiques ?

Camille : Pas particulièrement. Tout d'abord l'entreprise nous a confié un ordinateur professionnel. Ensuite, nous avons une charte informatique qui nous précise bien ce que l'on peut faire et ce que l'on ne peut pas faire, sous peine de sanctions. Le document fait 25 pages ! Par exemple nous avons un quota d'utilisation d'Internet et sommes avertis automatiquement dès que notre usage semble excessif, au risque d'être déconnectés. Cela doit permettre de ne pas saturer le réseau de l'entreprise. Nous devons également respecter les règles de confidentialité sur les informations et les données utilisées et partagées. Le travail à la maison n'a rien changé si ce n'est que nous avons été encore plus sensibilisés à la sécurité, d'autant plus que nous traitons des données de clients. Mais nous aussi, salariés, sommes protégés. La charte précise bien quelles sont nos données collectées quand on utilise l'outil informatique : les sites consultés, la durée de consultation, par exemple. Et elle précise nos droits, sur la procédure à suivre pour avoir accès à nos données notamment.

14. Expliquez l'intérêt pour une entreprise d'élaborer une charte informatique.

Conclusion

Montrez que l'utilisation des outils numériques par l'employeur et le salarié est encadrée par le droit.

› Voir lexique CEJM, p. 237

L'essentiel Retenir par **le texte**

La protection des personnes et des données

La digitalisation des échanges a entraîné une explosion de la quantité de données numériques. Ce phénomène de big data a fait des données à caractère personnel (DCP) un enjeu marketing et stratégique primordial pour les entreprises. Mais la collecte et le traitement de ces données entraînent des risques et nécessitent un cadre réglementaire afin de protéger les personnes. La CNIL joue un rôle important dans ce domaine, notamment depuis la mise en place du RGPD. Le traitement des données personnelles des salariés est également encadré.

1 Identifier les enjeux de la protection des données à caractère personnel

A. La valeur des données à caractère personnel

Utiliser une application, créer un compte client, commander sur Internet, toutes ces activités génèrent des données à caractère personnel. Ces données sont devenues un atout concurrentiel pour les entreprises qui, en connaissant mieux leurs clients, peuvent développer des offres commerciales adaptées à leurs profils et de plus en plus personnalisées.

B. Les risques liés aux données à caractère personnel

La collecte et le traitement des données entraînent parfois des abus de la part des entreprises. Celles-ci peuvent également subir des vols de données de la part d'acteurs malveillants.
L'usurpation de l'identité numérique est le risque majeur tant pour les particuliers que pour les entreprises d'être victimes d'escroqueries ou de voir leur e-réputation se dégrader.

2 Connaître le cadre réglementaire relatif à la protection des personnes et des données

A. La Commission nationale de l'informatique et des libertés (CNIL)

La CNIL est une AAI chargée de veiller au respect de la vie privée et des libertés dans le monde numérique. Ses principales missions sont d'informer et conseiller les citoyens, les professionnels et les autorités publiques ; de contrôler le respect de la loi par les professionnels et les administrations ; de sanctionner les abus et les pratiques irrégulières par un avertissement, une mise en demeure ou une sanction financière. Son rôle de contrôle a été renforcé par le RGPD.

B. Le Règlement général sur la protection des données (RGPD)

Entré en vigueur le 25 mai 2018, le RGPD fixe la nouvelle réglementation au niveau européen sur la protection des données à caractère personnel des personnes physiques lors de leur traitement et de leur circulation.
Ses trois objectifs principaux sont :
- de renforcer les droits des personnes ;
- de responsabiliser les acteurs intervenant dans le traitement des données ;
- d'assurer une protection efficace des données.

Les droits des personnes ont été renforcés. Toute personne bénéficie du droit à l'information ; du droit d'accès ; du droit de rectification ; du droit à la portabilité ; du droit à la limitation du traitement ; du droit à l'effacement des données. Toute personne peut également introduire une réclamation auprès de la CNIL, ou une action de groupe.

3 L'utilisation du numérique par les salariés

L'employeur peut utiliser les outils numériques pour surveiller les locaux, le matériel, mais aussi l'activité des salariés (vidéosurveillance, géolocalisation...). Cependant, il doit respecter un certain nombre de règles, dont l'information des salariés. Il est particulièrement recommandé aux entreprises de mettre en place une charte informatique.

La protection des personnes et des données

Le développement du numérique génère des risques sur les données personnelles

- La collecte et le traitement abusifs des données
- La violation des données
- L'usurpation de l'identité numérique

Ces risques nécessitent un cadre réglementaire

La CNIL veille au respect des règles par les entreprises

- Lors de la collecte et du traitement des données personnelles
  - Le RGPD
    - Responsabilise les entreprises
      - Ne collecter que les données utiles
      - Créer un registre des traitements
      - Sécuriser les données : principe de l'*accountability* ; du *privacy by design* ; du *privacy by default*
    - Précise les droits des internautes
      - Droit à la portabilité
      - Droit d'accès, de rectification et d'opposition
      - Droit d'être informé
      - Droit à l'effacement des données
- Lors du contrôle des salariés
  - Respect de la vie privée et des données personnelles des salariés

Mots-clés

- AAI
- Big data
- Charte informatique
- CNIL
- Données à caractère personnel
- E-réputation
- Identité numérique
- RGPD

> Voir lexique CEJM, p. 237

CHAPITRE 4

Pour vérifier ses acquis

1 QCM numérique

Scannez le QR Code ou saisissez le lien mini pour accéder à un QCM interactif.

www.lienmini.fr/8739-0404

2 Le respect des obligations du RGPD par les entreprises

• **Reliez ces situations à l'obligation RGPD correspondante.**

Situations	Obligations
« Nous avons recensé tous nos traitements de données pour vérifier comment sont collectées les données, où elles sont stockées, quelle est la durée de leur conservation. »	Sécuriser les données
« Nous ne collectons des données qu'en contrepartie d'un "avantage client". Ainsi, l'internaute comprend l'intérêt de se connecter. »	Ne collecter que les données utiles
« Nous interdisons à nos salariés de se partager des informations sur les clients par courriel. »	Créer un registre des traitements des données

3 La validité d'un formulaire de collecte de données

• **Ce formulaire de contact respecte-t-il le RGPD ? Justifiez votre réponse.**

Nom et prénom [ ] Société [ ]

Email [ ] Téléphone [ ]

Votre message [ ]

☐ J'autorise l'entreprise à me proposer des offres personnalisées. Mes données ne seront jamais communiquées à des tiers. *En savoir plus*

Pour connaître et exercer mes droits, notamment de retrait de mon consentement au traitement de mes données, je consulte la *politique de confidentialité*.

4 Le contrôle de la messagerie personnelle d'une salariée

Mme Amiot est assistante de manager dans une société de matériels de sécurité.
En congé maladie depuis 4 jours, elle est contactée par son supérieur hiérarchique qui a besoin de ses identifiants pour se connecter à son ordinateur afin de récupérer des documents importants.
Lors de cette connexion, il découvre qu'elle a partagé, *via* une messagerie personnelle installée sur son ordinateur professionnel, des documents concernant des clients de l'entreprise avec une collègue non habilitée à les consulter.
À son retour, Mme Amiot est convoquée par le dirigeant de l'entreprise qui lui reproche d'avoir enfreint la charte informatique et lui indique qu'il envisage de la licencier pour faute grave. Mme Amiot s'étonne que son supérieur ait eu accès à cette messagerie personnelle.

1 **Qualifiez la situation.**

2 **Indiquez si l'employeur pouvait accéder à la messagerie personnelle de Mme Amiot.**

3 **Rappelez l'intérêt d'une charte informatique pour l'entreprise.**

Entraînement guidé L'entreprise T.I.C.COM

★ **COMPÉTENCE** Caractériser les conséquences juridiques des choix opérés par l'entreprise sur la protection des personnes, des données

Situation

L'entreprise T.I.C.COM commercialise du matériel informatique aux particuliers et aux professionnels *via* son site Internet. Les clients peuvent contacter le service après-vente (SAV) au moyen d'un formulaire en se connectant sur le site grâce à leur adresse mail et à un mot de passe. Ils reçoivent ensuite un lien hypertexte comprenant le numéro d'enregistrement de leur demande. Ce lien leur permet d'avoir accès au suivi de leur demande.

En juin dernier, un client se rend compte qu'en modifiant le numéro d'enregistrement dans le lien, il a accès aux données d'autres clients : les nom et prénom, l'adresse postale, le numéro de téléphone, l'adresse mail et les commandes. Il alerte par courriel la société, qui ne lui répond pas.

Il décide alors de s'adresser à la CNIL qui délègue une équipe pour un contrôle en ligne et au sein de l'entreprise.

Après vérification, la CNIL demande à l'entreprise de modifier la procédure de contact du SAV. Celle-ci répond qu'elle a fait appel à un sous-traitant pour la gestion et le traitement des demandes au SAV et qu'elle n'est donc pas responsable du problème. Cependant, elle a demandé au sous-traitant de prendre les mesures nécessaires.

Une semaine après, la CNIL effectue un nouveau contrôle et constate qu'il est toujours possible d'avoir accès à certaines fiches de clients.

Questions guidées

1 **Caractérisez** les risques encourus par les clients de T.I.C.COM.

Type de question : question d'analyse qui consiste à extraire des informations et à appliquer ses connaissances à une situation particulière.

Notion mobilisée : risques liés aux données personnelles (voir p. 53)

→ **Ce que le correcteur attend**

1. Une explication du problème constaté par le client.
2. La déduction des types de risques encourus par les utilisateurs.

2 **Expliquez** pourquoi le client s'adresse à la CNIL.

Type de question : question d'analyse qui consiste à appliquer ses connaissances à une situation particulière.

Notion mobilisée : rôles de la CNIL (voir p. 54)

→ **Ce que le correcteur attend**

- Une présentation des rôles de la CNIL mis en jeu dans cette situation.

3 **Montrez** que l'entreprise T.I.C.COM n'a pas respecté la réglementation.

Type de question : question de réflexion qui consiste à proposer une argumentation pour prouver une proposition.

Notion mobilisée : sécurité des données (voir p. 54-55)

→ **Ce que le correcteur attend**

1. Un résumé des reproches faits à l'entreprise par la CNIL.
2. La mise en relation de ces manquements avec les obligations des entreprises.

Pour préparer l'examen

Cas d'entreprise — Agence immobilière Delannoy

COMPÉTENCE Caractériser les conséquences juridiques des choix opérés par l'entreprise sur la protection des personnes, des données

Situation

Marine travaille depuis un mois dans une agence immobilière familiale dirigée par Mme Delannoy. Les clients potentiels contactent l'agence soit par téléphone, soit en utilisant un formulaire sur le site Internet.
Marine partage son temps entre l'agence et les visites de terrain. À l'agence, elle est chargée de répondre aux appels des clients potentiels (acheteurs et vendeurs) et d'assurer le suivi des contacts sur le site.
Lors de leur demande, les clients potentiels doivent donner un certain nombre d'informations (annexe 1). Ces informations, traitées par un logiciel spécifique, permettent d'envoyer automatiquement un courriel aux acheteurs potentiels dès qu'un bien correspond à leurs critères de recherche.
Marine effectue une veille régulière sur Internet appelée pige immobilière. Cela lui permet de repérer puis de contacter les vendeurs qui postent une annonce pour vendre un bien immobilier sur Internet. L'objectif est de les inciter à recourir aux services de l'agence immobilière.
Mme Delannoy est souvent sur le terrain et elle souhaite aider Marine à améliorer son contact au téléphone avec les clients potentiels. Elle envisage d'enregistrer les appels de Marine pour les analyser et lui donner des pistes d'amélioration.

Mission 1 — Les enjeux de la collecte des données pour l'entreprise

1. Indiquez si les informations collectées sont des données personnelles (annexe 1).
2. Précisez l'intérêt pour l'agence immobilière de collecter ces données.

Mission 2 — Le cadre réglementaire

3. Expliquez quels sont les problèmes soulevés par la pratique de la pige immobilière dans l'utilisation des données personnelles (annexe 2).

Mission 3 — La collecte et le traitement des données des salariés

4. Indiquez s'il est possible à Mme Delannoy d'enregistrer les appels de Marine (annexe 3)
5. Précisez quelles sont les conditions qu'elle devra respecter (annexe 3).

Annexe 1

Formulaire de contact

Nom ______ Prénom ______
N° de téléphone ______
Adresse mail ______
Zone géographique de recherche ______
Type de bien recherché ______
Surface du bien ______
Demandes spécifiques : jardin, garage... ______
Budget total ______

Annexe 2

Démarchage téléphonique. Ne laissez pas vos données personnelles dans la nature

[…] Publier son numéro de téléphone dans une petite annonce en ligne, dans un commentaire Facebook ou sur son profil LinkedIn peut paraître anodin. Pourtant, le risque est grand que celui-ci soit récupéré par des sociétés peu scrupuleuses et utilisé pour vous démarcher. En contrôlant l'année dernière une dizaine d'entreprises, la Commission nationale de l'informatique et des libertés (CNIL) a découvert qu'une bonne partie d'entre elles utilisaient des solutions leur permettant d'aspirer des données personnelles présentes sur les annuaires en ligne, les réseaux sociaux et les sites de petites annonces. Ces données étaient ensuite utilisées pour faire du démarchage. […]

Un encadrement strict rarement respecté

Si cette pratique n'est pas formellement interdite, elle fait l'objet d'un encadrement sévère. La société est notamment tenue, avant de démarcher une personne par téléphone, de recueillir son consentement […]. [Ce] consentement doit être « libre, éclairé et univoque ». […]

[…] L'entreprise est aussi censée indiquer à la personne qu'elle souhaite démarcher quelles données personnelles elle a récupérées, où elles l'ont été et à quelle fin, fournir le nom et les coordonnées de son responsable des données personnelles et décrire la démarche à effectuer pour s'opposer à tout démarchage. Toutes ces informations doivent être mises à la connaissance de la personne de manière « concise, compréhensible et aisément accessible », au plus tard au début du premier appel. […]

Cyril Brosset, www.quechoisir.org, 29 mai 2020.

Annexe 3

L'écoute et l'enregistrement des appels téléphoniques

[…] L'écoute en temps réel et l'enregistrement sonore des appels sur le lieu de travail peuvent être réalisés en cas de nécessité reconnue et doivent être proportionnés aux objectifs poursuivis.

- L'employeur peut installer un dispositif d'écoute et/ou d'enregistrement ponctuel des conversations téléphoniques pour : former ses salariés (par exemple, réutiliser des enregistrements comme support afin d'illustrer son propos lors de formations) ; les évaluer ; améliorer la qualité du service (par exemple, en étudiant le type de réponse apporté au client). […]
- Des documents d'analyse (comptes-rendus ou grilles d'analyse) peuvent être rédigés sur la base des écoutes et enregistrements dès lors qu'ils s'inscrivent dans ces objectifs.
- L'employeur ne peut pas mettre en place un dispositif d'écoute ou d'enregistrement permanent ou systématique, sauf texte légal (par exemple, pour les services d'urgence).
- Sauf texte imposant une durée spécifique ou justification particulière, les enregistrements peuvent être conservés jusqu'à 6 mois au maximum. Les documents d'analyse peuvent quant à eux être conservés jusqu'à 1 an.
- Les salariés ainsi que les interlocuteurs (clients, par exemple) doivent être notamment informés : de l'existence du dispositif, des finalités poursuivies, […], de la durée de conservation des données, de leur droit d'opposition pour motif légitime, de leurs droits d'accès et de rectification, de la possibilité d'introduire une réclamation auprès de la CNIL. […]

Source : CNIL.

CHAPITRE 5

Les contrats de vente et de prestation de services numériques

COMPÉTENCES

- Qualifier et analyser les clauses de contrats relatives à une vente ou à une prestation de service numérique entre professionnels

SAVOIRS ASSOCIÉS

- La preuve électronique
- Le contrat de vente électronique
- Le contrat de prestation de service numérique

Situation professionnelle

Alicia a posté un message sur le forum d'une association de consommateurs :

« Bonjour, j'ai besoin d'aide pour résoudre un litige avec un site. J'ai commandé une robe et des accessoires le 22/10, le délai de livraison indiqué était de 8 jours. 20 jours après, la commande est toujours "en attente" sur mon compte client, la date de livraison ayant été repoussée. J'ai voulu annuler ma commande, mais le service client ne me répond pas. Je me demande si je vais recevoir cette commande un jour et mon compte a été débité des 170 €. Comment faire ? »

Un internaute lui a fait la réponse suivante :

« Bonjour Alicia, la loi Hamon a renforcé les droits du consommateur en matière de livraison. Un professionnel est tenu de respecter la date de livraison fixée ou le délai prévu. Au pire, la livraison doit avoir lieu 30 jours après la commande. Dans votre cas, il lui reste 10 jours pour vous livrer la trottinette. Ce délai dépassé, vous serez dans votre droit pour annuler la commande. »

VIDÉO

Achats en ligne, quelques conseils

www.lienmini.fr/8739-0501

Découvrir les problématiques du chapitre

1. Quels peuvent être les risques d'un achat sur Internet ?
2. Comment le droit permet-il le développement du e-commerce ?

CHAPITRE 5

Activité 1 Identifier les conditions de la valeur probante des documents numériques

Document 1 La reconnaissance juridique de l'écrit électronique

« L'écrit électronique a la même force probante que l'écrit sur support papier, sous réserve que puisse être dûment identifiée la personne dont il émane et qu'il soit établi et conservé dans des conditions de nature à en garantir l'intégrité. »

Art. 1366 du Code civil.

Ainsi un courriel, un SMS peuvent servir de preuve en cas de litige. Mais à condition que l'émetteur puisse être identifié et qu'il y ait la garantie que le message a été conservé dans son intégralité et qu'il n'a pas été modifié. Dans la pratique, rares sont les courriels ou SMS répondant à ces conditions. Ils peuvent être présentés comme « commencement de preuve » devant un tribunal. Ce sont les juges qui en évalueront l'authenticité.

Document 2 Le courriel est-il un moyen de preuve ?

Un litige opposait un locataire à son bailleur sur le préavis de résiliation d'un bail d'habitation et sur l'établissement de l'état des lieux de sortie. Divers courriers électroniques avaient été échangés par les parties, notamment pour ce qui concernait la fin du contrat de bail. Se fondant sur ces e-mails, le locataire prétendait que la notification de son départ avait été reçue par le bailleur le 28 août 2006. Il en voulait pour preuve un courrier électronique du 13 octobre 2006, prétendument adressé par son bailleur, qui reconnaissait la réception de la notification de préavis le 28 août 2006. […] Le bailleur contestait l'authenticité des courriers électroniques produits à son encontre par le locataire.

[…] Le mail simple est parfois « signé » dans le sens où son expéditeur y fait figurer, en fin de message, son nom et son prénom.

Cette signature n'a rien d'une signature électronique fiable pour deux raisons :

– il ne s'agit pas d'un procédé fiable d'identification : n'importe qui peut signer avec le nom d'une autre personne. En matière électronique, il n'y a même pas la difficulté d'avoir à imiter la signature ;

– elle ne garantit pas le lien avec le contenu du mail : il est, en effet, beaucoup plus simple de modifier le contenu d'un mail que le contenu d'un document papier signé. […]

Feral-Schuhl/Sainte-Marie avocats.

1. Expliquez pourquoi le courriel n'a pas été retenu comme preuve dans ce litige.

Document 3 La signature électronique

La signature électronique (dite aussi signature numérique) permet de garantir l'intégrité d'un document électronique et d'en authentifier l'auteur grâce à des techniques informatiques.
Elle permet d'identifier clairement qui est l'émetteur du message et garantit que le document n'a pas été modifié.

VIDÉO

La signature électronique, comment ça marche ?

www.lienmini.fr/8739-0502

Document 4 Le processus de la signature électronique

yousign *Yousign est un éditeur de logiciels qui propose des prestations de signature électronique.*

Concrètement, quand vous demandez à un signataire de signer un document, celui-ci recevra un e-mail qui l'amènera directement vers le document à signer.
Une fois ce document pris en compte par le signataire, celui-ci signe le document en confirmant tout d'abord son identité *via* un code SMS envoyé sur son numéro de téléphone. Une fois la procédure terminée, vous recevrez un e-mail vous avisant que le document a été signé. Les documents signés seront alors disponibles dans votre espace client.
Lorsqu'un document est signé numériquement, un dossier de preuves est constitué. Ce dossier est en fait l'ensemble des informations qui ont mené au bon déroulement de la signature. Il peut contenir plusieurs types d'informations comme : le nom de la procédure, la date de création, la date d'envoi, des informations spécifiques au signataire (nom, prénom, adresse e-mail, adresse IP…), des informations sur l'authentification du signataire : mode d'authentification, heure de validation, etc. […]

T. Choukroun, yousign.com

2. Précisez quelles sont les deux fonctions d'une signature électronique.

3. Expliquez le rôle du dossier de preuve.

Document 5 La signature électronique, moyen de preuve

La société Carrefour Banque avait consenti à un client un prêt personnel de 10 000 euros. Celui-ci ayant cessé de rembourser les échéances de son prêt, la société Carrefour Banque l'a assigné en justice. Dans un premier temps, le tribunal d'Annemasse avait jugé que la banque n'apportait pas la preuve du contrat.
Devant la cour d'appel de Chambéry, afin d'authentifier la signature électronique du client, la société Carrefour Banque a présenté une synthèse de fichier de preuve de la transaction émanant d'un prestataire de services de gestion de preuve, qui atteste de la signature électronique avec horodatage du document par le client, dont elle précise l'adresse courriel et qui mentionne le code d'identité du certificat électronique. La cour d'appel de Chambéry a jugé que ceci prouvait bien l'existence du contrat de prêt et a condamné le client à rembourser la banque.

Cour d'appel de Chambéry, arrêt du 25 janvier 2018.

4. Expliquez ce qui a permis à la société Carrefour Banque de faire valoir ses droits dans ce litige.

Conclusion

Montrez que la signature électronique assure la valeur probante des documents numériques.

› Voir lexique CEJM, p. 237

CHAPITRE 5

Activité 2 Qualifier et analyser les clauses d'un contrat de vente électronique avec les consommateurs

A Protéger le consommateur avant l'achat en ligne

Document 6 Des règles peu respectées

Moins cher que Voga ? Difficile. Fabriqué sous licence, un fauteuil « lounge » dessiné par Charles Eames coûte 4 500 €, au minimum. Voga.com le propose à 745 €. Près de 90 % de rabais, c'est intéressant. Le problème est que Voga.com ne dit pas tout. Si vous passez commande, vous serez débité immédiatement. Mieux vaut ne pas changer d'avis. La société Voga, qui est extrêmement difficile à joindre, garde 50 % du prix de la commande en cas de rétractation. Ce n'est évidemment pas conforme au droit de la consommation. […] Le même texte dit aussi que le délai de livraison, quand rien n'est spécifié, ne peut pas dépasser 30 jours. Sur ce point, Voga fait très fort. Tant que le consommateur n'a pas payé, il est incité à croire que les biens sont en stock, par les messages habituels : « Dépêchez-vous ! Plus que cinq produits disponibles ! » Une fois qu'il a été débité, il apprend que le délai de livraison sera de 14 semaines, 21 semaines, voire 30 semaines ! La livraison ne se fait pas chez le client, mais dans un entrepôt, en Irlande. Pour récupérer son fauteuil, il faut acquitter une autre livraison, à ses frais. Elle peut se monter à 200 € pour une table basse ou un tabouret, qui valent 150 €. Ce « détail » est précisé au détour des conditions générales de vente (CGV), rédigées en petits caractères et en anglais, ce qui est, là encore, totalement contraire à la réglementation. Les CGV doivent être en français.

www.quechoisir.org

5. Relevez les différents reproches faits au site Voga.com.

6. Précisez quels peuvent être les autres risques lors d'un achat sur Internet.

Document 7 La collecte des données personnelles sur un site Internet

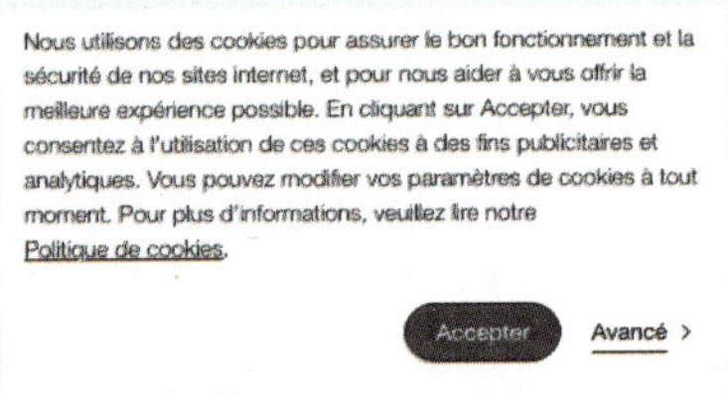

Dans le cadre de notre activité commerciale, nous sommes amenés à recueillir des données personnelles vous concernant (nom, prénom, numéro de téléphone, e-mail…). Ces données sont principalement utilisées pour le traitement de vos commandes ou de vos demandes (inscription à notre newsletter, demande d'information, gestion de compte utilisateur, rappel et suivi qualité produit, etc.), mais aussi pour mieux vous connaître (statistiques…) et personnaliser la communication et l'offre produit, pour mesurer votre satisfaction.

7. Précisez à quoi sert la collecte de données personnelles dans cet exemple.

8. Rappelez quels sont les droits de l'internaute sur ses données personnelles.

Document 8 Les informations précontractuelles

Avant de passer commande sur Internet, un internaute doit pouvoir prendre connaissance d'un certain nombre d'informations :

- l'identité du vendeur ;
- la description des biens et services proposés à la vente en ligne ;
- les modalités et délais de paiement ;
- les règles en matière de livraison ;
- le processus de passation d'une commande en ligne ;
- le délai de livraison ;
- l'application ou non du droit de rétractation.

Le client doit pouvoir accéder facilement à ces informations qui sont regroupées dans les conditions générales de vente.

9. Expliquez pourquoi il est nécessaire que les entreprises fournissent ces informations aux internautes.

B Protéger le consommateur lors de la conclusion de la vente

Document 9 La règle du « double-clic »

Article 1127-2 du Code civil : Le contrat n'est valablement conclu que si :

1er clic
Le destinataire de l'offre a eu la possibilité de vérifier le détail de sa commande et son prix total et de corriger d'éventuelles erreurs…

2e clic
… avant de confirmer celle-ci pour exprimer son acceptation définitive.

L'auteur de l'offre doit accuser réception sans délai injustifié, par voie électronique, de la commande qui lui a été adressée.

Document 10 Une commande sur le site lesfilsduson.fr

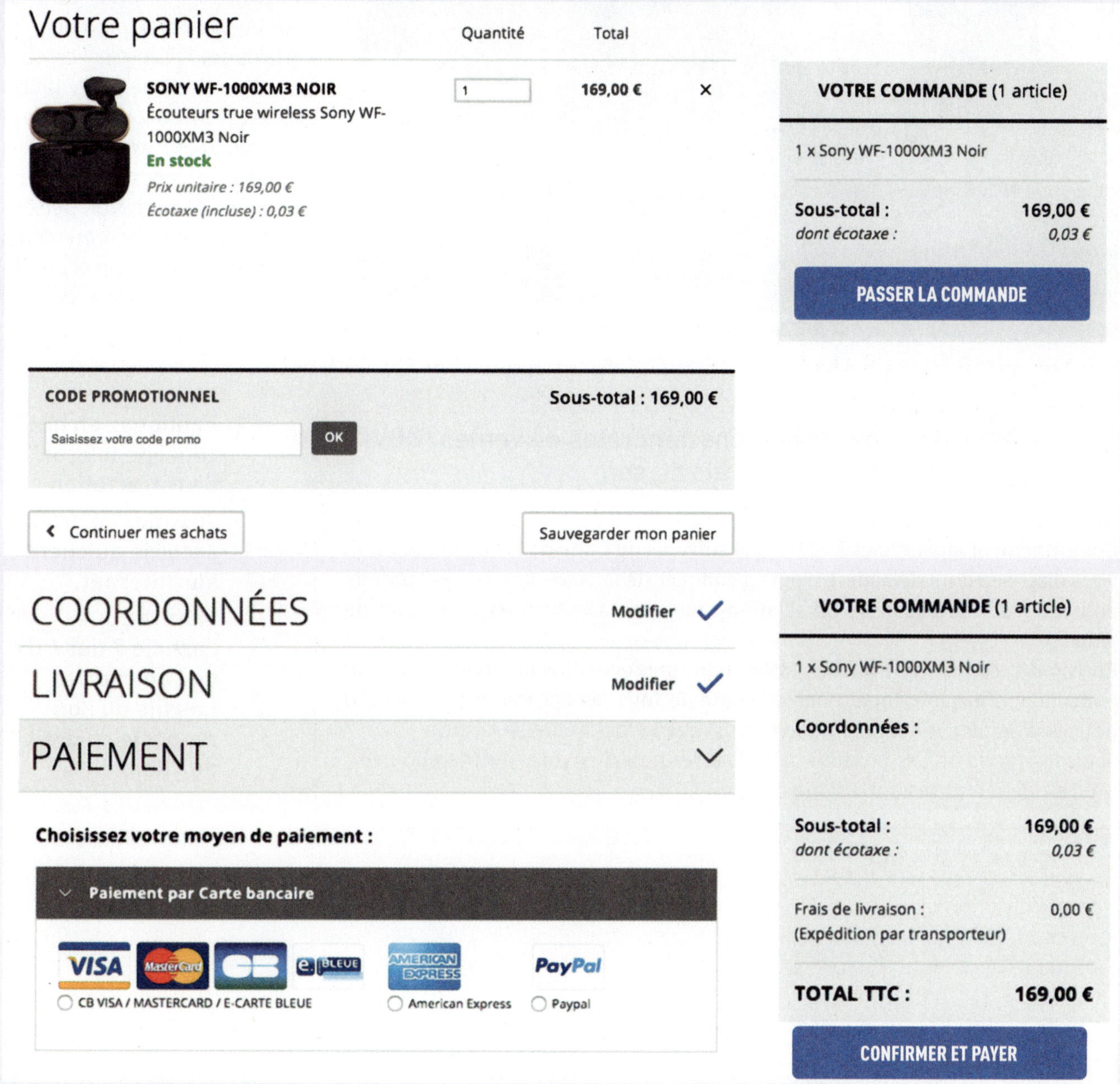

10. Montrez que la procédure du double-clic est respectée dans cette procédure de commande.

11. Expliquez l'intérêt de cette procédure pour l'acheteur.

Activité 2

VIDÉO
Le droit de rétractation en toutes circonstances ?

www.lienmini.fr/8739-0503

C Le droit de rétractation

Document 11 Peut-on retourner un produit acheté sur Internet ?

Le droit de rétractation concerne les achats effectués auprès de commerçants professionnels. La loi Hamon fixe le délai de rétractation à 14 jours (article L. 221-18 du Code de la consommation). Ce délai est prolongé de 12 mois quand le consommateur n'a pas été informé de son droit à rétractation.

Le délai de 14 jours court à compter de la signature du contrat pour une prestation de service ou à compter de la livraison du bien pour une vente de produit.

Certains produits ou services sont exclus du droit de rétractation (article L. 121-20-2 du Code de la consommation) : voyages, billets de spectacle, articles personnalisés (objets à impression personnalisée, meubles ou vêtements sur mesure, biens susceptibles de se détériorer ou de se périmer rapidement…).

Document 12 Extrait des conditions générales de ventes (CGV) de l'entreprise Les fils du son

Article 7 : Droit de rétractation

Conformément aux articles L. 221-18 et suivants du Code de la consommation, vous disposez d'un délai de 14 jours à compter de la réception de vos produits pour exercer votre droit de rétractation sans avoir à le justifier ni à payer de pénalité.

En cas d'exercice du droit de rétractation, renvoyez l'article neuf dans son emballage d'origine, intact, accompagné de tous les accessoires éventuels, notices d'emploi et documentations ainsi que la facture de livraison.

Seuls le prix du ou des produits achetés et les frais d'envoi seront remboursés, les frais de retour restant à votre charge.

12. Expliquez en quoi consiste le droit de rétractation.

13. Justifiez ce droit accordé au client sur Internet.

14. Montrez que l'article 7 des CGV de l'entreprise Les fils du son respecte ce droit du client.

Conclusion

Montrez que le droit protège le consommateur dans le cadre des achats sur Internet.

› Voir lexique CEJM, p. 237

Activité 3 Qualifier et analyser les clauses d'un contrat de prestation de service numérique entre professionnels

Document 13 Contrat de réalisation d'un site Internet pour la société Tyri

Article 1 : Objet du contrat
Le client Tyri SAS commande au concepteur DigiWeb la réalisation d'un site Internet accessible sous le nom de domaine tyri-sas.fr […]
Article 3 : Prestation du concepteur
3.1 Conception du site Internet
Le concepteur réalisera la conception et la réalisation du service Internet selon les conditions définies dans le devis n° 153 AV.
[…]
Article 5 : Responsabilité du client
Le client mettra à la disposition du concepteur, dans un délai suffisant pour le respect du planning, les contenus et informations nécessaires à la réalisation du site.
Il collaborera avec le prestataire en vue d'assurer la bonne exécution du contrat, notamment en y allouant les moyens et le personnel nécessaires, en répondant rapidement aux questions du prestataire.

Document 14 L'obligation d'information et de conseil

Les obligations d'information et de conseil du prestataire informatique l'amènent à devoir s'informer sur les besoins exacts du client, à lui donner tout renseignement qui pourrait lui être utile concernant le matériel ou la prestation de service, à lui proposer une solution adéquate à ses problèmes et à le mettre en garde contre toutes les éventuelles limitations de la solution proposée. Cette obligation d'information et de conseil s'applique pendant la période précontractuelle des pourparlers et pendant la période d'exécution du contrat proprement dite.

15. Précisez l'objet du contrat passé entre DigiWeb et Tyri SAS.

16. Expliquez l'obligation du client mentionnée dans l'article 5.

17. Précisez quelle en est la contrepartie pour le prestataire de services numériques.

Document 15 Extrait du cahier des charges établi entre DigiWeb et Tyri SAS

Suite aux besoins exprimés par Tyri SAS, nous nous proposons de créer et réaliser un site Internet sur les principes suivants :
1. Un site Web dynamique
- Une page d'accueil fluide et simple.
- Un design moderne avec un code couleur sobre.
- En haut de page, un bandeau défilant présentant des produits de l'entreprise.
- Une navigation aisée grâce à des catégories clairement identifiées.
- Ces catégories seront visibles sur toutes les pages. L'affichage des sous-catégories se fera en passant la souris sur le nom de la catégorie. […]

18. Expliquez le rôle du cahier des charges lors de la négociation de ce type de contrat.

Activité 3

Document 16 La protection des droits intellectuels de l'entreprise Tyri SAS

Article 10 : Droits intellectuels
L'ensemble des informations apportées par le client quels qu'en soient le format (fichiers images, sons, vidéo, etc.) ou la nature reste la propriété du client.
Le client garantit qu'il dispose de tous les droits et/ou autorisations nécessaires sur tous les éléments que le client a chargé le concepteur d'intégrer dans le site ou d'utiliser pour sa conception. […]

19. Indiquez quels sont les droits du client concernés par cette clause.

20. Précisez les risques liés à l'absence d'une telle clause pour les parties au contrat.

Document 17 Une concurrence déloyale

La société Digitre avait fait appel à la société Néo Avenue pour le développement de son site Internet. Digitre a accusé Néo Avenue de concurrence déloyale pour avoir créé un site concurrent en utilisant des informations que Digitre avait fournies lors des discussions sur la conception du site. Elle reprochait à la société Néo Avenue de ne pas avoir respecté son obligation de confidentialité.
Elle n'indique cependant pas quelles seraient les informations confidentielles en question qui auraient été dévoilées et utilisées fautivement par la société Néo Avenue.

Document 18 Extrait du contrat entre DigiWeb et Tyri SAS

Article 11 : Clause de confidentialité
Chacune des parties au présent contrat s'engage en son nom comme en celui de ses collaborateurs à considérer comme confidentiels, pendant la durée du présent contrat et après son expiration, les documents, bases de données, logiciels, savoir-faire en provenance de l'autre partie auxquels elles auraient pu avoir accès à l'occasion de l'exécution du présent contrat, et à ne pas les utiliser en dehors des besoins du présent accord et à ne pas les divulguer à des tiers.

21. Expliquez le litige entre la société Digitre et la société Néo Avenue.

22. Montrez l'intérêt de la clause de confidentialité pour les deux parties au contrat.

Document 19 Clause de réversibilité du contrat entre DigiWeb et Tyri SAS

Article 12 : En cas de cessation de la relation contractuelle, quelle qu'en soit la cause, le concepteur s'engage à restituer, dans un délai de 2 mois à la date de réception de la demande du client, l'ensemble des données lui appartenant, sous un format lisible.

23. Expliquez l'obligation du prestataire énoncée dans l'article 12.

24. Expliquez l'importance de cette clause pour le client.

Document 20 Comment récupérer ses données ?

La réversibilité est, dans les contrats informatiques, la faculté pour le client de récupérer ses données lors de la cessation du contrat, notamment dans le cadre d'une migration chez un autre prestataire. La question de la réversibilité donne lieu à un important contentieux informatique car, sans ses données, l'utilisateur se trouve parfois dans l'impossibilité de poursuivre son activité, sauf à faire ressaisir l'ensemble de ses données manuellement, ce qui, à l'heure du « big data », devient de plus en plus difficilement imaginable.

www.dictionnaire-juridique.com

Conclusion

Montrez qu'une entreprise doit être attentive aux clauses des contrats numériques qu'elle conclut avec des prestataires.

> Voir lexique CEJM, p. 237

Les contrats de vente et de prestation de services numériques

Le développement de la digitalisation des documents et des échanges a nécessité l'adaptation du droit à de nouvelles pratiques commerciales. Cette adaptation a eu lieu tant dans le domaine de la preuve, que dans le domaine des contrats numériques.

1 Identifier les conditions de la valeur probante des documents numériques

Selon l'article 1366 du Code civil, « l'écrit électronique a la même force probante que l'écrit sur support papier, sous réserve que puisse être dûment identifiée la personne dont il émane et qu'il soit établi et conservé dans des conditions de nature à en garantir l'intégrité ».
La signature électronique est un procédé permettant de garantir l'authenticité de l'expéditeur et de vérifier l'intégrité du message reçu.
Un document numérique ne permettant pas de garantir l'identité de l'émetteur, comme un courriel, vaudra comme commencement de preuve. Le juge est libre d'en apprécier la valeur probante.

2 Qualifier et analyser les clauses d'un contrat de vente électronique avec les consommateurs

Tout e-commerçant doit respecter certaines obligations envers les consommateurs.

A. Protéger le consommateur avant l'achat en ligne

Le consommateur doit être informé dans les conditions générales de vente (CGV) sur :
- l'utilisation de traceurs (cookies) et le respect des règles relatives à la collecte des données personnelles ;
- l'identité et les coordonnées du professionnel ; les informations relatives aux caractéristiques essentielles des biens ou des services, le prix, les délais de livraison, les moyens de paiement... ;
- les conditions et modalités d'exercice du droit de rétractation s'il existe.

B. Protéger le consommateur lors de la conclusion de la vente

Une vente sur Internet doit respecter la procédure dite du « double-clic » :
- le consommateur remplit son panier et doit pouvoir éventuellement le corriger ou le modifier avant de le valider (1er clic) ;
- le consommateur confirme sa commande par un 2e clic.

Le consommateur doit être informé que le fait de commander l'oblige à payer.
Après avoir reçu la commande, le vendeur envoie un accusé de réception au client.

C. Le droit de rétractation

Le droit de rétractation permet à l'acheteur de revenir sur sa décision d'achat dans un délai de 14 jours à compter de la signature du contrat pour une prestation de service ou à compter de la livraison du bien pour une vente de produit.
Certains produits ne permettent pas de bénéficier de ce droit de rétractation, notamment les produits personnalisables et les biens numériques téléchargés dès que la commande est validée (e-books, musique...).

3 Qualifier et analyser les clauses d'un contrat de prestation de service numérique entre professionnels

Les contrats de prestation de services numériques (hébergement de données, développement de logiciels ou de sites Internet, maintenance matérielle ou logicielle...) nécessitent la pleine collaboration du client dans la définition de ses besoins et doivent comporter des clauses spécifiques : clause sur les droits d'auteur, clause de confidentialité, clause de réversibilité.

Les contrats de vente et de prestation de services numériques

La digitalisation des documents et des échanges a nécessité une adaptation du droit

- Dans le **domaine de la preuve** → En reconnaissant la force probante de l'écrit numérique
  - Grâce à la signature électronique qui permet :
    - L'identification de l'émetteur
    - La garantie de l'intégrité du document
- Dans le domaine des **contrats avec les consommateurs**
  - Avant la commande, l'e-commerçant doit fournir au client
    - Des informations sur les données collectées et sur la protection des données
    - Des informations sur :
      - L'identité de l'entreprise
      - La description des produits et services
      - Le prix
      - Les délais de livraison
      - Les moyens de paiement
      - Le droit de rétractation
  - Pour valider la commande, l'e-commerçant doit mettre en place → une procédure de commande respectant le « double-clic »
- Dans le domaine des **contrats de prestation de services numériques**
  - En protégeant les parties au contrat avec
    - L'obligation de collaboration du client
    - La clause sur les droits d'auteur
    - La clause de confidentialité
    - La clause de réversibilité

Mots-clés

- Clause de confidentialité
- Clause de réversibilité
- Conditions générales de vente
- Double-clic
- Droit de rétractation
- Signature électronique

> Voir lexique CEJM, p. 237

Pour vérifier ses acquis

1 QCM numérique

Scannez le QR Code ou saisissez le lien mini pour accéder à un QCM interactif.

www.lienmini.fr/8739-0504

2 Une pratique commerciale trompeuse

1 **Expliquez le procédé reproché au site Lastminute.com.**

2 **Quelle est la règle qui n'est pas respectée par l'entreprise ?**

L'UFC-Que Choisir attaque en justice le site Internet Lastminute.com, dont elle dénonce les « pratiques commerciales illicites, agressives et trompeuses ».
En cause, une assurance proposée en option à la fin de la réservation d'un voyage. Du fait de la présentation de ce service facultatif, beaucoup d'internautes y souscrivent sans vraiment en avoir conscience.
« Le consommateur est certain d'avoir terminé sa commande, il pense que c'est une confirmation et il clique sur "J'accepte et je continue", explique Raphaël Bartlomé, responsable juridique d'UFC-Que Choisir. Or, le site vient ainsi de rajouter une assurance. » [...]
Les clients découvrent après coup le réel montant qu'ils ont payé. Mais l'habituel droit de rétractation de 14 jours ne s'appliquant pas aux assurances de voyage, il est impossible de retirer cette coûteuse protection. [...]
Le procédé est illégal : le Code civil interdit d'ajouter une prestation une fois le montant validé par l'internaute.

www.ouest-france.fr, 27 janvier 2020.

3 La protection des parties au contrat

- **Reliez chaque proposition à la clause correspondante.**

Permet au client de retourner le produit acheté sans justification	Clause de réversibilité
Permet à une entreprise de récupérer les données fournies à un prestataire de service informatique	Règle du « double-clic »
Permet de vérifier et modifier son panier d'achat	Clause de confidentialité
Empêche la divulgation d'informations et de données	Droit de rétractation

4 L'achat d'un produit numérique

Clara vient d'acheter un jeu récemment sorti sur une plateforme de jeux vidéo. Réalisant qu'elle s'est trompée dans son achat, elle contacte le site pour se rétracter. On lui répond que ce n'est pas possible puisqu'elle a activé le code acheté.

- **Expliquez pourquoi Clara ne peut pas bénéficier du droit de rétractation.**

Extrait des CGV : Lorsque vous achetez des codes sur le site web permettant d'accéder au contenu de la plateforme, vous concluez un contrat avec nous. Dès l'utilisation du code, vous acceptez et consentez à l'exécution immédiate de ce contrat et renoncez à tout droit d'annulation du contrat.

Pour s'entraîner

1 Entraînement en autonomie — Les conditions générales de vente

★★ **COMPÉTENCE** Qualifier et analyser les clauses de contrats relatives à une vente

Situation

Pauline souhaite offrir un cadeau d'anniversaire à un de ses amis. Originaire du Sud-Ouest, elle voudrait lui offrir des produits de cette région, réputée pour sa gastronomie. Elle fait des recherches sur Internet et trouve les produits qu'elle recherche, mais sur un site qu'elle ne connaît pas. Sensibilisée aux risques liés aux achats sur Internet à cause d'une mauvaise expérience précédente, elle parcourt les conditions générales de vente et s'intéresse en particulier à la clause 7 et à la clause 10 (annexe).

1. **Justifiez l'obligation pour Pauline d'accepter expressément les CGV.**
2. **Identifiez l'obligation du e-commerçant décrite dans la clause 7.**
3. **Expliquez si le contrat conclu peut être utilisé comme preuve électronique.**
4. **Appréciez la légalité de la clause 10 des CGV.**

Annexe

Extraits des conditions générales de vente (CGV)

Clause 7
Les présentes Conditions Générales de Vente visent à définir les relations contractuelles applicables à tout achat effectué sur notre site.
1) Caractéristiques des produits
2) Prix
3) Commande
Vous pouvez passer commande sur notre site Internet en cliquant pour chaque article souhaité sur « Ajouter au panier ». Vous finalisez votre commande en cliquant sur « Voir le panier ». Vous pouvez alors vérifier et, si vous le souhaitez, modifier votre commande. Les frais de livraison sont ensuite affichés quand vous indiquez le pays de livraison. En cliquant sur « Confirmer la commande », vous reconnaissez avoir pris connaissance des Conditions Générales de Vente et déclarez expressément les accepter sans réserve. Cette procédure de commande, dite du « double-clic », constitue une signature électronique qui a la même valeur qu'une signature manuscrite.
Les informations contractuelles feront l'objet d'une confirmation par e-mail à l'adresse que vous aurez indiquée lors de la commande. […]

Clause 10
L'Acheteur dispose d'un délai de 14 jours ouvrables à compter de la date de réception de sa commande, pour retourner tout article ne lui convenant pas et demander l'échange ou le remboursement sans pénalité, à l'exception des frais de retour qui restent à la charge de l'Acheteur. L'Acheteur est également informé que les denrées périssables sont exclues de ce droit de rétractation. Pour les autres produits, seuls seront repris ceux renvoyés dans leur ensemble, dans leur emballage d'origine complet et intact.

2 Faire le lien avec le stage/l'apprentissage

1. **Votre entreprise utilise-t-elle la signature électronique ? Pour quels types de documents ?**
2. **Votre entreprise vend-elle sur Internet ? Relevez les clauses de validation de commande et de rétractation.**
3. **Votre entreprise a-t-elle conclu des contrats avec des prestataires numériques ? Quel est leur objet ?**

CHAPITRE 5

Pour préparer l'examen

Cas d'entreprise — Au p'tit vélo

COMPÉTENCE Qualifier et analyser les clauses de contrats relatives à une vente ou à une prestation de service numérique entre professionnels

Situation

Passionnés de vélo, Teddy et Richard ont ouvert il y a 2 ans un magasin de cycles, « Au p'tit vélo », avec un petit atelier de réparation dans lequel travaille un salarié.
Assez rapidement, ils se sont rendu compte que certains clients souhaitaient modifier le vélo qu'ils venaient d'acquérir. Aussi ont-ils décidé de proposer des vélos en kit : le client choisit une base et fait monter le vélo en fonction de ses besoins ; il peut également se contenter de demander des pièces spécifiques qu'il se charge ensuite de monter lui-même.
La crise sanitaire ayant limité les déplacements des clients, Teddy et Richard ont pensé qu'un site Internet leur serait utile pour garder le contact avec leurs clients. Sur ce site seront commercialisés des pièces détachées, des produits d'équipement (gants, casques, chaussures…) et d'entretien. La nouvelle activité de vélo en kit va également être proposée sur le site. Teddy souhaite être sûr de la conformité des conditions générales de vente.
Dans le cas du service de personnalisation du vélo, la nécessité, avec certains clients, d'échanger et d'élaborer le devis à distance, incite Teddy et Richard à sécuriser leurs échanges avec les clients. Ils ont pris contact avec un organisme de certification qui leur a présenté des démonstrations des processus de signature électronique et leur a fait parvenir ses conditions générales de vente.

Mission 1 — La conformité des conditions générales de vente du site de l'entreprise Au p'tit vélo

1. Identifiez l'obligation de Teddy et Richard, en tant qu'e-commerçants, énoncée dans la clause 5 de leurs CGV (annexe 1).
2. Analysez la conformité de cette clause.
3. Expliquez la limite apportée au droit de rétractation dans la clause 8 (annexes 2 et 3).

Mission 2 — Le contrat numérique entre professionnels

4. Expliquez l'intérêt de la signature électronique pour Teddy et Richard dans leur relation commerciale avec leurs clients à distance.
5. Montrez que les clauses 11 et 13 des CGV du prestataire protègent les intérêts du prestataire et du client (annexe 4).

Annexe 1

Clause 5 des conditions générales de vente (CGV) du site Internet

Concernant les pièces détachées, les produits d'équipement et les produits d'entretien : Le client valide sa commande lorsqu'il active le lien « Confirmez votre commande » après avoir accepté les présentes conditions de vente. Avant cette validation, il est systématiquement proposé au client de vérifier chacun des éléments de sa commande ; il peut ainsi corriger ses erreurs éventuelles ou simplement modifier sa commande.

Nous confirmons la commande par courrier électronique en reprenant tous les éléments de la commande.
Les données enregistrées lors de cette commande constituent la preuve de la commande (nature, montant, date, moyen de paiement). Cette preuve est archivée dans les conditions et les délais légaux ; le client peut accéder à cet archivage en contactant le service Relations Clients.

Annexe 2

Clause 8 des conditions générales de vente (CGV) : Droit de rétractation

Dans les conditions prévues par l'article L. 121-20 du Code de la consommation, le client dispose d'un délai de rétractation de 14 jours ouvrables pour nous informer de sa volonté de se rétracter, à compter de la date de la livraison des produits.

Tout échange ou remboursement ne sera accepté qu'à la condition que les produits soient retournés dans leur emballage d'origine et en parfait état de revente, avec leurs accessoires et notices, sans trace d'utilisation ni de montage. Les frais de retour seront à la charge exclusive du client.

Ce droit de rétraction n'est cependant pas applicable pour toute commande comprenant les vélos en kit ou les pièces spécifiques en raison du caractère personnalisé de ces articles, conformément à l'article L. 121-20-2 du Code de la consommation.

Annexe 3

Les limites du droit de rétractation

En matière de vente à distance et notamment d'e-commerce, un droit de rétractation de 14 jours est accordé au consommateur. Ce droit lui permet de se rétracter sans avoir à justifier sa décision, ni payer de pénalités. Néanmoins, il existe des exceptions. Le droit de rétractation ne peut pas être exercé, sauf si les parties en ont convenu autrement, pour les contrats :

- de fournitures de services dont l'exécution a commencé, avec l'accord du consommateur, avant la fin du délai de 14 jours ;
- de fournitures de biens ou de services dont le prix est fonction de fluctuations des taux du marché financier ;
- de fournitures de biens confectionnés selon les spécifications du consommateur ou nettement personnalisés, ou qui du fait de leur nature, ne peuvent être réexpédiés ou sont susceptibles de se détériorer ou de se périmer rapidement ;
- de fournitures d'enregistrements audio ou vidéo ou de logiciels informatiques lorsqu'ils ont été descellés par le consommateur (ex : CD, CD Rom, DVD...) [...]

www.cgv-expert.fr

Annexe 4

Extrait des conditions générales de vente (CGV) de l'organisme de certification

Clause 11 : L'entreprise prestataire et le client s'engagent à ce que les informations confidentielles soient gardées secrètes ; ne soient divulguées de manière interne qu'aux seuls membres de leur personnel concernés et ne soient utilisées par ces derniers que dans le but du présent accord [...]

Clause 13 : La fin des services, quelle qu'en soit la cause, entraînera automatiquement et de plein droit la fermeture du compte client et des comptes utilisateurs.

Le client devra remettre au prestataire tous programmes et documents relatifs aux services.

Le dossier de preuves restera conservé durant dix (10) ans.

Sur demande du client, le prestataire procédera à la restitution de l'ensemble de ses données, sous un format standard lisible sans difficulté, dans un délai maximum de deux (2) mois à compter de la demande du client.

CHAPITRE 6

L'incidence du numérique sur le management de l'entreprise

COMPÉTENCES

- Repérer le rôle du système d'information dans le fonctionnement de l'entreprise
- Identifier les conséquences du déploiement du numérique sur le management et les processus décisionnels de l'entreprise

SAVOIRS ASSOCIÉS

- Spécialisation, intégration, action collective
- Mode de coordination, flexibilité, modalités d'organisation du travail
- Composantes et rôles du système d'information, opportunités et risques liés au système d'information

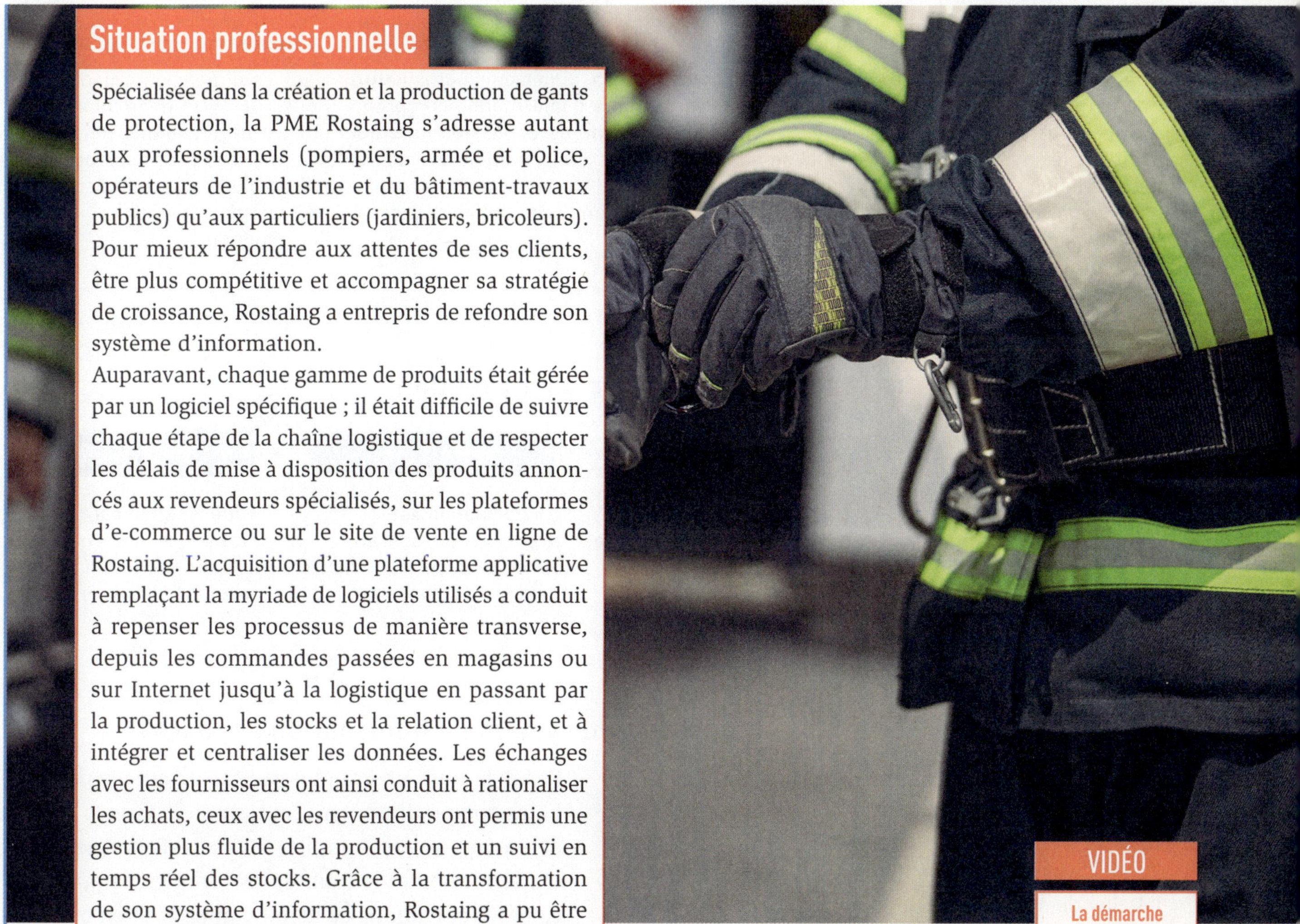

Situation professionnelle

Spécialisée dans la création et la production de gants de protection, la PME Rostaing s'adresse autant aux professionnels (pompiers, armée et police, opérateurs de l'industrie et du bâtiment-travaux publics) qu'aux particuliers (jardiniers, bricoleurs). Pour mieux répondre aux attentes de ses clients, être plus compétitive et accompagner sa stratégie de croissance, Rostaing a entrepris de refondre son système d'information.

Auparavant, chaque gamme de produits était gérée par un logiciel spécifique ; il était difficile de suivre chaque étape de la chaîne logistique et de respecter les délais de mise à disposition des produits annoncés aux revendeurs spécialisés, sur les plateformes d'e-commerce ou sur le site de vente en ligne de Rostaing. L'acquisition d'une plateforme applicative remplaçant la myriade de logiciels utilisés a conduit à repenser les processus de manière transverse, depuis les commandes passées en magasins ou sur Internet jusqu'à la logistique en passant par la production, les stocks et la relation client, et à intégrer et centraliser les données. Les échanges avec les fournisseurs ont ainsi conduit à rationaliser les achats, ceux avec les revendeurs ont permis une gestion plus fluide de la production et un suivi en temps réel des stocks. Grâce à la transformation de son système d'information, Rostaing a pu être plus à l'écoute de ses clients finaux et confier des tâches à plus grande valeur ajoutée à ses salariés (ex : conseils personnalisés par téléphone ou tchat, indications précises des délais de livraison).

VIDÉO

La démarche d'éco-conception de Rostaing

www.lienmini.fr/7639-0601

Découvrir les problématiques du chapitre

1. Quelles sont les raisons qui ont conduit Rostaing à rénover son système d'information ?
2. En quoi l'adoption d'une nouvelle plateforme informatique a-t-elle permis cette refonte du système d'information ?
3. Dans quelle mesure ce système d'information est-il aujourd'hui facteur de performance pour Rostaing ?

Activité 1 Repérer le rôle du système d'information

A Les composantes et les fonctions du système d'information

Document 1 Les trois composantes d'un système d'information

Un système d'information est un ensemble organisé de ressources techniques, organisationnelles et humaines requises par le traitement des informations nécessaires à la stratégie et aux métiers de l'entreprise.

Composante technique	Composante humaine	Composante organisationnelle
Dans sa dimension technique, le système d'information repose sur un **système informatique composé de ressources matérielles et immatérielles** (ex. : base de données, outil de gestion de la relation client (CRM), outil de gestion de la chaîne logistique (SCM), serveurs de données et système de stockage, serveurs d'application).	Dans sa dimension humaine, le système d'information comprend **les hommes et les femmes qui traitent l'information** et qui lui donnent du sens en la transformant en une connaissance à gérer.	Dans sa dimension organisationnelle, le système d'information intègre **un ensemble de processus, de règles et de procédures** qui ont pour objectif de collecter, mémoriser, traiter et diffuser l'information.

Document 2 Les quatre fonctions du système d'information

COLLECTER → **STOCKER** → **TRAITER** → **DIFFUSER**

- **COLLECTER** : L'entreprise acquiert des données de son environnement interne et externe.
- **STOCKER** : Une fois l'information acquise, elle est conservée pour une utilisation future.
- **TRAITER** : L'information est transformée, analysée, structurée pour permettre la prise de décision.
- **DIFFUSER** : L'information est transmise aux collaborateurs en interne, aux partenaires externes.

Document 3 Les composantes et fonctions du système d'information de la RATP

Pour réduire le nombre d'incidents perturbant la circulation des RER A et assurer une fluidité du service, la RATP développe la maintenance prédictive. Grâce à l'application Serval conçue en interne, les employés de l'atelier de maintenance peuvent accéder à des données collectées sur les matériels roulants. Ceux-ci sont en effet équipés de capteurs qui mesurent en temps réel plusieurs paramètres (ex : le fonctionnement des portes, la climatisation, l'état des freins, le système de pilotage automatique). Les données sont stockées et analysées par Serval qui modélise et centralise des pronostics de panne détectées sur le train grâce à des algorithmes et à une intelligence artificielle.

Dans l'atelier de maintenance où les rames sont à l'arrêt la nuit, un grand écran tactile affiche des symboles rouges (intervention urgente), jaunes (risque de pannes à moyen terme) ou verts. Serval sert donc d'interface entre le train et les techniciens pour anticiper les opérations de maintenance, tout en précisant l'urgence des réparations. Pour améliorer le système, les retours enregistrés par les techniciens sur Serval permettent à l'application de mieux cerner les pannes et d'en améliorer la modélisation. À titre d'exemple, les alertes sur les portes des rames sont justifiées dans 70 % à 80 % du temps. Une déclinaison de Serval pour le métro (Serval 2) est déployée avec autant de succès sur les lignes de métro automatiques 1 et 14.

1. Indiquez quel est l'objectif du système d'information d'une entreprise comme la RATP.
2. Repérez les différentes composantes du système d'information de la RATP.
3. Mettez en évidence les fonctions du système d'information de cette entreprise.
4. Montrez en quoi son système d'information lui permet d'améliorer sa performance.

B Le rôle du système d'information dans la prise de décision

Document 4 Chez Carrefour, le big data permet d'éviter les ruptures de certains produits

Chez Carrefour, les données aident à mieux prévoir la demande de certains produits, comme les pains, viennoiseries et pâtisseries. L'objectif est en effet de produire suffisamment pour répondre à la demande des clients en particulier en fin de journée, tout en réduisant les invendus. Pour cela, l'équipe du Data Lab de Carrefour collecte les données figurant sur les 3,5 millions de tickets de caisse édités chaque jour par les hypermarchés en France et les analyse. Elle établit un historique des ventes sur plusieurs années. Grâce à une forme d'intelligence artificielle, le *machine learning*[1], cet historique est croisé avec d'autres données dépendant du contexte comme les promotions, les remises sur les produits à date courte, la saisonnalité (ex : jours fériés, fêtes de Noël). Les résultats sont ensuite transmis aux équipes concernées qui peuvent alors ajuster leur production locale. C'est ainsi que Carrefour a réussi à augmenter ses ventes du fait de ruptures moins nombreuses et à faire évoluer positivement son indicateur de satisfaction et de fidélité des clients mais aussi à limiter le gaspillage.

1. Le *machine learning* (ou apprentissage automatique) vise à donner aux ordinateurs la capacité d'« apprendre » à partir de données (et non à l'aide d'une programmation explicite), *via* des modèles mathématiques.

D'après www.artefact.com

5. Expliquez pourquoi le traitement des flux importants de données (big data) est un enjeu pour Carrefour.

6. Montrez comment la démarche mise en œuvre par l'entreprise permet au système d'information d'être un outil efficace d'aide à la décision.

Document 5 Le rôle d'un progiciel de gestion intégré

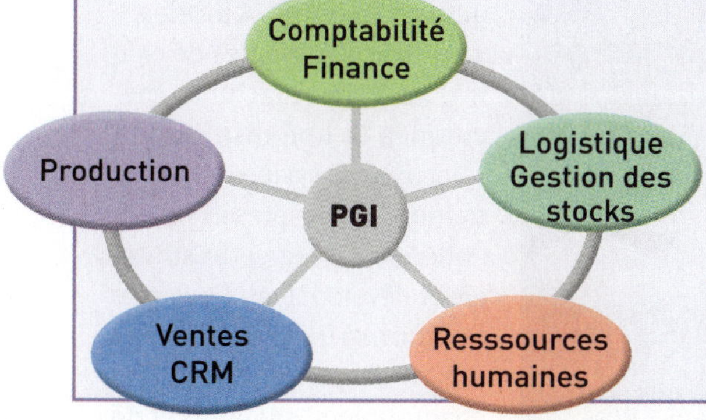

Un PGI (progiciel de gestion intégré) ou ERP (*Enterprise Resource Planning*, en anglais) est un logiciel composé de différents modules qui permettent de gérer les différents processus clés de l'entreprise : production, ventes, stocks, comptabilité… Ces modules partagent une même base de données, ce qui permet une unification des informations et donc plus de rapidité et de fiabilité dans leur traitement.

7. Indiquez en quoi un PGI permet de fluidifier les processus et d'éviter la fragmentation des données nécessaires au fonctionnement de l'entreprise.

Document 6 La chocolaterie Les Chevaliers d'Argouges déploie un PGI

En 2021, la chocolaterie artisanale Les Chevaliers d'Argouges a produit 805 tonnes de chocolats pour un chiffre d'affaires de 17,1 millions d'euros. Afin de poursuivre son développement, l'entreprise a besoin de gérer ses activités de façon intégrée depuis la production jusqu'aux ventes et à la plateforme d'e-commerce, en passant par les achats, la logistique, le contrôle de gestion et la finance. En l'absence d'une direction des systèmes d'information, la chocolaterie a fait appel à une entreprise de services numériques pour l'analyse de ses besoins, le choix et le déploiement d'un PGI lui permettant de structurer ses données. Comme l'indique le directeur administratif et financier, le PGI Business Central de Microsoft a permis de maîtriser les coûts, de gagner en agilité grâce à une meilleure gestion des informations et d'engager une démarche de pilotage global des processus. Essentiel pour l'entreprise, le PGI regroupe en effet les données des différents processus dans une base de données unifiée et structurée. Grâce à la connexion avec le site de vente en ligne, le statut de l'envoi et le suivi des colis est désormais connu en temps réel ainsi que l'état des stocks. Tous les référentiels fournisseurs, articles et clients ont aussi été intégrés au PGI, ce qui permet à tous les employés d'utiliser la même solution et d'avoir une vision commune et partagée de l'entreprise et de sa situation.

D'après www.enjeuxlogistiques.com

8. Pourquoi la chocolaterie Les chevaliers d'Argouges a-t-elle décidé d'utiliser un progiciel de gestion intégré ?

9. Montrez que le PGI permet à l'entreprise de gagner en cohérence, en agilité et en réactivité.

Activité 1

Document 7 La notion d'alignement stratégique

L'enjeu fondamental de l'alignement stratégique est de faire du système d'information un atout au service de la stratégie de l'entreprise. Le système d'information crée de la valeur et constitue une source d'avantage concurrentiel, à condition d'assurer son adéquation avec les besoins métiers à travers l'alignement stratégique. [...]

CIGREF, Alignement stratégique du système d'information.

Document 8 Deux exemples de cohérence entre le système d'information et la stratégie de l'entreprise : compagnies aériennes *low cost* et Nespresso

Si l'on examine les compagnies aériennes *low cost* (Easyjet, Ryanair), on ne peut qu'être frappé par la présence d'un alignement stratégique fort entre stratégie de volume, coûts faibles, prix bas et un système d'information en totale cohérence. Ainsi, ces compagnies ont été les premières à supprimer le billet « papier » dont le coût unitaire s'élevait à environ 10 €. De la même façon, le *business model* a conduit à supprimer les agences de réservation et de distribution (génératrice de charges fixes : location de locaux, personnels, matériels, frais de fonctionnement) pour leur substituer l'achat de billets en ligne. La mise à jour en temps réel des taux de remplissage des avions permet en outre un ajustement des tarifs et des promotions. [...]

A contrario, Nespresso développe une stratégie de différenciation reposant sur une communication utilisant un acteur (George Clooney), une offre de capsules de café très large, des machines spécifiques et une distribution sélective. Le système d'information de Nespresso est en cohérence avec cette stratégie et développe un *Customer Relationship Management* (CRM) qui permet d'identifier chaque client, ses goûts et de l'accueillir de façon personnalisée quand il se présente dans une succursale Nespresso.

R. Reix, B. Fallery, M. Kalika, F. Rowe, *Systèmes d'information et management*, Vuibert, 2016.

10. Expliquez pourquoi le système d'information doit être aligné sur la stratégie de l'entreprise.

11. Présentez les stratégies respectives adoptées par les compagnies aériennes *low cost* et par Nespresso.

12. Indiquez en quoi les systèmes d'information d'Easyjet et de Nespresso sont alignés sur leurs stratégies respectives et sont créateurs de valeur.

Conclusion

Montrez en quoi le système d'information est indispensable à la prise de décision et à la mise en œuvre de la stratégie de l'entreprise.

› Voir lexique CEJM, p. 237

CHAPITRE 6

Activité 2 Identifier les conséquences du déploiement du numérique sur le management et les processus décisionnels de l'entreprise

A L'évolution des structures d'organisation et des modalités de travail

Document 9 De nouvelles structures plus réactives face aux aléas

Depuis une trentaine d'années, la mondialisation des marchés, les innovations technologiques, les évolutions des modes de consommation, des exigences des salariés en termes de conditions de travail ou des actionnaires en matière de rémunération contribuent à rendre l'environnement des entreprises de plus en plus ouvert et incertain. Elles cherchent donc à être réactives et à gagner en flexibilité, c'est-à-dire à s'adapter à cet environnement mouvant en modifiant leurs modes de coordination. Elles peuvent ainsi opter pour une structure reposant à la fois sur la spécialisation des entités (pour mieux répondre aux contraintes de l'environnement) et sur leur intégration (afin de veiller à la cohérence de l'ensemble des entités et de dégager des synergies). Cette spécialisation/intégration est facilitée par les technologies de l'information et de la communication. Celles-ci permettent aussi de repenser l'organisation des entreprises dans une logique transversale sur la base de processus. Le *reengineering* conduit ainsi à analyser les processus opérationnels en vue de les restructurer pour améliorer la performance des entreprises en matière de coût, de qualité, de service et de rapidité.

13. Présentez les facteurs qui conduisent les entreprises à vouloir gagner en flexibilité et en réactivité.

Document 10 Saint-Gobain mise sur le local pour sa nouvelle structure

TRANSFORM & GROW

Le programme « Transform & Grow » bouscule toute l'organisation de Saint-Gobain. L'ambition affichée est claire : se rapprocher d'une organisation plus locale et plus agile. Jusqu'en janvier 2019, le groupe était organisé par activités (isolation, construction, distribution, rénovation, vitrage, plaque de plâtre et de mortier, etc.) avec à la tête de chacune d'entre elles un président. Désormais, il s'articule par pays et non plus par produit, soit une inversion complète de ce qui existait précédemment. « Cette organisation permet de prendre des décisions localement et plus rapidement », explique Cordula Gudduschat, directrice du marketing et du développement de Saint-Gobain. Ce nouveau système est constitué de quatre entités régionales : Europe du Nord, Europe du Sud, Moyen-Orient et Afrique ainsi qu'Amériques et Asie-Pacifique. L'expérience client a aussi dû s'adapter à ces spécificités régionales.

Chaque pays peut désormais créer son propre parcours client grâce à des outils tels que le *mapping* parcours clients ou un sondage de satisfaction mis à disposition par l'équipe innovation client du département marketing situé au siège du groupe. Dans les régions les plus importantes, le responsable expérience client travaille de façon transversale avec les autres services tels que la *supply chain*. Cette collaboration permet, par exemple, de proposer une livraison en moins de 2 heures dans toute l'Île-de-France grâce à un service de véhicules utilitaires avec chauffeur, en partenariat avec Point.P. [...] Cette organisation par marché, plus proche des clients, intègre le numérique à tous les niveaux. « Nous utilisons beaucoup la data pour mieux connaître nos clients et leur présenter des offres personnalisées », confirme Cordula Gudduschat. « Nous voulons les mettre au centre de l'innovation en leur proposant de nouveaux services et outils en plus de nos matériaux », continue la directrice du marketing et du développement. Le fabricant et distributeur de matériaux de construction compte ainsi dans un futur proche proposer des plateformes aux circuits de décision courts, clarifiés et plus responsabilisants.

D. Iweins, « Saint-Gobain repense le global pour miser sur le local », *Les Echos Executives*, 14 octobre 2019.

VIDÉO
Saint-Gobain : présentation de l'entreprise
www.lienmini.fr/8739-0603

14. Précisez pourquoi l'entreprise Saint-Gobain a fait évoluer sa structure.

15. Identifiez les mécanismes de coordination à l'œuvre dans la nouvelle structure.

16. Montrez que cette structure repose sur les principes de spécialisation et d'intégration.

17. Indiquez quelle est la place du numérique dans la structure actuelle de Saint-Gobain.

Activité 2

Document 11 La notion d'entreprise réseau

L'entreprise réseau (ou étendue) est une structure d'organisation qui repose sur le recours à l'externalisation ou à des relations de coopération étroite entre une entreprise dite pivot, située au centre du réseau, et ses fournisseurs et/ou clients pour atteindre un objectif commun (ex. : la réalisation d'un produit). Cette nouvelle forme d'organisation redéfinit les frontières de l'entreprise. La digitalisation est l'un des moyens de cette dynamique organisationnelle.

Document 12 Le numérique au cœur de l'entreprise réseau Ametra

Le groupe Ametra est spécialisé dans l'intégration des systèmes mécaniques, électriques et électroniques pour des entreprises industrielles. Il a noué des partenariats de confiance et de long terme avec ses clients et peut ainsi mettre en place une continuité entre ses bureaux d'études et ceux de ses clients. Cette continuité qui prend appui sur le numérique est un premier pas vers l'entreprise étendue. Elle permet de mettre au point un produit de manière agile, de façon à réduire son temps de conception et par conséquent, de mise sur le marché.

Dans le cas d'Ametra, c'est *via* des lignes, des salles sécurisées et un VPN [*Virtual Private Network*[1]] que le bureau d'études peut travailler en toute sécurité et de manière directe sur la maquette numérique du client lors de sa conception, y compris dans des environnements fortement sécurisés, comme le secteur de la défense. Les équipes travaillent alors sur un outil commun. Il existe en effet différentes solutions d'outils ou d'architectures réseau permettant de travailler en entreprise étendue.

VIDÉO
Interview de la dirigeante d'Ametra
www.lienmini.fr/8739-0604

1. Réseau privé virtuel.

D'après http://blog.ametragroup.com

18. Pourquoi peut-on dire qu'Ametra est une entreprise réseau ?

19. Montrez que le numérique joue un rôle fondamental dans une entreprise réseau.

Document 13 Le développement du travail collaboratif et de l'action collective

Il y a plusieurs années, le constructeur automobile PSA s'est équipé d'une solution de travail collaboratif qui permet grâce à l'utilisation d'écrans interactifs de rapprocher des acteurs travaillant sur des continents différents et qui ont besoin de multiplier les échanges technologiques pour pouvoir faire évoluer certaines innovations. L'outil évite d'innombrables communications par courriels qui retardent l'identification des besoins, la qualification précise de ces derniers et limitent l'efficacité et la réactivité de PSA. Le numérique entraîne en fait une évolution des modalités de travail dans l'entreprise, comme le montre la récente enquête du cabinet Lecko, spécialisé dans l'organisation de la transformation numérique : il facilite l'accès à l'information utile (76 %), les rapports avec les collègues (65 %) et permet de coordonner de manière plus fluide les activités (70 %). C'est aussi dans cette optique que s'inscrit le développement d'espaces de travail collaboratif ou *coworking* qui favorisent dans un lieu ouvert et convivial les échanges de compétences, les partenariats, la créativité et l'émergence de projets communs dans une logique d'action collective ou concertée. Les outils numériques (ex. : de partage et de coédition de fichiers, de visioconférence, de *chat*, de gestion de projets) sont devenus indispensables à un travail collaboratif efficace.

20. Indiquez quels sont les effets du numérique sur les modalités de travail chez PSA.

21. Expliquez quel est l'intérêt des espaces de *coworking*.

B Les risques liés au système d'information de l'entreprise

Document 14 Les cyberattaques sont devenues une menace majeure pour les entreprises

Depuis le piratage de Sony Pictures Entertainment en 2014 et la mise en ligne de films avant leur sortie en salles, de données personnelles d'employés ainsi que de documents confidentiels sur des projets de l'entreprise, les cyberattaques sont devenues de plus en plus fréquentes. Quelle que soit leur taille, les entreprises (ex : la Poste Mobile, Thales, Lise Charmel) comme d'autres organisations (ex : l'hôpital de Corbeil-Essonnes, la mairie de Caen, l'Institut polytechnique de Toulouse) sont souvent victimes ce que l'on appelle un « rançongiciel ». Ce logiciel malveillant bloque l'accès à un ordinateur en provoquant le chiffrement de toutes ses données (et de celles accessibles, si l'ordinateur est en réseau) jusqu'au paiement d'une rançon en échange du code pour les déchiffrer. Selon le directeur général de l'ANSSI (Agence nationale de sécurité des systèmes d'information), ce type de cyberattaques a pris de l'ampleur au cours des cinq dernières années. Plus globalement, le nombre d'attaques (rançongiciels, vol de données, intrusion dans les systèmes informatiques à la suite de failles techniques) a été multiplié par 4 entre 2020 et 2021, dans un contexte de crise sanitaire et de recours massif au télétravail, et par 8 entre 2021 et 2022. En mai 2022, l'assureur Hiscox, expert en cyber-assurance, a par ailleurs évalué le coût moyen de ces cyberattaques à 18 645 € pour les TPE et PME. Mais ce coût peut varier de plusieurs centaines à plusieurs millions d'euros pour une entreprise de taille intermédiaire ou un grand groupe. Il faut en effet tenir compte des pertes d'exploitation entraînées par la perturbation ou l'arrêt de l'activité, des dépenses engagées pour la sécurisation des données après l'attaque mais aussi de la dépréciation de la valeur de l'entreprise du fait de la perte ou du vol de données et de la dégradation de son image. Ses clients ainsi que ses divers partenaires commerciaux n'ont alors plus confiance. Aujourd'hui, l'attaque devient vite publique puisque les pirates la revendiquent généralement et, conformément au RGPD (Règlement général sur la protection des données), les entreprises doivent aussi informer leurs clients des risques de violation de leurs données personnelles.

22. Classez les risques induits par le système d'information en distinguant ceux qui concernent la sécurité et ceux ayant un impact financier.

23. Précisez la nature du risque entraîné par l'utilisation ou la violation des données clients.

24. Analysez les conséquences de ces risques sur la performance des entreprises.

Document 15 Une panne informatique paralyse la logistique des Magasins U

En mai 2020, le système d'information logistique des entrepôts des magasins U (groupe Système U) est tombé en panne, bloquant alors les flux entrants et sortants de marchandises de l'ensemble des plateformes du groupe. L'approvisionnement a été totalement interrompu pendant plusieurs jours pour environ 1 600 enseignes Hyper U, Super U, U Express et Utile en France, le temps de trouver l'origine de la panne. Celle-ci ne venait pas directement du logiciel de gestion des entrepôts mais d'une corruption de données sur les serveurs informatiques IBM. Le matériel a par conséquent dû être changé rapidement, mais le travail de récupération des données perdues pendant la période n'a pas été simple.

25. Indiquez quel est le risque auquel le groupe Système U a dû faire face.

26. Expliquez comment le groupe peut améliorer le fonctionnement de son système d'information logistique pour éviter ce risque.

Activité 2

Document 16 La résistance au changement

Le sociologue Michel Crozier a montré que le phénomène de résistance au changement est normal, car le changement conduit généralement à une modification de la situation d'acteurs qui, tout en contribuant à l'action collective, disposent d'une certaine marge de manœuvre dans l'entreprise pour satisfaire leurs intérêts personnels. Il est donc logique que ces acteurs s'inquiètent des conséquences du changement sur leur position (ex. : une perte de pouvoir, un changement dans leurs habitudes de travail). Ils sont alors conduits à développer des stratégies ou « jeux d'acteurs » pour freiner le changement et conserver ainsi le pouvoir dont ils disposent.

D'autres analyses insistent sur les représentations des dirigeants et la culture d'entreprise comme facteurs de résistance au changement. La culture, propre à chaque entreprise, est définie comme l'ensemble des valeurs grâce auquel les membres d'une entreprise acquièrent une identité collective et qui guide leur façon de penser et leurs comportements (M. Thévenet). C'est lorsque le changement véhicule des valeurs qui divergent de celles qu'ils ont intériorisées que les individus cherchent à le freiner.

27. **Analysez les raisons pour lesquelles l'évolution de l'organisation liée au numérique peut conduire à des résistances au changement.**

Document 17 Les contraintes imposées par le système d'information aux salariés

Dans 1 organisation sur 3, la résistance au changement est toujours le principal obstacle à l'adoption de la plateforme numérique de travail.

Si la nouvelle génération de collaborateurs, ultra-connectés dans leur vie personnelle, pousse les entreprises vers toujours plus de numérique, d'immédiateté et de simplification des usages, il est essentiel d'obtenir l'adhésion de tous. La réussite d'un projet de transformation digitale nécessite d'impliquer l'utilisateur, ses besoins, ses processus métier et les enjeux de sa fonction. La technologie pour la technologie n'apporte rien. Elle doit être au service de l'efficacité des équipes métiers, partir d'un besoin spécifique pour apporter les solutions adéquates. La valeur ajoutée réside dans l'accompagnement à chacune de ces étapes, de la conception au maintien en conditions opérationnelles en passant par le déploiement.

Il est également essentiel de mettre en place un véritable plan d'accompagnement au changement pour permettre à tous de s'approprier les outils. Mais là encore, la situation sanitaire a imposé la mise en place de nouvelles technologies avec des formations dispensées à distance, parfois dans l'urgence. Il est aujourd'hui essentiel de respecter ces différentes étapes et de considérer l'acculturation comme un moteur de la transformation afin d'éviter toute fracture technologique entre les collaborateurs.

G. De Lavallade, « Quand les entreprises sont contraintes d'accélérer leur transformation digitale », *Journal du Net*, 12 novembre 2020.

Près de 1 organisation sur 4 insiste sur le besoin d'accompagnement des collaborateurs.

Étude réalisée par l'éditeur Jalios en mai et juin 2020.

28. **Identifiez les risques de la transformation digitale de l'entreprise pour les salariés.**

29. **Expliquez comment la direction d'une entreprise peut gérer la résistance au changement chez les salariés.**

Conclusion

Montrez en quoi le numérique conduit à de nouvelles configurations structurelles et à une évolution des modalités de travail ainsi qu'à des risques de natures diverses. › Voir lexique CEJM, p. 237

L'essentiel Retenir par le texte

L'incidence du numérique sur le management de l'entreprise

1 Repérer le rôle du système d'information dans le fonctionnement de l'entreprise

A. Le système d'information et ses composantes

Le système d'information (SI) est un ensemble organisé de ressources techniques, organisationnelles et humaines requises par le traitement des informations nécessaires à la stratégie et aux métiers de l'entreprise.

B. Les fonctions du système d'information

Le SI remplit quatre fonctions :
- *collecter* des données provenant de l'environnement interne ou externe de l'entreprise ;
- *stocker* les informations collectées pour qu'elles soient disponibles et conservées dans le temps ;
- *traiter* les informations ou les transformer, les analyser pour les rendre utiles à la prise de décision ;
- *diffuser* les informations dans l'environnement interne ou externe de l'entreprise.

C. Le rôle du système d'information dans la prise de décision

Un SI performant fournit les informations nécessaires à la prise de décision à tous les niveaux de l'entreprise. Il permet de gérer les flux d'informations importants, d'éviter la fragmentation des données et facilite l'échange d'informations entre acteurs internes et/ou externes à l'entreprise. C'est ce que permet un progiciel de gestion intégré (PGI) qui rassemble les informations liées aux processus clés de l'entreprise dans une base de données unifiée et structurée. Le SI participe aussi à la définition et à la mise en œuvre de la stratégie. Il doit être en adéquation avec les besoins métiers à travers l'alignement stratégique pour permettre la création de valeur et apporter de la flexibilité à l'entreprise.

2 Identifier les conséquences du déploiement du numérique sur le management et les processus décisionnels de l'entreprise

A. L'évolution des structures d'organisation

Les entreprises cherchent à gagner en flexibilité et en réactivité pour répondre à un environnement plus ouvert et plus incertain. Elles évoluent vers des structures d'organisation combinant la spécialisation des entités et leur intégration pour assurer la coordination et la cohérence de l'ensemble, ce que permet le SI. Elles développent aussi des stratégies d'externalisation et de partenariats (entreprise réseau ou étendue). Le numérique favorise alors les relations avec les fournisseurs et/ou clients pour plus d'interactions, de coconstruction et de co-innovation.

B. L'évolution des modalités de travail

Le déploiement du numérique au sein de l'entreprise conduit à une évolution des modalités de travail vers le travail collaboratif et facilite l'action collective dans des espaces de *coworking*. Il permet de faire travailler des collaborateurs sur des projets communs grâce à des outils qui facilitent la communication et l'interaction et de coordonner leurs activités.

C. Les risques liés au système d'information de l'entreprise

Si le SI est un facteur de performance de l'entreprise, il fait aussi peser des risques sur elle :
- *en matière de sécurité* : atteintes au patrimoine informationnel de l'entreprise (cyberattaques, vol, piratage, destruction, perte) ;
- *opérationnels* : obsolescence ou panne du matériel, défaut de maintenance ;
- *juridiques* : négociation et gestion des contrats de prestations informatiques, respect du RGPD ;
- *sociaux* : intrusion dans la vie privée des salariés, perméabilité entre la sphère professionnelle et privée, gestion de la résistance au changement (M. Crozier), etc. ;
- *financiers* : le SI génère des coûts importants (acquisition et maintenance du matériel, des licences logicielles, intégration et paramétrage du PGI, formation des utilisateurs).

L'incidence du numérique sur le management de l'entreprise

Le système d'information de l'entreprise

Ensemble organisé de ressources techniques, organisationnelles et humaines requises par le traitement des informations nécessaires à la stratégie et aux métiers de l'entreprise.

Il remplit quatre fonctions :

- **Collecter** des données de l'environnement interne ou externe
- **Stocker** les informations acquises pour les rendre disponibles
- **Traiter** les informations pour les rendre utiles à la prise de décision
- **Diffuser** les informations dans l'environnement interne ou externe

Un système d'information performant est un **outil d'aide à la décision** et un outil indispensable à la définition et à la mise en œuvre de la **stratégie**. Il apporte à l'entreprise de la flexibilité.

Les conséquences du déploiement du numérique dans les entreprises sur le management et les processus décisionnels

Évolution des structures d'organisation vers plus de flexibilité et de réactivité

- *spécialisation* des entités et *intégration* pour assurer la cohérence d'ensemble
- gestion *transversale* des activités sur la base de processus
- *entreprise réseau* (étendue)

Évolution des modalités de travail vers plus de communication et d'interaction

- développement des outils de travail collaboratif
- mise en place d'espaces pour faciliter l'action collective (*coworking*)

Existence de nouveaux risques

- risques en matière de sécurité
- risques opérationnels
- risques juridiques
- risques sociaux
- risques financiers

Mots-clés

- Action collective
- Alignement stratégique
- Entreprise réseau
- Flexibilité
- Intégration
- Progiciel de gestion intégré
- Spécialisation
- Système d'information
- Travail collaboratif

› Voir lexique CEJM, p. 237

CHAPITRE 6

Pour vérifier ses acquis

1 QCM numérique

Scannez le QR Code ou saisissez le lien mini pour accéder à un QCM interactif.

www.lienmini.fr/8739-0605

2 Eno mise sur le numérique dans les ateliers

Eno, le leader mondial des cuisinières pour bateaux et fabricant de planchas, utilise depuis plusieurs années un PGI auquel tous les salariés sont connectés, depuis les services commerciaux jusqu'aux entrepôts logistiques. L'entreprise peut ainsi disposer de données fiables en temps réel et gagner en réactivité en interne comme avec ses clients. Récemment, elle a mis à disposition de ses ouvriers des tablettes, une par îlot de travail, afin que chacun ait accès de façon simple aux données de l'entreprise et sache immédiatement ce qu'il doit fabriquer, en quelles quantités, de façon à aller chercher rapidement les pièces détachées nécessaires. La fluidité entre les ateliers (montage, peinture, émaillage ou découpe laser) en a ainsi été améliorée.

Des tablettes, un développement informatique du PGI réalisé en interne pour l'extraction des données, la mise en place d'un programme Excel pour visualiser les données… tout a été réalisé en trois mois, à un coût faible, selon le dirigeant. Par ailleurs, l'efficacité gagnée a conduit à une croissance de 35 % au cours du dernier exercice.

1 **Repérez les fonctions remplies par le système d'information mis en place par l'entreprise Eno.**

2 **Expliquez en quoi ce système d'information contribue à la création de valeur pour le client.**

3 Le système d'information et ses risques pour l'entreprise

- **Pour chaque situation citée ci-dessous, indiquez la nature du risque auquel elle correspond.**

Situations	Risque en matière de sécurité	Risque opérationnel	Risque juridique	Risque social	Risque financier
Le groupe Metro a été victime d'une cyberattaque qui a désorganisé l'activité de tous ses magasins en Europe pendant une semaine.					
La société Ubeeqo, spécialisée dans l'autopartage de véhicules, a été sanctionnée par la CNIL pour avoir manqué à ses obligations en matière de collecte et de durée de conservation des données personnelles.					
Une panne informatique a fortement perturbé pendant quelques heures le service de bus assuré par la société Keolis à Rennes.					
Plusieurs études sociologiques ont montré que le télétravail, largement pratiqué durant la crise du Covid-19, a conduit à un déséquilibre entre la vie privée et la vie professionnelle.					
Microsoft a été victime d'une attaque informatique qui a permis aux pirates d'accéder à des projets développés par le groupe ainsi qu'au code source de l'assistant vocal Cortana.					
Le groupe Séché Environnement a équipé ses filiales péruvienne et chilienne d'un PGI. Après avoir engagé des coûts liés au paramétrage du progiciel, il a fallu former les salariés et vaincre leur résistance au changement.					

Pour s'entraîner

1 Entraînement guidé Le groupe Pierre Fabre

★ COMPÉTENCE Repérer le rôle du système d'information dans le fonctionnement de l'entreprise

Situation

Le groupe Pierre Fabre, spécialisé dans la dermatologie, a choisi la société de conseil et de technologies Accenture pour créer une plateforme informatique qui gérera notamment les fonctions finance, comptabilité, achats, commandes et production. Cette nouvelle plateforme intégrée, qui remplace plusieurs systèmes différents, est déployée sur l'ensemble des sites du groupe en France et est utilisée par plus de 3 000 salariés. Elle permet d'améliorer la qualité et la traçabilité des données, pour un meilleur suivi des campagnes de ventes, et d'accroître la satisfaction des clients grâce à l'optimisation de la gestion et de l'envoi des commandes. Comme le précise le directeur du département Digital, Organisation, Process et Système d'information, il ne s'agit pas d'une simple migration des systèmes informatiques vers une plateforme commune, mais bien de redéfinir l'ensemble des processus de l'entreprise et de les numériser pour faciliter la circulation des informations. Il souligne aussi qu'à l'ère du numérique, la transformation numérique de ses fonctions support et production permet au groupe Pierre Fabre d'accroître la performance de ces fonctions qui sont essentielles à sa stratégie de développement international.

Questions guidées

1 **Identifiez** les composantes du système d'information du groupe Pierre Fabre.

Type de question : question de compréhension qui consiste à rechercher des informations dans la situation.

Notion mobilisée : système d'information (p. 78)

→ Ce que le correcteur attend
- Une liste des composantes du système d'information, en justifiant la réponse.

2 **Expliquez** pourquoi le groupe Pierre Fabre a décidé d'utiliser une plateforme intégrée développée par Accenture.

Type de question : question d'analyse qui consiste à extraire des informations et appliquer vos connaissances à une situation particulière.

Notion mobilisée : progiciel de gestion intégré (p. 79)

→ Ce que le correcteur attend
- Une liste des raisons à l'origine du choix d'une solution intégrée.

3 **Montrez** que les choix de Pierre Fabre sont compatibles avec la stratégie de développement international du groupe.

Type de question : question de réflexion qui consiste à proposer une argumentation pour prouver une proposition.

Notion mobilisée : alignement stratégique (p. 80)

→ Ce que le correcteur attend
1. La définition de la notion d'alignement stratégique.
2. La mise en évidence l'adéquation du système d'information avec les besoins métiers du groupe.

2 Entraînement en autonomie Transavia

★★ COMPÉTENCES Repérer le rôle du système d'information dans le fonctionnement de l'entreprise
Identifier les conséquences du déploiement du numérique sur le management et les processus décisionnels de l'entreprise

Situation

Le directeur général du groupe Air France-KLM a décidé de faire de Transavia, la compagnie *low cost* du groupe, l'élément clé d'une stratégie visant à améliorer l'activité court et moyen-courrier d'Air France. C'est ainsi que depuis la fin de l'année 2020, Air France a transféré à Transavia une partie de son activité domestique – sur laquelle le groupe est en déficit – et en particulier plusieurs lignes comme Orly-Biarritz ou les lignes de Nantes vers Marseille, Montpellier, Nice et Toulouse. Le réseau de la compagnie doit s'étendre en Europe d'ici 2 ans selon le directeur général qui veut que Transavia devienne la compagnie *low cost* préférée en Europe. Pour se différencier de ses concurrentes, elle met aujourd'hui l'accent sur le service et sur l'expérience client. Ce positionnement repose beaucoup sur la performance du système d'information et sa capacité à fournir une vision d'ensemble des relations avec les clients. L'entreprise s'est donc engagée dans une transformation numérique qui vise à intégrer des données auparavant traitées de façon séparée par les différents départements de Transavia.

1 **Montrez en quoi la plateforme Transavia Interaction Platform permet d'aligner le système d'information de Transavia sur la stratégie de l'entreprise.**

2 **Analysez le processus de gestion des réclamations et justifiez ses évolutions.**

3 **Expliquez comment la transformation numérique engagée par Transavia peut être un facteur de performance pour l'entreprise.**

Annexe 1

Une solution choisie pour son orientation client

C'est un projet très long-courrier dans lequel Transavia s'est lancée voici 4 ans maintenant. « Très attendue en interne, la plateforme TIP (pour Transavia Interaction Platform) commence enfin à délivrer ses premiers résultats », se félicite Nicolas Henin, directeur général adjoint en charge du commercial de Transavia. [...] Concrètement, TIP doit offrir une vision à 360° sur l'ensemble des interactions avec le client, mais aussi toutes les informations liées aux vols, aux partenaires agences de voyage, etc. Ce socle permet d'accéder facilement et rapidement aux données des applications pour tous les collaborateurs de Transavia qui sont amenés, à un moment ou à un autre, à intervenir dans le cycle client, depuis le centre d'appels, le collaborateur au guichet d'aéroport mais aussi le personnel de cabine et même le commandant de bord, *via* des tablettes numériques. [...]
Parmi les défis posés par ce projet, le support de l'omnicanalité. Le client veut être reconnu et bénéficier d'une relation personnalisée quel que soit le canal. D'autre part, celui-ci exige des informations sur son vol qui soient à jour en temps réel. Une contrainte d'intégration forte, comme l'explique le porte-parole de la compagnie : « Historiquement, les systèmes commerciaux et les systèmes opérationnels ne communiquent pas bien entre eux. » [...]
Pour transformer cette vision en réalité, Transavia a misé sur la technologie Pega, considérée comme suffisamment flexible pour implémenter les différences de parcours client entre Transavia France et Transavia Pays-Bas, et surtout supporter l'évolution de ces parcours dans le temps. Autre élément en faveur de Pega, sa spécialisation sur le CRM [*Customer Relationship Management*]. « Les capacités de Pega n'ont pas tellement d'équivalents sur le marché. C'est notamment le cas de la fonction Next Best Action de Pega qui nous permet de proposer des services personnalisés générés de manière automatique par l'IA [intelligence artificielle]. »

A. Clapaud, « L'expérience client de Transavia prend de l'altitude », *IT for Business*, 20 mars 2020.

Annexe 2

Les premiers résultats obtenus grâce à Transavia Interaction Platform (TIP)

En raison de ses ambitions de sa dimension globale, TIP s'apparentait davantage à un projet de transformation qu'à un projet IT [*Information Technology*]. Au fil du temps, le projet s'est diffusé à l'ensemble de l'organisation, aussi bien dans les fonctions commerciales qu'opérationnelles. « Pour réussir une telle démarche, il fallait rapidement montrer des résultats concrets », pointe Nicolas Henin. Pour cette raison, l'équipe a ciblé en priorité certains points de friction. Par exemple, la gestion des réclamations, processus avec de nombreuses tâches administratives, nécessitait auparavant de consulter trois systèmes différents. Cela faisait perdre du temps aux agents tandis que les clients devaient attendre pour que leurs demandes soient prises en charge. « Avec la vision 360°, dès qu'un client appelle, nos collaborateurs accèdent immédiatement à son historique. Ils voient les vols empruntés et savent s'il y a eu des retards : ils peuvent donc répondre très vite à sa demande », détaille le DGA commercial. Après ce premier pas, Transavia travaille désormais sur l'automatisation du traitement des réclamations, à travers un portail de self-service. [...]

Transavia a aujourd'hui optimisé plusieurs étapes du parcours client et des bénéfices tangibles sont désormais visibles. L'entreprise a mis à profit la connaissance améliorée du client apportée par Pegasystems pour développer de nouvelles sources de revenus, comme la vente de services additionnels (*cross-selling*). Transavia exploite ainsi les capacités d'IA de la plateforme pour proposer des offres personnalisées, adaptées au contexte et au profil des clients. « Une famille de quatre personnes partant pour un séjour de 2 semaines se verra par exemple proposer l'ajout d'un bagage en soute », illustre Nicolas Henin. « Un tel projet est avant tout un projet humain, à la fois au service des clients et des employés », conclut-il.

A. Chandeze, « Comment Transavia réinvente l'expérience client »,
www.cio-online.com, IT News Info.

3 Faire le lien avec le stage/l'apprentissage

1. Indiquez quelles sont les composantes techniques, humaines et organisationnelles du système d'information de votre entreprise.
2. Analysez l'adéquation du système d'information avec la stratégie de votre entreprise.
3. Indiquez quelles sont les conséquences du numérique sur les relations de votre entreprise avec ses fournisseurs et/ou clients ainsi que sur les modalités de travail au sein de l'entreprise.

CHAPITRE 6

Pour préparer l'examen

Cas d'entreprise Cheerz

VIDÉO
Cheerz Factory ouvre ses portes
www.lienmini.fr/8739-0606

COMPÉTENCES Repérer le rôle du système d'information dans le fonctionnement de l'entreprise
Identifier les conséquences du déploiement du numérique sur le management et les processus décisionnels de l'entreprise

Situation

Après leur rencontre en école de commerce, à l'EM Lyon, Antoine Le Conte et Aurélien de Meaux lancent en 2012 la société Printklub pour offrir un service en ligne d'impression de photos à partir de clichés postés sur les réseaux sociaux. Ils proposent des supports originaux et personnalisables : Polaroid, posters, cadres, magnets, boîte à photos… et une livraison très rapide, en 24 heures ou 48 heures. Le service cible les 20-30 ans, très présents sur Facebook et Instagram, et est disponible sur ordinateur et *via* les applications iOS et Android. Ergonomique, l'application est conçue pour une utilisation fluide, simple et rapide. Le succès est très vite au rendez-vous avec la Polabox, une boîte de vingt à cinquante photos au format Polaroid, plébiscitée par les jeunes. La start-up élargit alors son service à toute photo prise à partir d'un smartphone et se développe à l'international.
En 2015, la société prend le nom de Cheerz. Trois ans plus tard, elle est rachetée à 80 % par le groupe allemand Cewe, le leader européen du tirage photo, et continue sa croissance. Elle lance notamment les impressions sur toile, sur calendriers et développe sa Wedding Booth, une borne photo à destination des particuliers pour leur mariage.
Aujourd'hui, Cheerz compte 4 millions de clients dans le monde répartis dans cinq pays. Pour mieux répondre à leurs attentes, les 150 collaborateurs – ou « cheerzers » – répartis dans différents départements de l'entreprise (technologie, production, finance, logistique, service client…) collectent et traitent des volumes très importants de données.

Mission 1 Le rôle du système d'information dans le fonctionnement de l'entreprise

1. Identifiez les différentes composantes et fonctions du système d'information de l'entreprise Cheerz.
2. Indiquez pourquoi Cheerz a adopté la plateforme d'analyse des données développée par Looker.

Mission 2 Les conséquences du déploiement du numérique sur le management et les processus décisionnels de l'entreprise

3. Montrez en quoi le numérique a conduit à une évolution des modalités de travail au sein de l'entreprise Cheerz.
4. Expliquez comment la direction de Cheerz est parvenue à prévenir la résistance au changement des salariés.

Annexe 1

Cheerz fait le choix d'unifier la gestion de ses données

Au départ, les données étaient gérées dans une solution conçue en interne […]. Avec la croissance de l'entreprise, celle-ci s'est avérée difficile à maintenir et ne permettait plus de répondre aux besoins. Par ailleurs, il n'existait pas de culture de la donnée en interne, chaque service gérant ses données à sa façon. Cette hétérogénéité se traduisait par un faible degré de confiance dans la qualité des données […] Cheerz a donc choisi d'évaluer la plateforme d'analyse de Looker, acquise par Google mi-2019. […] Lors d'une phase de test, la solution a convaincu les équipes, séduites par son interface, ses fonctionnalités de *versioning* et la facilité de création des requêtes à travers l'environnement Explore. « Nous recherchions une solution fiable et évolutive, qui réponde à nos besoins en offrant à l'ensemble de nos collaborateurs la possibilité de l'utiliser de manière autonome », explique Damien Monier [responsable data performance]. Cheerz a donc décidé de déployer Looker auprès de l'ensemble de ses collaborateurs. […]

•••

Désormais, l'ensemble des départements s'appuie sur Looker. L'équipe Produits s'en sert par exemple pour suivre la performance des offres et ajuster ces dernières si nécessaire, en particulier lors du lancement d'un nouveau produit. Le service client mesure quant à lui l'impact de ses actions sur la fidélité des clients, la solution l'aidant également à identifier les critères les plus déterminants en matière de performance. De son côté, l'équipe Revenue, qui gère l'acquisition, les partenariats, l'influence et le CRM, recourt fortement aux outils d'exploration pour mesurer l'efficacité des campagnes emailing, effectuer un suivi des clients dans le temps ou comprendre quels sont les partenariats qui fonctionnent le mieux et génèrent le plus de *leads*[1]. Enfin, la solution permet aussi de suivre le chiffre d'affaires et les dépenses par rapport au *business plan*.

A. Chandeze, « Cheerz met l'exploration de données à la portée de tous ses collaborateurs », *Le Monde Informatique*, 24 juin 2020.

1. Contacts que l'on espère être des clients potentiels pour les produits ou services d'une entreprise.

Annexe 2

L'avantage de travailler en mode collaboratif

La plateforme Looker permet aux collaborateurs de Cheerz d'évoluer dans un même environnement et de partager facilement leurs résultats afin de prendre des décisions plus efficacement et plus rapidement. […] Le partage des connaissances est facilité grâce aux dossiers partagés dont le contenu peut être envoyé par mail ou *via* un lien URL. « Looker nous aide énormément dans la prise de décisions : grâce aux données consolidées et analysées, nous arrivons à réfléchir à une stratégie de long et moyen terme en sélectionnant des projets qui vont rapporter le plus de profit à l'entreprise. Instaurer une culture de la data dans une entreprise n'est pas simple, mais nous constatons que les équipes cherchent à exploiter le maximum de la plateforme », indique Damien Monier.

https://info.looker.com

Annexe 3

L'amélioration du service aux clients

Looker aide notamment à suivre de façon efficace le « *dispatch-on-time* », indicateur sur le respect des délais de production, et le « *deliver-on-time* » pour le respect des délais de livraison. « En agrégeant les données sur la plateforme, nous pouvons savoir où nous en sommes de la préparation et de la livraison des commandes et détecter les éventuels problèmes conduisant à des retards de livraison », explique Julien Chaudenson, ingénieur data chez Cheerz. Ce suivi quotidien contribue à réduire les points de friction dans les processus. Les équipes Happiness et Opérations peuvent facilement identifier les incidents et les analyser grâce à la modélisation. Celle-ci aide à déterminer si un problème concerne un produit en particulier, un canal de commande, l'impression ou encore la livraison. Une fois les causes d'insatisfactions identifiées, l'entreprise peut alors mettre en place les mesures opérationnelles nécessaires pour les résoudre.

Cheerz a également réduit ses délais de livraison grâce à une meilleure visibilité logistique, les données analysées par Looker permettant aux équipes Opérations d'anticiper les pics de commandes, comme Noël ou les périodes de vacances. Enfin, la solution permet de mieux comprendre les attentes des clients et de leur proposer des offres spécifiques et personnalisées, grâce à une meilleure connaissance de leurs habitudes d'achat. « Looker nous a permis de croiser les données de vente, de production, de livraison, de satisfaction client afin de suivre notre NPS [*Net Promoter Score* – indicateur de satisfaction client] sur tous les axes possibles (géographie, produit, lieu d'impression, plateforme d'achat, mode de livraison…) », ajoute Julien Chaudenson.

A. Chandeze, « Cheerz met l'exploration de données à la portée de tous ses collaborateurs », *Le Monde Informatique*, 24 juin 2020.

Synthèse du thème 4

L'impact du numérique sur la vie de l'entreprise

ÉCONOMIE

Comment le numérique transforme-t-il l'environnement des entreprises ?

Le numérique transforme l'environnement des entreprises

- **Nouvelles relations d'échange :** dématérialisation, désintermédiation/réintermédiation
- **Nouveaux modèles de consommation :** économie de l'usage, économie collaborative
- **Nouveaux modèles économiques :** *freemium, free to play, yield management*
- **Nouveaux acteurs et nouvelles formes de concurrence :** ubérisation, *pure players*, plateformes virtuelles
- **Transformation des modes de production :** automatisation, nouvelles compétences…

MANAGEMENT

Quelle est l'incidence du numérique sur le management ?

Le numérique permet aux entreprises de s'adapter à un **environnement plus ouvert et plus incertain**

- Par de **nouvelles organisations structurelles**
- Par de **nouveaux modes de coordination**
- Par un **système d'information** devenu central
  - facteur de performance favorisant réactivité et flexibilité
  - mais entraînant de nouveaux risques (cybersécurité…)

DROIT

Dans quelle mesure le droit répond-il aux questions posées par le développement du numérique ?

Le droit s'adapte au développement du numérique

- Par la protection des **actifs immatériels** (noms de domaines, sites Internet, logiciels, bases de données)
- Par la **protection des personnes et des données personnelles** (CNIL, RGPD)
- Par la reconnaissance de la **preuve électronique**
- Par des clauses spécifiques dans les **contrats de vente électronique et de prestations**

VIDÉO

Animation de synthèse

www.lienmini.fr/8739-0002

Selectour

Le groupe Selectour, présidé par Laurent Abitbol, est le premier réseau d'agences de voyage indépendantes en France avec 1 200 agences réparties sur tout le territoire et les DOM. C'est un distributeur de voyages reconnu sur le marché français, aussi bien dans le domaine du tourisme que du voyage d'affaires. Le groupe propose une très grande diversité d'offres, des vacances s'adressant aux particuliers aux déplacements professionnels, à la fois dans ses agences et sur Internet. Sa puissance de négociation avec les fournisseurs lui permet de proposer des prix attractifs. En effet, les agences Selectour ne sont tenues à aucun engagement de remplissage d'avion ou d'hôtel qui les obligerait à orienter les ventes. Dans ces conditions, elles peuvent proposer au client l'offre la meilleure et la plus adaptée à sa demande, en toute objectivité. Vous êtes l'assistant(e) de M. Abitbol au siège social de Selectour à Toulouse, il vous confie plusieurs missions afin d'appréhender les problématiques auxquelles l'entreprise est confrontée.

L'étude est composée de trois missions

Mission 1 L'analyse de l'impact du numérique sur l'entreprise Selectour
Mission 2 L'utilisation des outils numériques au sein de l'entreprise Selectour
Mission 3 Les conséquences du numérique sur la protection des personnes et des données

Dossier documentaire

Annexe 1 L'influence du numérique sur le tourisme
Annexe 2 Selectour inaugure son nouveau concept d'agence
Annexe 3 Wonder Booking, « l'outil phare » qui va booster les ventes de vols secs
Annexe 4 Cyberattaque : des agences Selectour victimes d'un piratage *via* Amadeus
Annexe 5 Mentions légales et politique de confidentialité chez Selectour

• En prenant appui sur vos connaissances, le contexte et le dossier documentaire, il vous est demandé de répondre aux questions relatives aux trois missions du sujet. Vous êtes invité(e) à mobiliser les concepts et les apports théoriques dès lors qu'ils sont pertinents et que le lien avec la mission est argumenté.

Missions

1 L'analyse de l'impact du numérique sur l'entreprise Selectour (annexes 1 et 2)

1.1. Expliquer comment se traduit la dématérialisation de l'offre dans le secteur du tourisme.

1.2. Démontrer que le nouveau concept d'agence permet à l'entreprise Selectour de répondre aux nouveaux modes de consommation.

1.3. Montrer les conséquences du numérique sur le rôle des conseillers voyages dans l'entreprise Selectour.

2 L'utilisation des outils numériques au sein de l'entreprise Selectour (annexe 3)

2.1. Expliquer les enjeux de la réintermédiation à la fois pour Selectour et pour ses clients.

2.2. Montrer comment l'outil Wonder Booking améliore le système d'information de Selectour.

3 Les conséquences du numérique sur la protection des personnes et des données (annexes 4 et 5)

3.1. À partir de l'annexe 4, présenter le risque auquel a été exposé Selectour dans le cadre de la digitalisation de ses activités.

3.2. **À partir de l'annexe 5, identifier comment Selectour se conforme au cadre légal en matière de traitement des données personnelles de ses clients.**

3.3. **Expliquer comment l'entreprise Selectour protège ses actifs immatériels.**

Dossier documentaire

Annexe 1

E-tourisme et territoires : le numérique au service du développement touristique

Le secteur du tourisme a réussi depuis plusieurs années à s'adapter à la transformation digitale. Les réservations, choix des destinations, préparations de voyage se font de manière autonome. Le marché est en perpétuelle évolution et les nouvelles technologies ont un impact non négligeable sur le e-tourisme. Pour les acteurs du secteur, il est important de penser la stratégie de communication en fonction des voyages des internautes. En France, 79 % des touristes préparent leur voyage sur Internet et plus de la moitié y réservent leur séjour. Le m-tourisme (e-tourisme sur mobile) est en pleine croissance également avec des recherches et réservations d'hébergements sur mobile et tablette. Un support apprécié par les consommateurs car il est la réponse à des besoins immédiats.

Comment le e-tourisme peut-il avoir une influence sur l'attractivité d'un territoire ? Quelles sont les données à prendre en compte pour améliorer l'image et la notoriété ?

Une expérience utilisateur différente grâce au e-tourisme

[…] La digitalisation des professionnels du voyage est indispensable. Le baromètre 2022 du cabinet Raffour Interactif le démontre parfaitement : 67 % des Français partis en vacances sont considérés comme « m-touristes » (utilisation des mobiles ou des tablettes). Le mobile est devenu pour ce secteur un incontournable qui accompagne les touristes pendant les séjours. Ces supports apportent également plus de fluidité et de souplesse. La communication et la promotion d'une destination passent obligatoirement par le mobile afin de toucher une cible plus large. Les séjours se préparent, pour une grande partie des voyageurs, sur Internet et c'est tout naturellement que les réservations (hébergements, transports, restaurations, activités…) s'y font aussi. L'étude révèle aussi que 58 % des Français partis ont réservé leur séjour en ligne. Une gestion très efficace, que ce soit pour l'offre ou pour la demande, avec une accessibilité 24 heures sur 24 et 7 jours sur 7. De nombreuses solutions de communication digitale existent pour toucher la bonne personne, au bon moment et au bon endroit.

L'importance de la data

Avec le numérique, les données recueillies sont très précieuses pour les acteurs du tourisme. Le traitement de la data est utile afin de proposer des offres personnalisées aux futurs voyageurs. […]

Par exemple, grâce à l'évènement du m-tourisme, les données mobiles permettent d'avoir une vue de la fréquentation sur le territoire, les données peuvent également être utilisées en temps réel afin d'évaluer le potentiel touristique, suivre les voyageurs, comprendre les usages et prendre des décisions.

https://additimedia.ouest-france.fr, 20 avril 2022.

Annexe 2

Selectour inaugure son nouveau concept d'agence

Présentée le 2 mai 2017 par ses dirigeants, la « nouvelle » agence Selectour de la rue de Rennes (Paris VIe) a affiché en 4 mois d'ouverture 19 % de commandes supplémentaires ainsi qu'une hausse de 30 % de nouveaux clients. « C'est notre plus belle vitrine. Le projet de cette rénovation architecturale complète remonte à il y a un an », explique Édouard Roux de Lusignan, directeur marketing de Selectour. […] « Aujourd'hui, les modèles 100 % *online* ne sont plus viables et ce pour deux raisons : leur rentabilité tout d'abord, quasi nulle, et le consommateur qui, bien qu'hyperconnecté, revient de plus en plus aux valeurs traditionnelles du commerce avec ses échanges humains, ajoute Laurent Abitbol. Il était donc très important pour nous de soigner nos points de vente pour offrir à nos clients une expérience d'achat différenciante. »

Parmi les innovations architecturales et design, on retrouvera dans les agences Selectour un nouveau mobilier « construit autour d'une notion de “Cosy at home” », avec des bureaux ronds, des canapés, des tables basses ou encore des bibliothèques. Des éléments de l'identité de Selectour sont conservés, comme la couleur orange, le papier peint géométrique, ou encore un planisphère composé des visages des adhérents. Le tout est entièrement modulable par chaque agence et doit permettre « d'accueillir les clients comme à la maison », d'après Vincent Brossin, PDG d'Orelis Voyages.

Enfin, la digitalisation des agences se poursuit, notamment grâce à une large dalle numérique en vitrine, mais aussi par des innovations comme un compteur de « j'aime » Facebook, connecté à la page du réseau Selectour en temps réel. Ou comme deux écrans placés au mur et faisant défiler des photos que les clients postent sur les réseaux sociaux, ou des avis qu'ils donnent sur leur accueil en agence. Et dans ces agences quasiment sans brochures, « le client vient pour les bonnes raisons », explique Vincent Brossin. Il ajoute : « La nouvelle agence plaît beaucoup. En interne, nos équipes sont également fières de travailler dans un cadre nouveau et agréable, cela a un impact indéniable sur la motivation de tous. »

www.tourmag.com

Annexe 3

Wonder Booking, « l'outil phare » qui va booster les ventes de vols secs[1]

Laurent Abitbol, le président du Directoire, veut développer la vente de vols secs dans les agences Selectour, créneau trop peu exploité d'après lui. Pour ce faire, le groupement d'intérêt économique (GIE) ASHA regroupant Havas Voyages et Selectour, a pris des parts dans une société informatique qui a développé l'outil Wonder Booking, véritable fruit de l'intelligence artificielle. Cet outil va contribuer à revaloriser le rôle de l'agent de voyage en lui permettant d'accéder à l'intégralité des vols des compagnies aériennes. De plus, le vol sec lui permettra de réaliser des ventes de services complémentaires comme location de voiture ou réservation d'hôtel. Les clients pourront désormais acheter un vol Paris-New York dans une agence au même prix que sur Internet.

L'outil Wonder Booking constitue en soi une réelle avancée puisqu'il se présente comme un véritable hypermarché de l'aérien. Concrètement, début 2021, les agents de voyage du réseau Selectour pourront transiter directement par cette nouvelle plateforme pour vendre un billet d'avion. Ils auront toujours accès au GDS (*Global Distribution System*) Amadeus[2] (dont ils sont actuellement captifs), mais ils pourront également accéder aux programmes des vols des compagnies aériennes du monde entier. Wonder Booking proposera à terme les offres des centrales hôtelières, des loueurs de voitures et compagnies ferroviaires. Cette solution évitera de payer la surcharge due au GDS Amadeus et donnera l'accès direct à une offre complète de services.

Laurent Abitbol fixe un objectif ambitieux au GIE : réaliser 1 milliard d'euros de chiffre d'affaires sur les ventes de vols secs de loisirs.

1. Un vol sec est un billet d'avion vendu sans aucune autre prestation additionnelle telle que l'hébergement ou les transferts avec l'aéroport.

2. Un système informatique qui permet de proposer des offres pour les vols et réservations d'hôtel.

Annexe 4

Cyberattaque : des agences Selectour victimes d'un piratage *via* Amadeus

Des pirates informatiques ont accédé aux ordinateurs d'agences de voyage, afin de réserver des billets d'avion. Selectour travaille avec Amadeus pour que de tels incidents ne se reproduisent pas.
Le procédé est aussi efficace que redoutable : des hackers se connectent à distance à l'ordinateur d'une agence de voyage, récupèrent les codes d'accès à Amadeus. Puis, la nuit de préférence, ils réservent en rafale des billets d'avion. Le préjudice peut s'élever à quelques dizaines de milliers d'euros. Un montant qui porte atteinte à la rentabilité du distributeur, voire peut nuire à sa viabilité, selon sa taille et sa solidité financière.

Lors du récent congrès des Entreprises du voyage à Madère, Selectour (plus précisément Jean-Marie Seveno, président du groupement ASHA Selectour/Havas Voyages) et Amadeus ont reconnu que deux agences de voyage avaient été touchées, pas une de plus. Dans chacun des deux cas, le préjudice total s'élèverait à quelques dizaines de milliers d'euros de billets d'avion vers l'Afrique principalement. D'après une source proche du dossier, au cours des derniers mois, d'autres agences Selectour auraient en fait été hackées, notamment dans la région parisienne. Reste à savoir, en pareilles circonstances, qui va payer l'addition. Tout dépend qui est tenu responsable d'une probable déficience de sécurité.

Interrogé par nos soins, [Selectour] nous a répondu ce matin par mail : « Concernant la situation et compte tenu de la confidentialité (de l'affaire), Selectour n'est pas en mesure de communiquer sur le sujet. Cet événement concerne seulement deux agences de notre réseau mais toute notre équipe travaille étroitement avec ses partenaires pour amener les agences vers un mode de fonctionnement qui vise à empêcher que ce genre de situation ne se reproduise. C'était également l'objet de notre réunion avec Amadeus, avec qui nous avançons vers une collaboration plus sécurisée de jour en jour. » Dédier la solution Amadeus Selling Platform Connect à un seul ordinateur, et non pas à tout terminal accédant à Internet en wifi, ferait partie des solutions envisagées, selon nos informations. [...]

www.lechotouristique.com, 7 février 2019.

Annexe 5

Mentions légales et politique de confidentialité chez Selectour

Éditeur du Site : SELECTOUR ENTREPRISE, société par actions simplifiée au capital de 1 600 000 €, dont le siège est situé au 17, avenue Honoré-Serres à TOULOUSE (31), immatriculée au RCS de TOULOUSE sous le numéro 392 715 801.
Directeur de publication : Jean-Noël LEFEUVRE, Directeur général de SELECTOUR ENTREPRISE.
Hébergeur du site : Claranet, Saint-Denis
Conception : Disko
Webmaster : webmaster@selectour.com

1. DONNÉES PERSONNELLES

Selectour Entreprise, en tant qu'éditeur du site, est amenée à collecter et traiter des données à caractère personnel vous concernant.
Selectour Entreprise attache une grande importance à la protection des données personnelles et veille attentivement au respect des dispositions protectrices relatives à la vie privée et au traitement des données personnelles.
Nous nous engageons à respecter les principes édictés par la loi 78-17 Informatique et Libertés du 6 janvier 1978 et le Règlement européen 2016/679 du 27 avril 2016 dit Règlement général sur la protection des données (RGPD) entrant en vigueur le 25 mai 2018, à savoir :

1. Transparence, loyauté et légalité dans le traitement et l'utilisation des données à caractère personnel.
2. Limiter le traitement des données à caractère personnel à des fins précises, explicites et légitimes.
3. Minimiser la collecte et le stockage des données à caractère personnel au regard de la finalité du traitement.
4. Garantir l'exactitude des données à caractère personnel et permettre leur effacement ou leur rectification.
5. Limiter la conservation des données à caractère personnel.
6. Assurer la sécurité, l'intégrité et la confidentialité des données à caractère personnel.

Nous vous informons ci-dessous de notre politique de données personnelles afin que vous puissiez être parfaitement informé du traitement mis en œuvre et donner votre consentement et ce, avant la signature du bulletin d'inscription. [...]

2. PROPRIÉTÉ INTELLECTUELLE

Le Site et l'intégralité de son contenu sont la propriété exclusive de Selectour Entreprise. Selectour Entreprise est propriétaire exclusif des droits de propriété intellectuelle (droit des marques, droit d'auteur, droits à l'image) relatifs au Site et à son contenu, en vertu des dispositions du Code de la propriété intellectuelle et de la législation internationale, sauf s'ils sont mentionnés comme appartenant à des tiers.
Les dénominations et les logos Selectour affichés sur le Site sont des marques déposées appartenant à la Coopérative Selectour, société membre du groupement Selectour, pour lesquelles la société Selectour Entreprise dispose des autorisations requises.
L'internaute ne dispose d'aucun droit ni d'aucune licence d'utilisation sur l'ensemble des marques citées.
Toute représentation, reproduction ou utilisation de la forme ou des contenus du Site est strictement interdite et soumise à l'autorisation préalable de Selectour Entreprise, sous peine de poursuites en contrefaçon, et devra faire apparaître la mention claire et lisible de l'adresse URL du Site https://www.selectour.com et de tous les sites du réseau Selectour.

www.selectour.com

CHAPITRE 7

Les évolutions du marché du travail

COMPÉTENCES

- Décrire les principales tendances du marché du travail

SAVOIRS ASSOCIÉS

- L'offre et la demande de travail
- La segmentation du marché du travail

Situation professionnelle

Un peu partout en France, des supermarchés ont fait un pas de plus vers l'automatisation de leurs caisses pendant la crise de la Covid-19. Par exemple, plusieurs magasins Casino parisiens, comme à Riquet ou à Ménilmontant, ont été équipés de caisses automatiques supplémentaires en plein confinement.

Des caisses en libre-service, à côté desquelles un « animateur de caisse » donne des conseils au client : le modèle se répand rapidement, menaçant le métier de caissier né avec l'essor de la grande distribution dans les années 1960. L'automatisation des caisses entraîne irrémédiablement la diminution du nombre de caissiers et d'employés de libre-service. Depuis une quinzaine d'années, leur nombre a baissé de 5 à 10 % selon la Fédération du commerce et de la distribution (FCD).

Le développement du numérique et de l'intelligence artificielle est une menace pour ces emplois peu qualifiés. Selon la FCD, environ 45 % des hôtes de caisse n'ont aucun diplôme et 32 % sont titulaires au maximum d'un CAP ou d'un BEP.

VIDÉO

Carrefour Flash, le premier magasin où le passage en caisse dure moins de 10 secondes

www.lienmini.fr/8739-0701

Découvrir les problématiques du chapitre

1. Identifiez les qualifications requises pour exercer les métiers de caissier et d'employé de libre-service.
2. Décrivez l'évolution des métiers de caissier et d'employé de libre-service.
3. Selon vous, le métier de directeur de magasin connaît-il la même évolution que les métiers de caissier et d'employé de libre-service ? Justifiez votre réponse.

CHAPITRE 7

Activité 1 Comprendre le fonctionnement du marché du travail

Document 1 La notion de marché du travail

VIDÉO
Le marché du travail
www.lienmini.fr/8739-0702

Le marché du travail est un lieu (théorique) de rencontre entre des travailleurs (offre de travail ou demande d'emploi) et des entreprises (demande de travail ou offre d'emploi).

Document 2 Un échange de courriels entre un candidat à l'emploi et un employeur

Jacques H. :
Bonjour Madame, je suis à la recherche d'un emploi de technicien de maintenance automobile. Je suis diplômé d'un BTS après-vente automobile depuis 2 ans. L'entreprise Voiturons aurait-elle des postes à pourvoir dans ce domaine ? Merci.

Louise D. de Voiturons :
Bonjour Monsieur, je vous invite à m'adresser votre curriculum vitae et une lettre de motivation afin que je puisse apprécier votre candidature. L'entreprise Voiturons cherche actuellement à recruter un technicien de maintenance automobile.

1. Identifiez qui formule une offre de travail et qui formule une demande de travail.

2. Identifiez qui formule une offre d'emploi et qui formule une demande d'emploi.

Document 3 Le fonctionnement du marché du travail

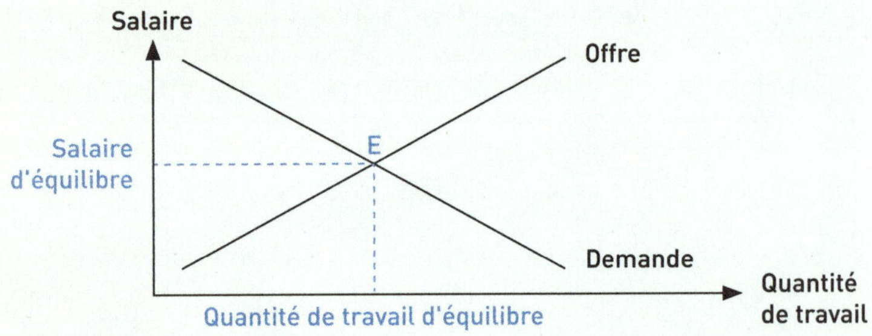

Le salaire est le prix du travail. Dans l'analyse néoclassique, il est déterminé par la rencontre de l'offre et de la demande de travail sur le marché du travail.
Le salaire d'équilibre (ou prix d'équilibre) est celui pour lequel l'offre et la demande sont égales. La flexibilité des salaires, à la hausse ou à la baisse, doit permettre l'atteinte de cet équilibre.

3. Expliquez comment le salaire évolue lorsque l'offre de travail est supérieure à la demande de travail.

4. Expliquez comment le salaire évolue lorsque la demande de travail est supérieure à l'offre de travail.

Document 4 L'impact d'une variation de l'offre de travail sur le niveau du salaire

Le secteur de la maintenance automobile connaît une vraie envolée des vocations. De nombreux jeunes ont été formés et sont aujourd'hui offreurs de leur force de travail. À l'inverse, dans le secteur de la santé, un manque crucial d'aides-soignant(e)s se fait sentir. L'aide-soignant(e) a pourtant un rôle de premier plan dans le système de soins français.

5. Déterminez comment les salaires devraient évoluer dans le secteur de la maintenance automobile et de la santé.

6. Montrez à l'aide d'un graphique comment l'équilibre du marché du travail de la maintenance automobile est modifié par une hausse de l'offre de travail.

Conclusion

Décrivez le fonctionnement du marché du travail.

> Voir lexique CEJM, p. 237

CHAPITRE 7

Activité 2 Caractériser la multiplicité des marchés du travail

Document 5 Une demande de travail hétérogène

Offre d'emploi de l'entreprise Paulito	Offre d'emploi de l'entreprise BurgerParties
Dynamique, appliqué(e), rigoureux(se), responsable et organisé(e), vous bénéficiez d'une expérience significative en tant qu'employé(e) polyvalent(e) dans le milieu alimentaire dans le secteur de la vente. Niveau bac+2 exigé. • Contrat : CDI • Type d'emploi : temps plein • Rémunération annuelle = 28 000 €	Passionné(e) de burger, vous êtes efficace, souriant(e) et dynamique : rejoignez notre équipe ! Aucune expérience ou formation exigée, vous bénéficierez d'une formation de 3 jours en interne. • Contrat : intérim • Type d'emploi : temps partiel, 25 h-30 h/semaine. • Rémunération annuelle = Smic (19 237,44 €)

Document 6 Une offre de travail hétérogène

Demande d'emploi de Sylvie P.	Demande d'emploi de Martin H.
Titulaire d'un BTS assistant de manager avec 3 ans d'expérience, j'ai travaillé en tant qu'assistante administrative au sein de différentes sociétés au cours de mon parcours professionnel. Je recherche un emploi en CDI à temps plein. Je dispose du permis B et suis mobile à l'échelle régionale.	Jeune retraité énergique, je souhaite consacrer environ 20 heures hebdomadaires à une activité épanouissante et rémunératrice. Mon profil professionnel varié et riche me permet de justifier d'une expérience significative d'assistant administratif. Je dispose de plus de 20 ans d'expérience. Je recherche un emploi à temps partiel en tant que travailleur indépendant. Mobilité locale.

7. Comparez la demande de travail des entreprises Paulito et BurgerParties.

8. Comparez l'offre de travail de Sylvie P. et Martin H.

9. D'après ces exemples, peut-on dire que le marché du travail est homogène ?

Document 7 Les notions d'emplois typiques et atypiques

Les emplois typiques désignent des emplois à durée indéterminée à temps plein, exercés de manière régulière pour un employeur unique. Les emplois atypiques désignent des emplois à durée déterminée et/ou à temps partiel, emplois aidés, travail en intérim, apprentissage.

Document 8 Deux exemples de contrats de travail

Le contrat « zéro heure » en Grande-Bretagne	Le CDD à objet défini en France
Alfred a signé un contrat de travail « zéro heure » en Grande-Bretagne. Il n'a pas de garantie sur le nombre d'heures qu'il pourra travailler, mais doit se tenir à disposition de son employeur en permanence. Seules les heures effectivement travaillées seront rémunérées.	Valentin est ingénieur en aéronautique. Il est titulaire d'un bac+5. Il a signé un CDD à objet défini avec l'entreprise Airbus. Il est en charge de la conception d'un nouveau train d'atterrissage. Son contrat prendra fin lorsque sa mission sera achevée, quelle que soit sa durée.

10. Déterminez si le « contrat zéro heure » et le CDD à objet défini relèvent d'emplois typiques ou atypiques.

Conclusion

Démontrez qu'il existe une multiplicité de marchés du travail.

> Voir lexique CEJM, p. 237

CHAPITRE 7

Activité 3 Caractériser les principales tendances du marché du travail français

A La segmentation du marché du travail

Document 9 Les secteurs du marché du travail

Selon l'analyse économique de la segmentation du marché du travail, on distingue deux secteurs fonctionnant de manière spécifique. Sur le premier secteur se trouvent des emplois typiques (CDI à temps plein) occupés par des salariés qualifiés, plutôt bien rémunérés et jouissant de bonnes conditions de travail. À l'inverse, sur le second secteur se trouvent surtout des emplois atypiques (temps partiel ou à durée déterminée, CDD), moins bien rémunérés. Ces emplois sont majoritairement exercés par les jeunes, les femmes ou les seniors, souvent peu ou pas qualifiés.

Document 10 Un marché français du travail segmenté ?

	Hommes	Femmes
Salaire annuel net en équivalent temps plein[1] (2020)	32 268 €	27 360 €
Temps partiel (en %, 2021)	8,3	28

Source : Insee.

1. Le salaire net en équivalent temps plein est un salaire converti en un temps plein pendant toute l'année.

11. Déterminez l'écart de rémunération entre les hommes et les femmes en 2020.

12. Expliquez en quoi le marché du travail français est segmenté.

Document 11 L'existence d'un marché du travail interne au premier secteur

Le premier secteur du marché du travail présente également la particularité d'avoir développé en son sein un marché du travail interne. Les travailleurs relevant du premier secteur, appelés les « *insiders* », ont un pouvoir de négociation plus fort que les chômeurs, appelés les « *outsiders* ». Ce pouvoir de négociation plus élevé s'explique notamment par les coûts liés au recrutement d'un nouvel employé que l'entreprise doit supporter, comme les dépenses de formation. Ce pouvoir permet aux « *insiders* » d'obtenir plus facilement des augmentations de salaire ou de meilleures conditions de travail.

Document 12 Le pouvoir de négociation des « *insiders* »

Mme Denis, salariée de l'entreprise de menuiserie de M. Bouton, perçoit un salaire de 2 000 € par mois. Elle a demandé à M. Bouton une augmentation de salaire de 150 € par mois. Si ce dernier refuse sa demande, elle démissionnera, ayant reçu une proposition d'emploi mieux rémunéré dans une autre entreprise. Si Mme Denis démissionne, M. Bouton devra recruter. Il peut embaucher un nouveau salarié, M. Imberto, actuellement sans emploi. Ce dernier accepte d'être rémunéré à hauteur de 2 000 € par mois. M. Imberto devra être formé pendant 6 mois pour être aussi performant que Mme Denis, ce qui représente une dépense de 500 € par mois pour l'entreprise. M. Bouton décide finalement d'accepter la demande de Mme Denis.

13. Identifiez dans cette situation qui est l'« *insider* » et qui est l'« *outsider* ».

14. Expliquez la décision prise par le chef d'entreprise, M. Bouton.

15. Expliquez en quoi Mme Denis a un pouvoir de négociation élevé dans l'entreprise.

B Les principales tendances du marché du travail français par rapport aux autres pays européens

VIDÉO
Emploi : un marché toujours plus dynamique
www.lienmini.fr/7639-0703

Document 13 Le taux de chômage en Europe en 2008 et 2021

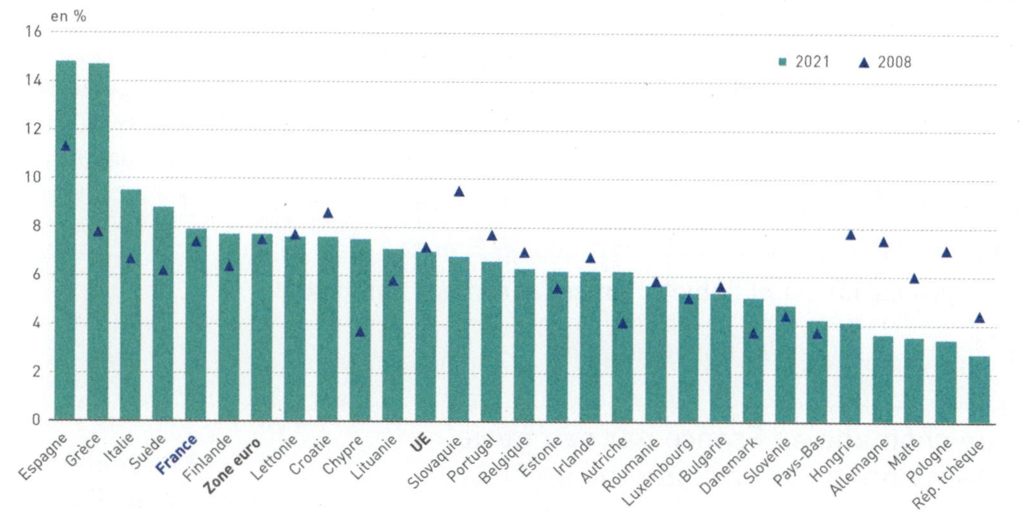

Lecture : en 2021, le taux de chômage dans l'Union européenne est de 7,0 %.
Champ : Union européenne à 27 pays, personnes de 15 à 74 ans vivant en ménage ordinaire.
Source : instituts nationaux de statistique, Eurostat, enquêtes sur les forces de travail (extraction des données en avril 2022).

Document 14 Le taux d'emploi selon l'âge et le sexe en Europe en 2021

Taux d'emploi en %	15-24 ans	55-64 ans	25-64 ans	15-64 ans	
				Hommes	Femmes
Allemagne	48,7	71,8	84,5	79,3	77,2
France	32,2	55,9	82,1	70,1	64,5
Italie	17,5	53,4	70,2	67,1	49,4
Suède	40,7	76,9	84,7	77,4	73,3

Source : Insee, 2022.

16. Comparez l'évolution du taux de chômage en France et en Europe.

17. Comparez le taux d'emploi selon l'âge et le sexe en 2021 en France et en Europe.

Document 15 Répartition de l'emploi salarié en France selon le statut, de 1982 à 2021

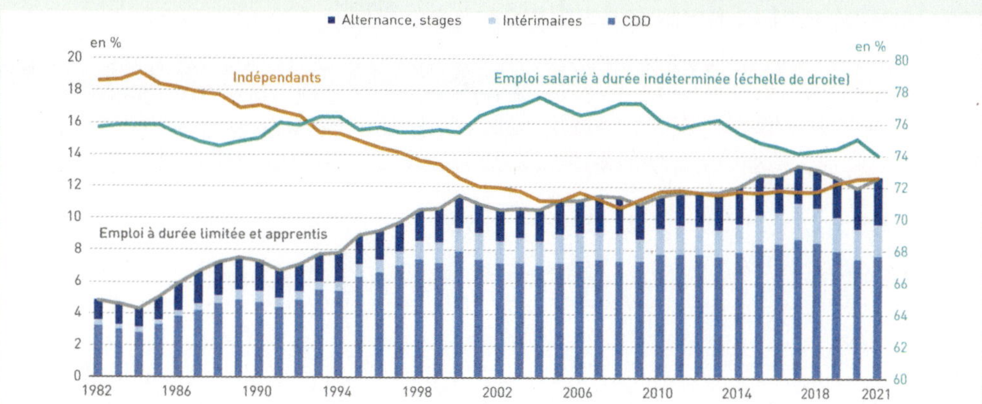

Note : la somme des modalités n'est pas égale à 100 % car certaines personnes en emploi n'ont pas de contrat.
Lecture : en 2021, 74,0 % des emplois sont des emplois salariés à durée indéterminée, 12,6 % sont des emplois indépendants, et 12,6 % sont des emplois à durée limitée, de l'alternance ou des stages.
Champ : France hors Mayotte, personnes vivant en logement ordinaire, en emploi.
Source : Insee, enquête Emploi 2021, séries longues sur le marché du travail.

18. Caractérisez l'évolution des contrats salariés dits « atypiques » en France.

Activité 3

Document 16 Les professions réglementées en France et en Europe

Plusieurs centaines de professions font l'objet d'une réglementation particulière en France et en Europe, comme les notaires ou les avocats. L'accès et/ou l'exercice de ces professions réglementées sont soumis à l'obtention de diplômes spécifiques et/ou à des conditions particulières. Selon le Centre français d'information sur la reconnaissance académique et professionnelle des diplômes, la France se situe parmi les pays européens ayant le plus de professions réglementées. Le secteur de la santé est le plus concerné (plus de 40 % de professions réglementées). Viennent ensuite l'éducation, les services aux entreprises, la construction, le commerce et les transports.

19. Donnez d'autres exemples de professions réglementées en France.

20. Expliquez pourquoi ces professions font l'objet d'un encadrement particulier.

Document 17 Le taux de chômage en France par catégorie socioprofessionnelle et par diplôme en 2021

	Nombre de chômeurs (en milliers)	Taux de chômage (en %)		
		Femmes	Hommes	Ensemble
Catégorie socioprofessionnelle				
Agriculteurs exploitants	2	0,5	0,6	**0,6**
Artisans, commerçants et chefs d'entreprise	66	3,9	3,4	**3,6**
Cadres	229	3,6	3,8	**3,7**
Professions intermédiaires	353	4,3	5,6	**4,9**
Employés	748	9,0	10,7	**9,4**
qualifiés	331	7,3	8,1	**7,5**
peu qualifiés	417	11,1	13,7	**11,7**
Ouvriers	677	13,7	10,8	**11,4**
qualifiés	328	9,2	8,4	**8,5**
peu qualifiés	349	16,8	16,6	**16,7**
Ensemble des actifs ayant déjà travaillé	**2 088**	**6,8**	**7,2**	**7,0**
Diplôme				
Bac+2 ou plus	702	5,2	5,5	**5,3**
Baccalauréat	549	9,3	8,2	**8,7**
CAP, BEP ou équivalent	522	8,7	7,9	**8,2**
Aucun diplôme, brevet des collèges	588	14,1	14,6	**14,4**
Ensemble des actifs	**2 365**	**7,8**	**8,0**	**7,9**

Notes : la catégorie socioprofessionnelle des chômeurs est celle de leur dernier emploi. Dans de rares cas, la catégorie socioprofessionnelle et le diplôme ne sont pas renseignés.
Lecture : en 2021, on compte 2 365 000 chômeurs ; le taux de chômage est de 7,9 %.
Champ : France hors Mayotte, personnes vivant en logement ordinaire, actives.
Source : Insee, enquête Emploi 2021.

21. Identifiez pour qui l'accès à l'emploi est le plus difficile en France.

22. Identifiez les catégories de salariés les mieux rémunérées en France.

23. À l'aide des documents 13 à 18, identifiez les principales tendances du marché du travail français.

Document 18 Salaire annuel moyen en équivalent temps (ETP) plein selon la catégorie socioprofessionnelle et le niveau de diplôme en 2021

En euros	Catégorie socioprofessionnelle				Diplôme			
	Cadres	Professions intermédiaires	Employés	Ouvriers	Sans diplôme	Bac	Bac+2	Supérieur à bac+2
Salaire annuel moyen en ETP	48 780	28 730	21 460	22 210	21 920	25 840	30 920	42 820

Insee, 2022.

Conclusion

Décrivez les principales tendances du marché du travail en France.

› Voir lexique CEJM, p. 237

L'essentiel Retenir par **le texte**

Les évolutions du marché du travail

1 Comprendre le fonctionnement du marché du travail

A. L'offre de travail ou la demande d'emploi et la demande de travail ou l'offre d'emploi

La demande de travail ou l'offre d'emploi émane des entreprises qui cherchent à recruter de la main-d'œuvre.
L'offre de travail ou la demande d'emploi émane des individus qui cherchent à occuper un emploi.

B. Le fonctionnement du marché du travail

La rencontre entre l'offre de travail des individus et la demande de travail des entreprises a lieu sur le marché du travail. Le salaire est le prix du travail. Dans l'analyse néoclassique, il est déterminé par le jeu de l'offre et de la demande de travail. Le salaire d'équilibre (ou prix d'équilibre) est celui pour lequel l'offre et la demande sont égales.
La flexibilité des salaires, à la hausse ou à la baisse, doit permettre l'atteinte de cet équilibre. Si l'offre de travail devient supérieure à la demande de travail, le salaire d'équilibre va baisser. Si la demande de travail devient supérieure à l'offre de travail, le salaire d'équilibre va augmenter.

2 Caractériser la multiplicité des marchés du travail

L'offre de travail est hétérogène du fait des formations et diplômes acquis par les individus, de leurs compétences, de leur parcours professionnel, de leur degré de mobilité géographique et de leur disponibilité horaire.
La demande de travail est hétérogène du fait des types de contrats proposés, de leurs temporalités, du profil, des compétences et qualités attendus, ainsi que du niveau de salaire proposé.
On distingue deux types d'emplois :
– les emplois typiques qui correspondent aux emplois à durée indéterminée à temps plein, exercés de manière régulière pour un employeur unique ;
– les emplois atypiques qui correspondent à des formes d'emplois non durables (emplois à durée déterminée et/ou à temps partiel, emplois aidés, travail en intérim).

3 Caractériser les principales tendances du marché du travail français

A. La segmentation du marché du travail

Selon l'analyse économique de la segmentation du marché du travail, on distingue deux secteurs fonctionnant de manière spécifique.
Dans le premier secteur se trouvent des emplois typiques occupés par des salariés qualifiés, plutôt bien rémunérés et jouissant de bonnes conditions de travail. Ce premier secteur présente la particularité d'avoir constitué en son sein un marché du travail interne occupé par les « *insiders* ». Ces derniers disposent d'un fort pouvoir de négociation, notamment salarial, dans l'entreprise.
À l'inverse, le second secteur est constitué d'emplois atypiques moins bien rémunérés, plus précaires.

B. Les principales tendances du marché du travail français par rapport aux autres pays européens

Le marché du travail français se caractérise par certaines tendances lourdes :
– un taux de chômage durablement élevé comparativement aux autres pays européens ;
– un accès difficile à un emploi pour les personnes sans qualifications professionnelles ou appartenant aux professions et catégories socioprofessionnelles des ouvriers et des employés ;
– un taux d'emploi pour les personnes âgées de plus de 50 ans plus faible que dans les autres pays européens ;
– un taux d'activité et un taux d'emploi des femmes plus faibles que ceux des hommes comparativement à d'autres pays européens ;
– un différentiel de rémunérations entre les hommes et les femmes ;
– l'augmentation notable des contrats salariés dit « atypiques » ;
– un nombre important de professions réglementées.

L'essentiel Retenir par l'image

Les évolutions du marché du travail

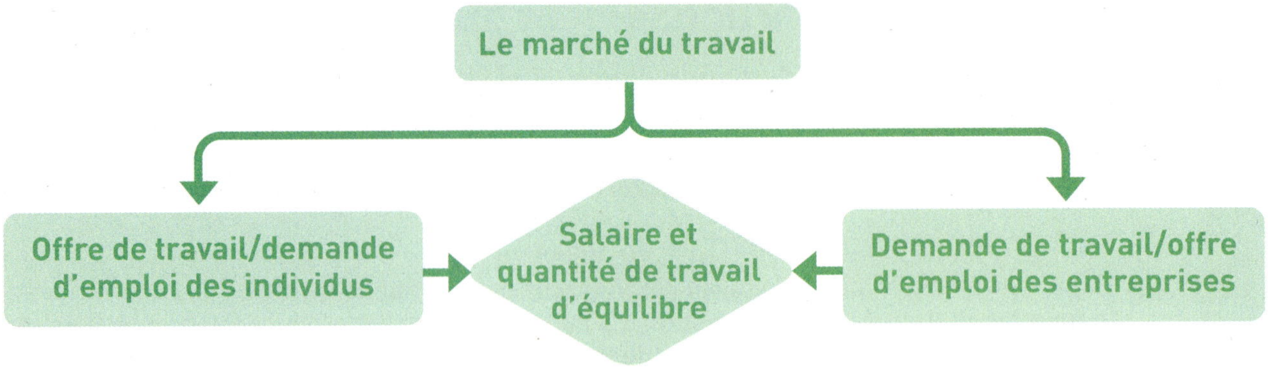

Mots-clés

- Demande d'emploi
- Demande de travail
- Emplois atypiques
- Emplois typiques
- Marché du travail
- Marché du travail interne
- Offre d'emploi
- Offre de travail
- Premier secteur
- Professions réglementées
- Second secteur
- Segmentation du marché du travail
- Taux de chômage/d'emploi/d'activité

> Voir lexique CEJM, p. 237

Pour vérifier ses acquis

1 QCM numérique

Scannez le QR Code ou saisissez le lien mini pour accéder à un QCM interactif.

www.lienmini.fr/8739-0704

2 Le marché du travail des techniciens dans la production agroalimentaire

• Vous disposez des informations suivantes sur l'offre et la demande de travail de techniciens dans la production agroalimentaire.

Offre de travail (en millions de personnes)	Demande de travail (en millions de personnes)	Salaire journalier en euros
1,5	6,5	90
2,6	5,7	120
4,1	4,1	150
5,4	2,7	180
6,3	1,8	210
7,2	1,2	240

1 Tracez sur un graphique les courbes d'offre et de demande de travail de techniciens dans la production agroalimentaire.

2 Déterminez le salaire d'équilibre sur ce marché.

3 Montrez, à l'aide du graphique, comment évolue le salaire quand l'offre de travail augmente et quand elle diminue.

4 Montrez, à l'aide du graphique, comment évolue le salaire quand la demande de travail augmente et quand elle diminue.

3 La segmentation du marché du travail français

Près de 3 salariés à temps partiel sur 10 déclarent vouloir travailler davantage (définition officielle du temps partiel[1] subi) selon les données 2021 de l'Insee. Ce taux moyen masque des écarts selon les catégories de population. Les femmes représentent 79,3 % des salariés à temps partiel (contre 20,7 % pour les hommes), et 28,6 % de ces femmes déclarent être à temps partiel pour des raisons personnelles ou familiales (contre 6,4 % pour les hommes). Pour les jeunes, l'intégration dans l'emploi *via* le temps partiel est très souvent un pis-aller : 37,3 % des moins de 25 ans sont en temps partiel faute de mieux. De plus, 28,4 % des 15-24 ans ont des contrats de travail à durée déterminée, contre 8,5 % des 25-49 ans. Or, ils sont près de 60 % à déclarer ne pas avoir choisi ce type de contrat de travail.

1. Le temps partiel correspond à un temps de travail inférieur à la durée légale du travail ou à la durée conventionnelle si celle-ci est inférieure. Il doit obligatoirement faire l'objet d'un contrat de travail écrit. Source : Insee.

1 Identifiez les catégories de travailleurs les plus touchées par le travail à temps partiel subi et les contrats de travail à durée déterminée en France.

2 Expliquez en quoi ces caractéristiques permettent de mettre en lumière une segmentation du marché du travail français.

1 Entraînement en autonomie

Les principales tendances du marché du travail français

★★ COMPÉTENCE Décrire les principales tendances du marché du travail

Situation

Au 1er août 2022, le salaire minimum interprofessionnel de croissance (SMIC) a été revalorisé de 2,01 %. Le nouveau montant du Smic horaire brut est donc de 11,07 € (au lieu de 10,85 € en mai 2022), soit 1 678,95 € mensuels sur la base de la durée légale du travail de 35 heures hebdomadaires.

Face à cette hausse du Smic, M. Rémi, gérant de l'entreprise BonAppétit !, s'interroge sur la pertinence de conserver ses 15 serveurs rémunérés au Smic. Cette hausse du Smic augmente le coût salarial de son entreprise. Ce coût salarial pourrait devenir supérieur à ce que les salariés apportent à l'entreprise en termes de chiffre d'affaires. De plus, M. Rémi réfléchit à équiper ses serveurs de tablettes tactiles pour la prise de commande, ce qui augmenterait leur productivité. Cependant, M. Rémi est bien conscient qu'une hausse du salaire minimum dans le pays pourrait avoir un impact positif sur la demande : les salariés vont consommer une partie de la hausse de leur salaire minimum. Ce qui aura un effet positif sur les ventes de BonAppétit !, qui pourrait alors être à même de créer de nouveaux emplois.

1 Identifiez et caractérisez les branches d'activité qui comptent le plus de salariés rémunérés au Smic.

2 Situez la position du Smic en France par rapport aux autres pays européens.

3 Expliquez dans quelle mesure une hausse du salaire minimum en France peut menacer des emplois.

Annexe 1

Le salaire minimum en Europe

Sur 27 États membres, 21 disposent d'une législation nationale qui établit un salaire minimum.

Le salaire minimum varie fortement au sein des États membres en ayant instauré un : de 363 € en Bulgarie à 2 313 € au Luxembourg au 1er juillet 2022. Avec un salaire minimum mensuel brut de 1 678,95 € en 2022, la France se situe à la sixième place des pays imposant les minima les plus élevés, derrière le Luxembourg, la Belgique (1 842 €), l'Irlande (1 774 €), les Pays-Bas (1 756 €) et l'Allemagne (1 744 €).

Toutel'Europe.eu

Annexe 2

Les principales branches concernées par la revalorisation du Smic en 2021

La DARES recense tous les ans les branches qui comptent le plus de salariés rémunérés au Smic. Au 1er janvier 2021, il s'agissait de la branche de l'hôtellerie, restauration et tourisme (36 % des salariés), de la branche du commerce principalement alimentaire (28 %) et de celle de l'habillement et du textile (24 %). Or ces branches d'activité sont caractérisées par des gains de productivité du travail relativement faibles.

2 Faire le lien avec le stage/l'apprentissage

1 Identifiez le marché du travail correspondant à l'emploi que vous occupez.

2 Identifiez les principales caractéristiques de cet emploi (type de contrat de travail, à temps plein ou temps partiel, compétences et qualités attendues, niveau de salaire proposé, etc.).

3 Caractérisez le marché du travail relatif à cet emploi (nature de la relation de travail entre l'offre et la demande, segmentation ou non de ce marché, etc.).

Pour préparer l'examen

Cas d'entreprise — Le groupe NGE

COMPÉTENCE Décrire les principales tendances du marché du travail

Situation

NGE est un groupe français de travaux publics créé en 2006. Affichant la plus forte progression de chiffre d'affaires du BTP sur 4 ans (+ 60 %), NGE, avec ses 16 000 salariés et 2,8 milliards d'euros de chiffre d'affaires en 2021, se porte à merveille. L'entreprise originaire de Provence a raflé pour 1 milliard d'euros de contrats rien que sur les nouveaux métros du Grand Paris. Elle a procédé à plus de 4 800 embauches en 2021, dont 50 % des jeunes de moins de 25 ans, et veut inscrire ce rythme dans la durée. Le groupe a d'ailleurs annoncé son intention d'attirer 20 000 nouveaux collaborateurs d'ici à 2025. Son objectif pour l'année 2022 : booster ses embauches estimées à au moins 4 000 nouveaux collaborateurs et 600 apprentis. Il lance une campagne de communication pour séduire les candidats relativement rares dans ce secteur et réussir ce recrutement massif. « Nous affichons notre optimisme dans l'avenir, avec des recrutements à 95 % en CDI et la volonté de féminiser l'entreprise », annonce Antoine Metzger, le président de NGE.
Depuis septembre 2019, le secteur de la construction a lui aussi lancé sa campagne d'affichage et un film publicitaire diffusé au cinéma, à la télévision et sur Internet, autour du slogan « Demain s'invente avec vous », pour susciter des vocations.

VIDÉO
Présentation du groupe NGE
www.lienmini.fr/8739-0705

Les chiffres clés du groupe NGE en 2021

Création : **2006**
Forme juridique : **SAS**
16 000 collaborateurs
Chiffre d'affaires de **2,8 milliards** d'euros en 2021

Mission 1 Comprendre le fonctionnement du marché du travail

1. Identifiez si le groupe NGE est offreur ou demandeur de travail.
2. Déterminez l'évolution de la demande de travail par rapport à l'offre de travail dans le secteur du BTP.
3. Déterminez comment les salaires dans le secteur du BTP devraient évoluer.

Mission 2 Caractériser la multiplicité de marchés du travail

4. À l'aide de l'annexe 1, identifiez les caractéristiques principales des différents métiers du BTP.
5. Déterminez si travailler dans le BTP en intérim relève d'une forme d'emploi typique ou atypique.
6. Expliquez en quoi les caractéristiques des métiers du BTP permettent de démontrer la multiplicité de marchés du travail dans le secteur du BTP.

Mission 3 Caractériser les principales tendances du marché du travail français

7. À l'aide de l'annexe 2, identifiez les caractéristiques principales des salariés du secteur du BTP en France en 2021.
8. Caractérisez l'évolution actuelle des salaires dans le secteur du BTP.
9. Caractérisez les principales tendances du marché du travail du BTP en France.

Annexe 1

Les différents métiers du BTP

Manœuvre : Sa présence est indispensable sur n'importe quel chantier car il facilite le travail des ouvriers spécialisés. Le salaire [annuel] d'un manœuvre débutant s'élève à 19 559 €. Vous n'aurez pas besoin d'être diplômé(e) pour accéder à cet emploi. Votre expérience et vos savoir-être seront privilégiés. Un CAP ou un bac vous permettront tout de même d'accéder à cette profession.

Chef de chantier : Un chef de chantier suit la réalisation sur la totalité ou une partie d'une construction. Cet emploi est accessible au minimum avec un CAP mais c'est avant tout l'expérience qui prime. Sa rémunération de base est de 26 400 €. En plus de son expertise dans le domaine de la construction, il doit également avoir des qualités de manager afin de gérer son équipe.

Travailler dans le bâtiment en intérim : Si vous décidez de travailler dans le BTP en passant par une agence d'intérim, il y a de fortes chances pour que vous gagniez mieux votre vie qu'un salarié du BTP en CDI. Cette différence de salaire s'explique par le fait qu'un intérimaire est considéré comme étant dans une situation précaire. Pour pallier cela, il perçoit à la fin de chacune de ses missions une indemnité de fin de mission ainsi qu'une indemnité de congés payés.

https://gojob.com

Annexe 2

Les chiffres clés du bâtiment en 2021

Évolution des effectifs salariés dans le bâtiment

Source : UCF-CI BTP, données 2021.

Répartition des effectifs du bâtiment par catégorie

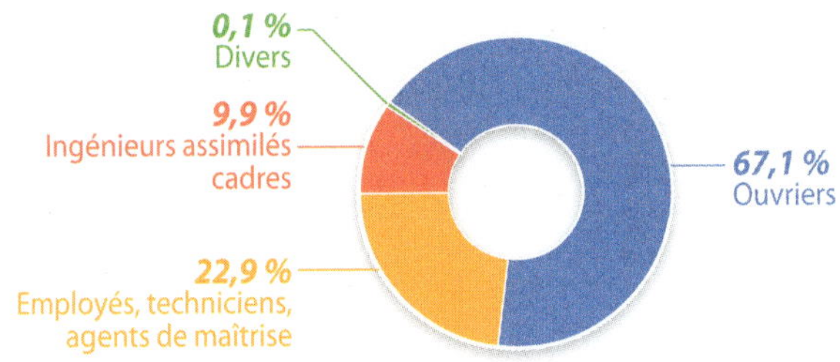

Source : UCF-CI BTP, données 2021.

Évolution de l'effectif féminin salarié entre 2010 et 2021

	Femmes	Évolution (en %)
2010	148 175	+ 1,6 %
2011	147 296	– 0,6 %
2012	146 704	– 0,4 %
2013	144 271	– 1,7 %
2014	142 201	– 1,4 %
2015	139 488	– 1,9 %
2016	136 933	– 1,8 %
2017	140 180	+ 2,4 %
2018	146 199	+ 4,3 %
2019	151 092	+ 3,3 %
2020	162 930	+ 7,8 %
2021	172 820	+ 6,0 %

Source : UCF-CI BTP, données 2021.

L'évolution du salaire mensuel de base de l'ensemble des salariés de la construction (indice base 100 au 4e trimestre 2021)

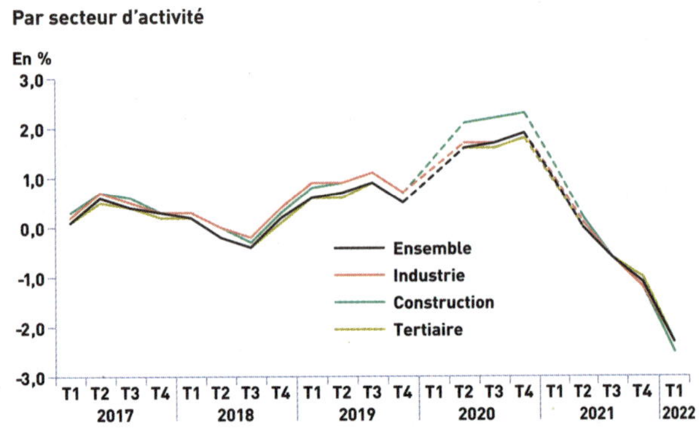

La pyramide des âges dans le bâtiment en 2021

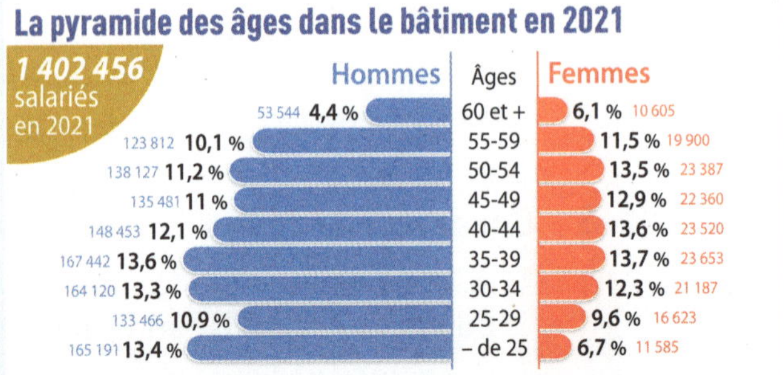

Source : UCF-CI BTP, données 2021.

Source : Chiffres clés 2021, réseau de la CAPEB.

CHAPITRE 8

L'action des pouvoirs publics en matière d'emploi

COMPÉTENCES	SAVOIRS ASSOCIÉS
■ Caractériser l'action des pouvoirs publics pour accompagner les transformations du marché du travail	■ Les déséquilibres du marché du travail et la politique de l'emploi

Situation professionnelle

Hugo travaillait comme caissier dans un supermarché Casino. Suite à la mise en place de caisses automatiques, son CDD n'a pas pu être renouvelé. Il souhaiterait se reconvertir et créer sa propre entreprise de vente de fruits et légumes biologiques produits localement. À Pôle emploi, un conseiller lui a présenté le dispositif « conseil en évolution professionnelle » (CEP) qui s'adresse à tous les actifs, qu'ils soient en activité, à la recherche d'un emploi ou porteurs de projet. Le CEP est un dispositif gratuit d'accompagnement des individus, qui permet de faire le point sur leur situation professionnelle, pour les aider à construire un projet précis et réalisable.
Hugo aura certainement besoin d'une formation en comptabilité pour mener à bien son projet de reconversion. Le conseiller l'aidera en cherchant avec lui une formation adaptée. Hugo est ravi : il va pouvoir développer et accroître ses aptitudes et compétences, afin d'acquérir de nouvelles qualifications professionnelles, et ainsi réaliser son projet. Et peut-être pourra-t-il à l'avenir embaucher des salariés dans son entreprise ?

VIDÉO

Le conseil en évolution professionnelle

www.lienmini.fr/8739-0801

Découvrir les problématiques du chapitre

1. Identifiez les difficultés auxquelles Hugo fait face.
2. Expliquez en quoi le conseil en évolution professionnelle (CEP) peut être une solution adaptée aux difficultés que rencontre Hugo.
3. Selon vous, en quoi le CEP permet-il de stimuler la création d'emplois dans l'économie, tout en accompagnant les chômeurs ? Justifiez votre réponse.

CHAPITRE 8

Activité 1 Caractériser les politiques de l'emploi

Document 1 Les politiques de l'emploi

Les politiques de l'emploi sont l'ensemble des mesures mises en œuvre par les pouvoirs publics afin d'assurer le fonctionnement efficace du marché du travail, et de corriger ainsi les déséquilibres qui peuvent y apparaître. D'après l'OCDE, les politiques de l'emploi ont essentiellement pour objectif d'accroître le taux d'emploi de la population en âge de travailler, mais également d'accompagner les périodes de transition professionnelle financièrement et en matière de formation.

1. Identifiez les principales finalités des politiques de l'emploi.

Document 2 Les principaux déséquilibres du marché du travail

Mme Delta, âgée de 57 ans, travaillait comme commerciale dans une entreprise de prêt-à-porter avant son licenciement pour motif économique. Elle s'interroge sur son avenir :
– quelles seront ses sources de revenus pendant sa période de chômage ?
– comment retrouver rapidement du travail dans une entreprise du secteur de la mode ?
Mme Delta pense avoir besoin d'une formation pour acquérir de nouvelles compétences et qualifications, notamment dans le domaine du numérique.

Document 3 La notion d'employabilité

L'employabilité correspond à l'aptitude de chacun à trouver et conserver un emploi, à progresser au travail et à s'adapter au changement tout au long de la vie professionnelle.

OIT, 2022.

2. Identifiez les déséquilibres du marché du travail révélés par la situation de Mme Delta.

3. Expliquez en quoi les politiques de l'emploi favorisent l'employabilité de Mme Delta.

4. Montrez que les politiques de l'emploi réduisent les déséquilibres du marché du travail.

Document 4 Un exemple de politique de l'emploi

Avant son licenciement, l'entreprise de Mme Delta lui a proposé un « contrat de sécurisation professionnelle ». Ce dispositif favorise la reconversion du salarié. Des mesures d'accompagnement et une indemnité spécifique sont prévues pour le salarié licencié. Ce dispositif relève des dépenses ciblées en faveur de l'emploi sur les demandeurs d'emploi et les personnes en difficulté. Elles doivent être différenciées des dépenses générales en faveur de l'emploi (comme les baisses de cotisations sociales pour les entreprises). Ces dernières ne s'adressent pas spécifiquement à des personnes en difficulté sur le marché du travail.

5. Différenciez les dépenses générales des dépenses ciblées en faveur de l'emploi.

6. Identifiez si le contrat de sécurisation professionnelle relève des dépenses ciblées ou des dépenses générales en faveur de l'emploi et du marché du travail.

Conclusion

Caractérisez l'action des pouvoirs publics en termes de politiques de l'emploi afin de pallier les déséquilibres et d'accompagner les transformations du marché du travail.

› Voir lexique CEJM, p. 237

CHAPITRE 8

Activité 2 Caractériser les politiques actives et passives de l'emploi

A Les politiques actives de l'emploi

Document 5 Les finalités des politiques actives de l'emploi

Les politiques actives de l'emploi visent à accroître le volume d'emplois dans l'économie en favorisant le retour à l'emploi des chômeurs à court ou à moyen terme et en améliorant l'employabilité, en particulier de certaines catégories de populations comme les jeunes, les seniors ou les personnes en situation de handicap. La formation professionnelle, les aides à la création d'entreprise sont des exemples de politiques actives de l'emploi.

7. **Identifiez si les politiques actives de l'emploi relèvent des dépenses générales ou ciblées en faveur de l'emploi et du marché du travail.**

8. **Identifiez les finalités des politiques actives de l'emploi.**

VIDÉO
Les missions de Pôle emploi
www.lienmini.fr/8739-0802

Document 6 Les missions de Pôle emploi

pôle emploi

Créé en 2008, Pôle emploi est un établissement public administratif, acteur central des politiques de l'emploi en France. Cet établissement a pour missions principales :

- l'accompagnement, l'orientation et la formation des personnes à la recherche d'un emploi, d'une formation ou d'un conseil professionnel ;
- l'aide et le conseil aux entreprises dans leurs recrutements et la mise en relation entre les offreurs et les demandeurs d'emploi ;
- l'indemnisation des demandeurs d'emploi pour le compte de l'Unédic, organisme gestionnaire du régime d'assurance chômage, et de l'État.

www.vie-publique.fr

9. **Expliquez dans quelle mesure Pôle emploi contribue à l'accroissement du volume d'emplois en France.**

Document 7 Le dispositif des emplois francs

Le groupe agroalimentaire Eveno a besoin de recruter un nouveau technicien. Paul a 23 ans et habite dans un quartier prioritaire de la ville. Le directeur des ressources humaines (DRH) hésite à lui proposer un contrat à durée déterminée (CDD) de 3 mois qu'il renouvellera si nécessaire, ou un CDI.

Depuis juillet 2020, les pouvoirs publics ont mis en place le dispositif des emplois francs. Ce dispositif permet à l'employeur de percevoir une aide de l'État lorsqu'il recrute un jeune de moins de 26 ans issu d'un quartier prioritaire de la ville, en CDI ou en CDD d'au moins 6 mois.

10. **Identifiez la finalité du dispositif des emplois francs.**

11. **Déterminez si le DRH du groupe Eveno a intérêt à recruter le nouveau technicien en CDI ou CDD de 3 mois.**

12. **Expliquez dans quelle mesure ce dispositif relève d'une politique active de l'emploi.**

Activité 2

Document 8 Le compte personnel de formation

VIDÉO
Le compte personnel de formation
www.lienmini.fr/8739-0803

MON COMPTE FORMATION

M. Sandro est agent immobilier à temps complet depuis 4 ans. Il souhaite se former afin d'évoluer vers le métier de gestionnaire de patrimoine. Il a à sa disposition un compte personnel de formation, dispositif de financement public de formation continue. Ce dispositif lui a permis d'accumuler des droits à la formation à hauteur de 500 euros par an, dans la limite d'un plafond de 5 000 euros. Il dispose d'une certaine autonomie dans la gestion de ces euros dans la mesure où son employeur n'a pas de droit de regard sur ce compte, sauf si M. Sandro souhaite se former sur son temps de travail. Dans ce cas, il devra obtenir l'accord de son employeur sur le calendrier de formation.

13. Identifiez les finalités du compte personnel de formation.

14. Déterminez combien d'euros M. Sandro a accumulés sur son compte personnel de formation.

15. Montrez que le compte personnel de formation permet d'accompagner les transformations du marché du travail.

Document 9 Le parcours emploi compétences

VIDÉO
Le parcours emploi compétences
www.lienmini.fr/8739-0804

Le parcours emploi compétences, créé en 2018, cherche à favoriser un retour à l'emploi de manière durable des personnes les plus éloignées du marché du travail, comme les travailleurs en situation de handicap ou les résidents des quartiers prioritaires de la ville.

Ce parcours repose sur trois éléments clés :

- proposer un emploi aux chômeurs leur permettant de développer des compétences transférables sur d'autres emplois. En échange, l'employeur obtient une aide de l'État ;
- permettre un accès facilité à la formation et à l'acquisition de compétences ;
- offrir un accompagnement des chômeurs tout au long du parcours tant par l'employeur que par le service public de l'emploi, Pôle emploi.

16. Identifiez les populations visées par ces deux dispositifs.

17. Montrez que ces dispositifs relèvent de la politique active de l'emploi.

18. Montrez que ces dispositifs permettent de pallier les déséquilibres du marché du travail.

Document 10 L'expérimentation « Territoires zéro chômeur de longue durée »

VIDÉO
L'expérimentation « Territoires zéro chômeur de longue durée »
www.lienmini.fr/8739-0805

Le Parlement a adopté en décembre 2020 une proposition de loi étendant de 10 à 50 le nombre de territoires bénéficiant de l'expérimentation « Territoires zéro chômeur de longue durée ». L'expérimentation était prévue à l'origine pour 5 ans. La proposition de loi vise également à la prolonger de 5 années supplémentaires.

Ce dispositif, créé en 2017, permet à des entreprises de l'économie sociale et solidaire de bénéficier de subventions pour embaucher des chômeurs de longue durée (actifs au chômage depuis plus d'un an). Ces personnes doivent être employées en CDI, au Smic. Leur salaire est alors financé par une réaffectation de l'argent utilisé pour les allocations chômage et les prestations sociales (RSA, autres minima sociaux).

B Les politiques passives de l'emploi

Document 11 Les finalités des politiques passives de l'emploi

Les politiques passives de l'emploi cherchent à rendre plus supportables les périodes de chômage ou de cessation anticipée d'activité. Les cessations anticipées d'activité permettent à certains individus de se retirer de la vie active avant d'avoir atteint l'âge minimum légal de la retraite, tout en percevant une allocation. Ces politiques ne sont plus aujourd'hui autant mises en avant que par le passé, mais elles n'en demeurent pas moins importantes.

19. Identifiez si les politiques passives relèvent des dépenses générales ou ciblées en faveur de l'emploi et du marché du travail.

Document 12 L'indemnisation des personnes sans emploi

Unédic

Les personnes sans emploi en France perçoivent une allocation chômage, appelée allocation d'aide au retour à l'emploi. En coopération avec Pôle emploi, l'Unédic est l'association chargée par délégation de service public de la gestion de l'assurance chômage en France. Les recettes de l'assurance chômage proviennent principalement des cotisations sociales patronales.

VIDÉO
L'Unédic, organisme en charge de l'indemnisation des chômeurs
www.lienmini.fr/8739-0806

20. Identifiez comment sont financées les allocations chômage en France.

21. Montrez que l'allocation d'aide au retour à l'emploi relève d'une politique passive de l'emploi.

Document 13 L'équilibre des comptes de l'Unédic

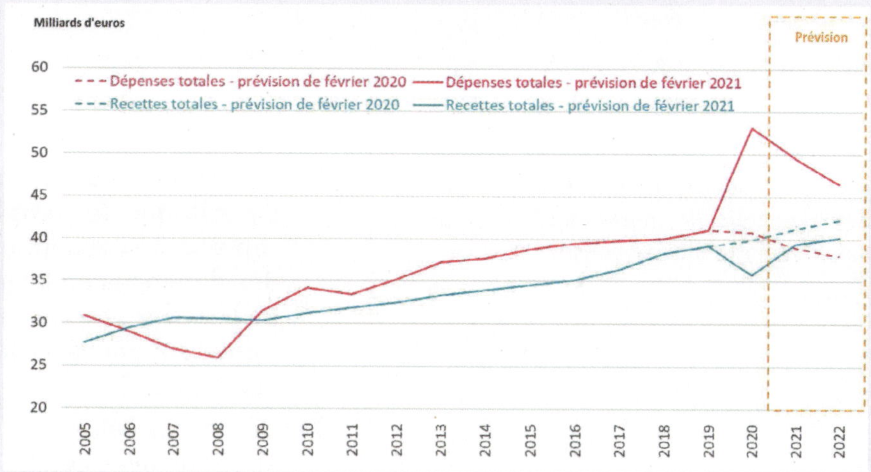

22. Caractérisez l'évolution des dépenses et recettes de l'assurance chômage depuis 2008.

23. Expliquez pourquoi les prévisions des dépenses et recettes de l'assurance chômage ne sont pas les mêmes entre février 2020 et février 2021.

24. Identifiez la difficulté à laquelle est confrontée l'assurance chômage en France.

Document 14 L'évolution quantitative de l'offre de travail des seniors

Si l'âge légal de départ à la retraite est fixé à 62 ans en France pour les personnes nées à partir de 1955, il existe néanmoins des situations permettant à un salarié de partir en retraite de façon anticipée (cessations anticipées d'activité) : en cas de carrière longue (pour les personnes ayant commencé à travailler avant 20 ans) ; de handicap ; de carrière pénible.

25. Expliquez en quoi le dispositif de départ anticipé à la retraite permet de réduire le volume de la population active, et ainsi le taux de chômage dans l'économie.

26. Déterminez si cette mesure relève d'une politique active et/ou passive de l'emploi.

CHAPITRE 8

Activité 2

Document 15 L'effet pervers de l'indemnisation des personnes sans emploi

Mme Henry, biologiste de formation, a été privée de son emploi suite à un licenciement économique. Elle perçoit actuellement une allocation chômage de 1 710 € par mois. Elle a reçu une offre d'emploi de laborantine, dont le salaire net serait de 1 570 € par mois. Elle hésite à accepter cette offre, partagée entre l'envie de retourner travailler et le risque de voir baisser son revenu mensuel.

Document 16 Le cumul de l'allocation chômage avec une rémunération

En France, depuis 2019, un demandeur d'emploi bénéficiaire de l'allocation chômage qui exerce une activité professionnelle salariée ou non salariée régulièrement déclarée peut, sous conditions, cumuler son allocation avec le revenu tiré de son activité professionnelle.

27. **Identifiez l'effet pervers potentiel lié à l'indemnisation des chômeurs.**

28. **Expliquez en quoi le cumul de l'allocation chômage avec un revenu tiré d'une activité professionnelle permet d'améliorer le retour à l'emploi des chômeurs.**

29. **Déterminez si cette mesure relève d'une politique active et/ou passive de l'emploi.**

Document 17 L'évolution de la part des mesures actives et passives dans le total des dépenses pour les politiques de l'emploi en France et en Europe

	2000	2005	2010	2020
Services relatifs au marché du travail[1]	6 %	8 %	10 %	6 %
Mesures actives	36 %	24 %	25 %	14 %
Mesures passives	58 %	68 %	65 %	80 %

Source : Insee ; calculs de l'auteur.

1. Les services relatifs au marché du travail correspondent notamment aux prestations de services assurées par les services publics de l'emploi, dont Pôle emploi.

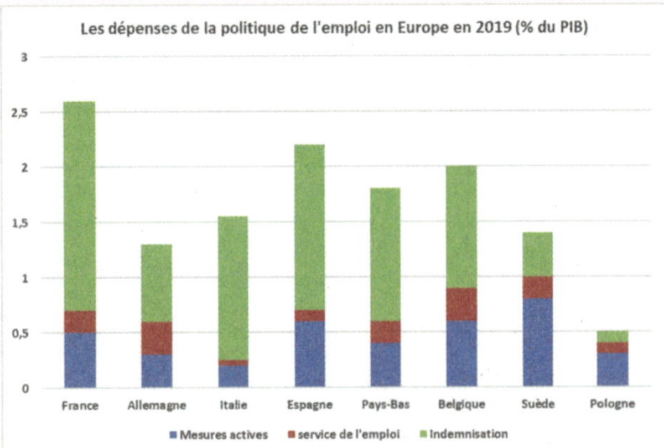

Source : Fipeco. DARES, base PMT pour Eurostat.

30. **Déterminez quel type de politique de l'emploi représente l'essentiel des dépenses en faveur de l'emploi en France. Comment pouvez-vous l'expliquer ?**

31. **Comparez cette situation avec celle des autres pays européens.**

Conclusion

Montrez que les politiques actives et passives de l'emploi permettent de compenser les déséquilibres et d'accompagner les transformations du marché du travail. › Voir lexique CEJM, p. 237

L'essentiel Retenir par **le texte**

L'action des pouvoirs publics en matière d'emploi

1 Les politiques de l'emploi

A. Définition

Les politiques de l'emploi recouvrent l'ensemble des mesures mises en œuvre par les pouvoirs publics afin d'assurer le fonctionnement efficace du marché du travail. Elles permettent ainsi de corriger les déséquilibres qui y apparaissent, comme le chômage, les inégalités d'accès à l'emploi, l'inadéquation entre offre et demande de travail en termes de qualifications.
D'après l'OCDE, les politiques de l'emploi ont pour objectifs essentiels d'accroître le taux d'emploi de la population en âge de travailler, mais également d'accompagner financièrement et en matière de formation, les périodes de transition professionnelle.
Elles contribuent ainsi à assurer l'employabilité de la population active. D'après l'Organisation internationale du travail, l'employabilité correspond à l'aptitude de chacun à trouver et conserver un emploi, à progresser au travail et à s'adapter au changement tout au long de la vie professionnelle.

B. Dépenses générales et ciblées en faveur de l'emploi et du marché du travail

Les dépenses en faveur de l'emploi et du marché du travail comprennent d'une part, des dépenses ciblées en faveur de l'emploi sur les demandeurs d'emploi et les personnes en difficulté sur le marché du travail, et d'autre part, des dépenses générales en faveur de l'emploi. Ces dernières ne s'adressent pas spécifiquement à des personnes en difficulté sur le marché du travail.

2 Les politiques actives de l'emploi

A. Définition

Les politiques actives de l'emploi visent à accroître le volume d'emplois, en favorisant le retour à l'emploi à court ou à moyen terme des chômeurs, et en améliorant l'employabilité, en particulier pour certaines catégories comme les jeunes, les seniors, les personnes en situation de handicap. Ce sont donc des dispositifs de stimulation de la création d'emplois.

B. Les différentes mesures de politiques actives de l'emploi

Les politiques actives de l'emploi s'appuient essentiellement sur :
– la mise en place et le déploiement d'un service public de l'emploi efficace à travers Pôle emploi notamment, assurant une médiation entre les offreurs et les demandeurs de travail ;
– le déploiement de la formation professionnelle pour améliorer l'employabilité des personnes sans emploi, en visant plus particulièrement les publics les moins qualifiés et les plus éloignés de l'emploi ;
– la mise en place de parcours emploi compétences permettant à des employeurs publics ou privés de recruter durant une période de quelques mois à quelques années, des personnes en situation de précarité.

3 Les politiques passives de l'emploi

A. Définition

Les politiques passives de l'emploi cherchent à rendre plus supportables les périodes de chômage ou de retraits anticipés d'activité. Ce sont essentiellement des dispositifs de soutien aux chômeurs. Si elles ne sont plus aujourd'hui autant mises en avant que par le passé, elles n'en demeurent pas moins importantes en termes de dépenses totales pour les pouvoirs publics. Elles représentent aujourd'hui en France environ 65 % des dépenses pour les politiques de l'emploi.

B. Les différentes mesures de politiques passives de l'emploi

Les politiques passives de l'emploi s'appuient essentiellement sur :
– l'indemnisation des personnes sans emploi, à travers l'allocation d'aide au retour à l'emploi. L'Unédic est l'association chargée par délégation de service public de la gestion de l'assurance chômage en France, en coopération avec Pôle emploi ;
– l'évolution quantitative de l'offre de travail, susceptible de varier en fonction des incitations (ou désincitations) au travail de certains segments de population (jeunes, seniors, personnes en situation de handicap...), comme dans le cas des départs en retraite anticipés ou l'allongement de la durée des études.

L'action des pouvoirs publics en matière d'emploi

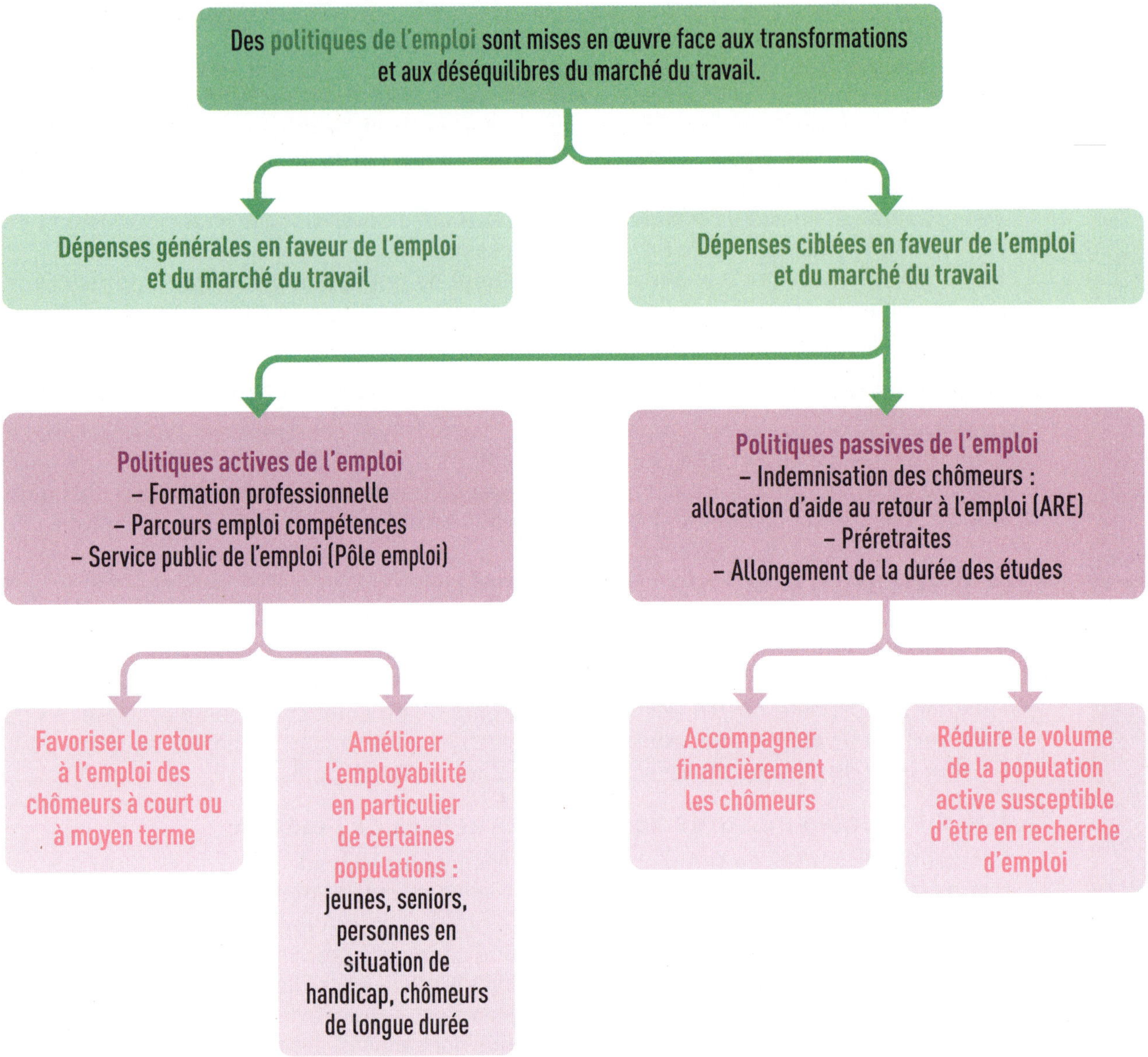

Mots-clés

- Chômage
- Cotisations sociales
- Demande de travail
- Dépenses ciblées en faveur de l'emploi et du marché du travail
- Dépenses générales en faveur de l'emploi et du marché du travail
- Employabilité
- Marché du travail
- Offre de travail
- Pôle emploi
- Politiques (actives/passives) de l'emploi
- Population active
- Taux de chômage/d'emploi
- Unédic

› Voir lexique CEJM, p. 237

Pour vérifier ses acquis

1 QCM numérique

Scannez le QR Code ou saisissez le lien mini pour accéder à un QCM interactif.

www.lienmini.fr/8739-0807

2 Les politiques actives et passives de l'emploi

• Pour chaque finalité, indiquez si elle correspond à une politique active ou passive de l'emploi.

Finalités	Politique active de l'emploi	Politique passive de l'emploi
Améliorer l'employabilité de la population active		
Accompagner financièrement les demandeurs d'emploi		
Réduire le volume de la population active		
Accroître le volume de l'emploi dans l'économie		
Améliorer le niveau de formation de la population active		

3 Les politiques de l'emploi en France

Dépenses ciblées pour les politiques du marché du travail

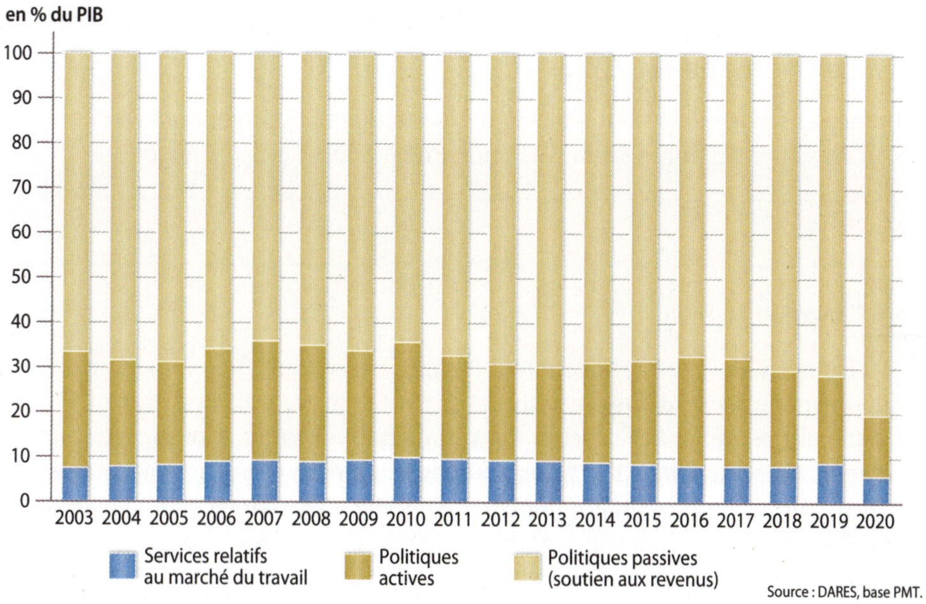

Source : DARES, base PMT.

Source : DARES, base PMT pour Eurostat ; Pôle Emploi - Fichier national des allocataires (FNA) pour les allocataires indemnisés.

1 Expliquez en quoi les politiques actives et passives de l'emploi relèvent des dépenses ciblées pour les politiques du marché du travail.

2 Donnez des exemples de dispositifs relevant des politiques actives et passives de l'emploi.

3 Analysez le graphique en distinguant les périodes de hausse et de baisse des dépenses ciblées pour les politiques du marché du travail.

1 Entraînement en autonomie

★★ COMPÉTENCE Caractériser l'action des pouvoirs publics pour accompagner les transformations du marché du travail

L'équilibre des comptes de l'assurance chômage en France

Situation

Vous venez d'être embauché(e) par un organisme statistique qui vous demande de travailler sur l'évolution des recettes et des dépenses de l'assurance chômage en France. Suite à la crise de la Covid-19 et au conflit russo-ukrainien, cet organisme souhaite prévoir l'évolution de ses recettes et dépenses en cas de ralentissement de la croissance économique.

1. **Identifiez le type et les finalités de la politique de l'emploi dont relève l'assurance chômage.**
2. **Identifiez quelles sont en France les institutions en charge de l'indemnisation et du suivi des demandeurs d'emploi.**
3. **Identifiez comment sont principalement financées les allocations chômage.**
4. **Déterminez si les comptes de l'assurance chômage seront équilibrés en 2022. En cas de déséquilibre, calculez le montant du déficit ou de l'excédent.**
5. **Complétez le schéma ci-dessous à l'aide des expressions suivantes : baisse des cotisations ; baisse des recettes de l'assurance chômage ; hausses des dépenses de l'assurance chômage ; hausse du déficit de l'assurance chômage ; hausse du nombre de chômeurs ; baisse du nombre d'actifs occupés.**

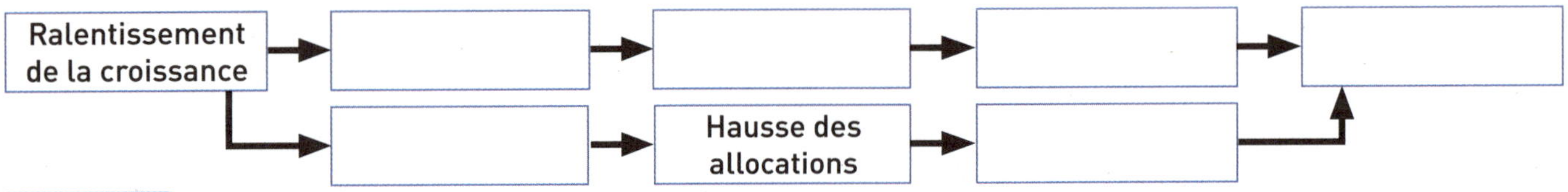

Annexe 1

Les comptes de l'assurance chômage en 2022

En 2022, les recettes de l'assurance chômage devraient s'élever à 40,2 milliards d'euros, dont 39,5 milliards de cotisations, et ses dépenses à 46,6 milliards d'euros, dont 38,5 milliards d'allocations chômage.

Annexe 2

L'allocation chômage en France

L'allocation d'aide au retour à l'emploi (ARE) est l'allocation chômage versée par Pôle emploi, sous certaines conditions, aux personnes inscrites comme demandeurs d'emploi et involontairement privées d'emploi. Pôle emploi a pour objectif de concentrer dans un même lieu toutes les aides pour trouver un emploi (accueil, formation, placement des demandeurs d'emploi, versement de l'allocation chômage). L'Union nationale interprofessionnelle pour l'emploi dans l'industrie et le commerce (Unédic) administre le régime d'assurance chômage et détermine les modalités d'indemnisation des chômeurs. L'Unédic est gérée par les partenaires sociaux.

2 Faire le lien avec le stage/l'apprentissage

1. **Identifiez des politiques de l'emploi qui impactent votre entreprise.**
2. **Identifiez si ces politiques relèvent de politiques actives ou passives de l'emploi.**
3. **Expliquez comment ces politiques de l'emploi impactent votre entreprise.**

CHAPITRE 8

Pour préparer l'examen

Cas d'entreprise — Le centre hospitalier de Saint-Jean-de-Maurienne

COMPÉTENCE Caractériser l'action des pouvoirs publics pour accompagner les transformations du marché du travail

Situation

Le centre hospitalier de Saint-Jean-de-Maurienne a été créé en 1982, et dispose d'une capacité d'accueil de 536 lits. De multiples services médicaux y sont réalisés : urgences, chirurgie générale et viscérale, cardiologie, maternité, EHPAD…

Ce centre est situé en Savoie, en région Auvergne-Rhône-Alpes. Le département de la Savoie connaît un taux de chômage de 5,4 % au 1er trimestre 2022. Cet établissement public recherche depuis plusieurs mois un(e) aide-soignant(e) pour la saison hivernale pour son service de chirurgie. Cette difficulté semble être caractéristique du secteur de la santé. Selon l'enquête Besoin de main-d'œuvre (BMO) de Pôle emploi, en 2022 en Savoie, 89,3 % des employeurs estiment difficile de recruter un(e) aide-soignant(e), contre 25 % des employeurs en 2015.

Suite à la crise de la Covid-19, le gouvernement a créé une plateforme, portée par Pôle emploi, pour soutenir les entreprises des secteurs prioritaires à la Nation, dont celui de la santé. Cette plateforme numérique s'appelle « Mobilisation emploi ». En parallèle, la loi prévoit en France la possibilité de conclure ou de renouveler pour une durée maximale de 2 ans un contrat unique d'insertion (CUI), notamment dans le secteur non marchand, public ou associatif.

Les chiffres clés du centre hospitalier de Saint-Jean-de-Maurienne

Création : 1982

Forme juridique : personne morale de droit public

Effectif : entre 500 et 999 salariés

Capacité (lits et places) : 536

Mission 1 — Caractériser les politiques de l'emploi

1. Identifiez les difficultés auxquelles font face les établissements publics de santé en France (annexe 1).
2. Décrivez l'impact de ces difficultés sur l'activité de ces établissements.
3. Identifiez quelle institution est susceptible de contribuer à l'amélioration de cette situation.

Mission 2 — Caractériser les politiques actives et passives de l'emploi

4. En vous basant sur les annexes 2 et 3, identifiez les finalités de la plateforme « Mobilisation emploi » et du contrat unique d'insertion.
5. En vous basant sur les annexes 2 et 3, déterminez si la plateforme « Mobilisation emploi » et le contrat unique d'insertion relèvent de politiques actives ou passives de l'emploi.
6. Montrez que la plateforme « Mobilisation emploi » permet d'accompagner les transformations relatives à la demande et à l'offre de travail.
7. Expliquez en quoi les politiques de l'emploi peuvent aider le centre hospitalier de Saint-Jean-de-Maurienne à résoudre ses problèmes de main-d'œuvre.

Annexe 1

Les difficultés de recrutement des établissements publics de santé

Les structures de santé sont en peine, particulièrement depuis la crise sanitaire, et font face à de plus en plus de difficultés à recruter. D'après une étude de l'OPCO, organisme de développement des compétences, 67 % des établissements de santé ont des difficultés de recrutement[1]. La pénurie de candidats (77 %) ainsi que le manque de candidats correspondant au profil recherché (34,7 %) sont les principales sources de difficultés exprimées dans l'étude. Par ailleurs, d'après l'OPCO, les métiers de la santé pour lesquels les perspectives de recrutement sont les plus fortes sont les infirmiers, les aides-soignants, les éducateurs. Ces difficultés de recrutement ont des conséquences très concrètes dans organisation quotidienne des établissements publics de santé, qui se traduisent par une sollicitation accrue des équipes de soins et de l'encadrement notamment, mais aussi par des inquiétudes au sujet de la dégradation de l'atmosphère de travail, voire des tensions sociales, pour ne citer que quelques exemples.

1. OPCO Santé, étude de l'observatoire OPCO santé besoins en recrutement, janvier 2022.

Annexe 2

La plateforme « Mobilisation emploi »

Face à la crise sanitaire que nous traversons, certaines entreprises, appartenant aux secteurs prioritaires pour les citoyens dans cette période, ont besoin de renfort en main-d'œuvre pour assurer leurs activités et la continuité économique du pays. Pour y répondre, la plateforme « Mobilisation emploi », développée par Pôle emploi, est accessible aux demandeurs d'emploi ainsi qu'aux salariés en activité partielle. Les demandeurs d'emploi (inscrits ou non à Pôle emploi) et les salariés en activité partielle ont alors la possibilité de rechercher des offres d'emploi grâce à plusieurs critères dont le métier, la zone géographique ou le type de contrat. Ils peuvent ensuite contacter directement les recruteurs.

Pour les employeurs, à chaque offre déposée, un conseiller Pôle emploi appelle systématiquement pour caractériser le besoin et les compétences attendues pour le poste. Pôle emploi proposera à chaque employeur de prendre en charge la présélection des candidats si besoin.

www.pole-emploi.fr

Annexe 3

Le parcours emploi compétences et le contrat unique d'insertion

Le parcours emploi compétences est destiné aux publics les plus éloignés du marché du travail. Il est réalisé dans le cadre d'un contrat unique d'insertion – contrat d'accompagnement dans l'emploi (CUI-CAE) dans le secteur non marchand.

Il s'agit d'un contrat de travail conclu entre un employeur, qui va percevoir une aide financière, et un salarié qui va bénéficier d'une aide à l'insertion professionnelle. Le CUI a pour objet de faciliter l'insertion professionnelle des personnes sans emploi rencontrant des difficultés sociales et professionnelles particulières d'accès à l'emploi (seniors, travailleurs en situation de handicap, chômeurs de longue durée, par exemple).

Les employeurs habilités à conclure un CUI sont notamment les associations, les collectivités territoriales (par exemple, une mairie) ou autre personne morale de droit public (par exemple, établissement scolaire), ainsi que les entreprises chargées de la gestion d'un service public (par exemple, société de ramassage des ordures ménagères).

Pour réussir l'intégration dans l'emploi du bénéficiaire de ce dispositif, ce dernier est soutenu par un référent chargé du suivi personnalisé de son parcours d'insertion professionnelle, et assisté et conseillé par un salarié expérimenté de la structure qui l'emploie (le tuteur).

L'employeur a enfin l'obligation de prévoir des actions de formation professionnelle et de validation des acquis de l'expérience.

CHAPITRE 9

Le rôle du droit négocié et des partenaires sociaux

COMPÉTENCES

- Identifier le rôle du droit négocié
- Identifier le rôle des partenaires sociaux dans l'entreprise

SAVOIRS ASSOCIÉS

- Les différentes sources du droit du travail
- Le droit négocié et le rôle des partenaires sociaux

VIDÉO

Présentation du groupe PSA

www.lienmini.fr/8739-0901

Situation professionnelle

En 1976, Citroën et Peugeot ont fusionné pour créer le groupe Peugeot Citroën, devenu PSA (Peugeot Société Anonyme) en 2016. La même année, PSA est devenu le premier constructeur automobile en France avec 1,2 million de véhicules produits.

En 2019, un accord d'entreprise portant sur la qualité de vie au travail a autorisé 30 jours de travail à distance par an pour ceux qui le souhaitaient : près de 18 000 salariés ont adopté ponctuellement ou régulièrement ce mode de travail.

En 2020, dans le contexte de la crise de la Covid-19, le groupe PSA a décidé de renforcer le télétravail qui doit devenir la règle dans toutes les entreprises du groupe. Le projet baptisé *New Era of Agility*, présenté lors d'un comité social et économique central par la direction, sera discuté avec les organisations syndicales. Cette nouvelle organisation concerne toutes les fonctions tertiaires (R&D, fonctions administratives et commerciales), non liées à la production, soit 80 000 salariés, à qui elle permettra de ne venir au bureau qu'un jour ou un jour et demi par semaine.

Pour les syndicats, le télétravail doit rester de l'ordre du volontariat. Si un grand nombre des salariés concernés semblent favorables au travail à distance, le maintien du lien social et de la motivation ne doit pas être négligé et il est également important de ne pas ignorer les problèmes personnels que ce type d'organisation peut créer (manque de place à domicile, connexion Internet peu fiable, etc.).

Découvrir les problématiques du chapitre

1. Quels sont les salariés concernés par l'accord sur le télétravail ?
2. En quoi cet accord d'entreprise peut-il améliorer les conditions de travail chez PSA ?
3. Quels acteurs sont intervenus dans la négociation ?

CHAPITRE 9

Activité 1 Repérer les différentes sources du droit du travail

A Les sources législatives et conventionnelles du droit du travail

Document 1 La hiérarchie des normes

Sources étatiques et internationales

- L'Organisation internationale du travail pose de grands principes en matière de liberté d'association, d'abolition du travail des enfants. L'Union européenne s'efforce de promouvoir le progrès social et d'améliorer les conditions de travail des Européens.
- Le droit national réaffirme les droits fondamentaux à l'emploi, au droit de grève. Le Code du travail régit les rapports individuels et collectifs entre les employeurs et les salariés.

Sources non étatiques

- Le droit négocié : conventions et accords collectifs interprofessionnels, de branche ou d'entreprise occupent une part importante dans le droit du travail actuel et permettent l'adaptation du droit législatif aux besoins des entreprises.
- Le droit émanant de l'employeur : usages professionnels, règlement intérieur viennent compléter ce dispositif.
- Le contrat de travail par lequel une personne s'engage à travailler pour le compte d'une autre contre rémunération est régi par l'ensemble des dispositions ci-dessus.

VIDÉO

Expliquez-nous... la hiérarchie des normes sociales

www.lienmini.fr/8739-0902

1. Précisez le sens de l'expression « hiérarchie des normes ».

B Le principe de faveur et son affaiblissement

Document 2 Le principe de faveur : une exception à la hiérarchie des normes

Le principe juridique est celui du respect de la hiérarchie des normes : chaque norme doit respecter la norme supérieure. Cependant en droit du travail, en cas de conflit de normes, un « principe de faveur » permet d'appliquer le texte le plus favorable au salarié. Ce principe est aujourd'hui remis en cause par la possibilité de conclure des accords dérogatoires.

Document 3 Un exemple d'accord dérogatoire : l'accord de performance collective

En cas de nécessité liée au fonctionnement de l'entreprise, pour préserver ou développer l'emploi, un accord de performance collective peut :
- aménager la durée du travail, ses modalités d'organisation et de répartition ;
- aménager la rémunération dans le respect des salaires minima hiérarchiques ;
- déterminer les conditions de la mobilité professionnelle ou géographique interne à l'entreprise.

Une fois approuvé, l'accord d'entreprise s'appliquera au contrat de travail du salarié et si celui-ci le refuse, il pourra faire l'objet d'un licenciement pour cause réelle et sérieuse.

Document 4 Un accord de performance chez Fiabila

Afin d'améliorer l'utilisation de l'outil de travail, un accord de performance collective vient d'être négocié entre le directeur de la société Fiabila et les délégués syndicaux CFTC et FO. Cet accord prévoit que le contingent annuel d'heures supplémentaires sera porté à 220 heures par salarié et par an au lieu des 130 heures fixées par le précédent accord de branche. Un salarié qui a déjà effectué 130 heures supplémentaires au cours de l'année refuse d'effectuer des heures.

2. En quoi les accords de performance collective sont-ils dérogatoires ?

3. Quel est l'intérêt pour l'entreprise de pouvoir négocier de tels accords ?

4. Le salarié peut-il s'opposer à la demande du chef d'entreprise d'effectuer des heures supplémentaires ?

Conclusion

Montrez que le droit du travail est constitué de sources nombreuses et variées qui visent à protéger le salarié tout en préservant les intérêts de l'entreprise.

› Voir lexique CEJM, p. 237

Activité 2 Identifier le rôle du droit négocié

A L'adaptation des règles impératives par le droit négocié

Document 5 Différence entre droit du travail législatif et droit négocié

Le droit du travail est constitué de règles impératives prises au niveau national et applicables à tous sans distinction. Par la négociation avec les partenaires sociaux, le droit du travail évolue vers un droit négocié qui se caractérise par un dialogue avec les partenaires sociaux. Il permet l'adaptation des règles législatives aussi bien au niveau des branches professionnelles qu'au niveau d'une entreprise en particulier.

Document 6 Le droit négocié, une avancée sociale pour tous

Le droit négocié bénéficie à l'ensemble des salariés. En effet, les accords signés, notamment au niveau des branches, couvrent 90 % des salariés en France. En somme, quand les 11 % de salariés syndiqués négocient des accords, les avancées bénéficient à 90 % des salariés, qu'ils acquittent ou non une cotisation syndicale.

5. **Expliquez l'intérêt de règles négociées en complément de règles impératives.**
6. **Pourquoi le droit du travail reste-t-il le socle en matière de protection des salariés ?**

B Les principaux accords collectifs

VIDÉO
Qu'est-ce qu'une convention collective ?
www.lienmini.fr/8739-0903

Document 7 Les conventions et accords collectifs

Les conventions et accords collectifs servent à adapter des règles législatives aux réalités du secteur d'activité ou de l'entreprise. Ce sont des « accords » entre partenaires, c'est pourquoi on parle de manière générale d'accords collectifs. Une convention collective traite de l'ensemble des conditions de travail (exemples : conditions d'emploi, de formation professionnelle, grille salariale). Un accord collectif ne porte que sur certains thèmes en particulier (exemple : accord sur le temps de travail).
Accords et conventions peuvent être étendus, c'est-à-dire que le législateur peut décider que les dispositions négociées doivent s'appliquer à l'ensemble des entreprises du même secteur et ce afin d'harmoniser les règles applicables dans ce secteur.

Niveau interprofessionnel ou de branche	Niveau du groupe, de l'entreprise ou de l'établissement
La convention ou l'accord concernent une branche (ou secteur) particulier. Exemples : boulangerie, métallurgie, bâtiment. Ils sont signés entre des groupements d'employeurs et des organisations syndicales de salariés. Ils complètent le droit du travail et leurs dispositions doivent être plus favorables que la loi.	La convention ou l'accord concernent un groupe, une entreprise ou même un établissement particulier et s'appliquent à tous les salariés de l'entité concernée. Ils visent à adapter les règles du Code du travail ou de la branche professionnelle aux besoins spécifiques de l'entreprise. Ils peuvent sur certains points être moins favorables que la convention collective de branche.

Document 8 Les congés dans le secteur bancaire

La convention collective de la banque prévoit qu'un salarié comptant un an de travail effectif chez un même employeur bénéficie d'un jour de congé supplémentaire (soit 26 jours ouvrés au lieu des 25 jours légaux), mais aussi de 5 jours de congé pour son mariage ou son Pacs (4 jours dans la loi) et 2 jours pour le mariage d'un enfant (au lieu d'un jour dans la loi).

7. **Pourquoi la convention collective peut-elle accorder des congés supplémentaires aux salariés ?**
8. **Une convention collective pourrait-elle réduire le nombre de jours de congé légaux ?**
9. **Quel est l'intérêt pour le secteur bancaire de proposer de tels avantages ?**

Document 9 Convention collective ou accord d'entreprise, quel champ d'application ?

Contenu de l'accord	Champ d'application professionnel	Exemples
Convention collective : règles particulières qui complètent la législation du travail par des dispositions propres à un champ d'application donné	Interprofessionnel : s'applique à plusieurs secteurs d'activité	Convention collective nationale (CCN) du Syntec qui couvre les activités d'ingénierie, conseil, informatique et organisation de foires et salons
	Professionnel : s'applique aux entreprises d'un même secteur d'activité	CCN de la banque CCN des HCR (hôtels, cafés, restaurants)
	Groupe ou entreprise : s'applique aux salariés du groupe ou de l'entreprise	CCN de la Banque Populaire
Accord collectif : vise à modifier ou compléter la convention collective sur certains points particuliers	Accord national interprofessionnel (ANI)	ANI pour un nouveau modèle économique et social du 11/01/2013
	Accord professionnel ou accord de branche	Accord collectif relatif à l'emploi et à la formation professionnelle de l'UIMM (métallurgie)
	Accord de groupe ou d'entreprise	Accord collectif relatif à l'indemnité de fin de carrière à la Société Générale

VIDÉO
C'est quoi, les accords collectifs ?
www.lienmini.fr/8739-0904

10. Qui sont les salariés concernés par la CCN de la banque et quels sont ceux concernés par l'accord collectif relatif à l'indemnité de fin de carrière ?

C Les obligations de l'entreprise en matière de négociation

Document 10 Les trois thèmes de la négociation annuelle obligatoire

Dans les entreprises ayant un ou plusieurs délégués syndicaux, l'employeur a l'obligation d'engager chaque année une négociation. Cependant, s'il est tenu d'engager les négociations, il n'est pas obligé d'aboutir à la conclusion d'un accord.

Négociation annuelle obligatoire sur trois grands thèmes :
- Rémunération, temps de travail, partage de la valeur ajoutée
- Gestion des emplois et parcours professionnels
- Égalité professionnelle femmes/hommes et qualité de vie au travail

11. La négociation annuelle est-elle obligatoire ou optionnelle ?

12. Pourquoi ces thèmes doivent-ils faire l'objet d'une négociation annuelle ?

Conclusion

Montrez que le droit négocié permet d'adapter les règles du droit du travail à une entreprise ou une branche tout en protégeant les salariés. > Voir lexique CEJM, p. 237

Chapitre 9

Activité 3 Identifier les partenaires sociaux et leur rôle

A Les différents partenaires sociaux

Document 11 Les organisations syndicales et patronales représentatives

Du côté salarial		Du côté patronal
Les organisations syndicales représentatives peuvent négocier et signer Confédération générale du travail Force ouvrière Confédération française démocratique du travail Confédération française des travailleurs chrétiens Confédération française de l'encadrement - Confédération générale des cadres	– des accords nationaux interprofessionnels (ANI) – des accords conclus au niveau national dans un secteur ou une branche – des conventions collectives	**Les organisations patronales représentatives peuvent négocier et signer** Mouvement des entreprises de France Confédération des petites et moyennes entreprises Union des entreprises de proximité
Les délégués syndicaux désignés par les syndicats représentatifs peuvent négocier et signer	des accords conclus au niveau de l'entreprise	Le chef d'entreprise peut négocier et signer

13. Indiquez la condition nécessaire et indispensable pour négocier et signer des accords qui s'appliquent au niveau national.

14. Retrouvez qui peut signer des accords au niveau de l'entreprise.

B La représentativité et son enjeu

VIDÉO
La représentativité syndicale
www.lienmini.fr/8739-0905

Document 12 La représentativité des organisations syndicales au niveau national

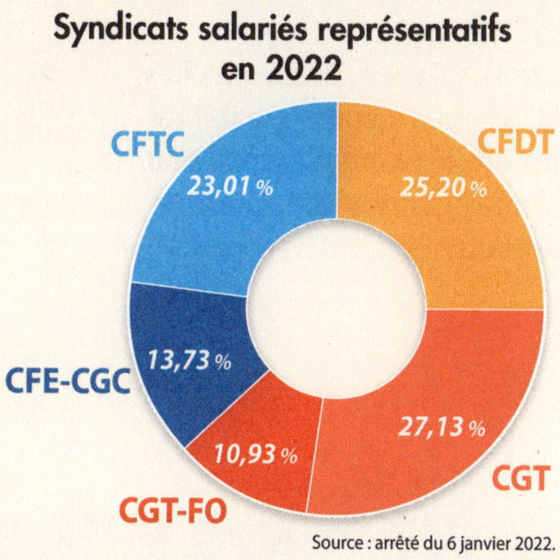

Source : arrêté du 6 janvier 2022.

Au niveau national et interprofessionnel, pour être considérée comme représentative et donc être en capacité de signer des accords collectifs, une organisation syndicale doit recueillir au moins 8 % des suffrages exprimés (ce qui représente l'audience du syndicat). Elle doit également satisfaire à d'autres critères comme le respect des valeurs républicaines, l'indépendance, la transparence financière, l'ancienneté minimale de 2 ans dans le champ professionnel et géographique couvrant le niveau de négociation, l'influence, les effectifs d'adhérents et les cotisations.
Ces mêmes critères s'appliquent aux organisations patronales, mais l'audience se mesure par rapport au nombre d'entreprises adhérant à l'organisation et par branche professionnelle.

15. Quel est le rôle essentiel joué par les syndicats représentatifs au niveau national et au niveau de l'entreprise ?

Activité 3

Document 13 La représentativité des organisations syndicales dans l'entreprise

Au niveau de l'entreprise, les critères de représentativité sont identiques, mais le taux d'audience est de 10 % des suffrages exprimés lors des élections au CSE (comité social et économique).

16. Pourquoi le taux d'audience est-il considéré comme le critère essentiel ?

17. Les autres critères sont-ils pour autant inutiles ?

Document 14 La représentativité dans l'entreprise Fiabila

Dans l'entreprise Fiabila, 3 salariés adhérant à des syndicats différents sont présents au premier tour des élections au CSE. A obtient 50,5 % des voix, B obtient 43 % et C obtient 6,5 %.

18. Citez les syndicats dont le taux d'audience satisfait au critère de représentativité.

Document 15 Le principe majoritaire

Dans l'entreprise, un accord pourra être valablement signé par le chef d'entreprise et les représentants syndicaux ayant recueilli plus de 50 % des suffrages lors des élections au CSE.
Si les représentants syndicaux ont obtenu entre 30 et 49,9 % des suffrages, l'accord pourra être signé s'il y a approbation des salariés à la majorité des suffrages exprimés.

19. Indiquez avec quel(s) syndicat(s) le chef d'entreprise de Fiabila pourrait valablement signer un accord d'entreprise portant sur l'égalité femmes/hommes si le syndicat A refusait de le signer.

20. Quelle serait cependant l'obligation supplémentaire ?

C La négociation d'entreprise en l'absence de délégué syndical

Document 16 Le référendum d'entreprise

Dans les TPE de moins de 11 salariés et en l'absence de délégué syndical, l'employeur soumet directement au vote des salariés le projet d'accord d'entreprise, qui devra recueillir la majorité des 2/3 des votes exprimés pour être valable.
Pour les entreprises comptant plus de 11 salariés dans lesquelles n'existerait pas de délégué syndical, les interlocuteurs habilités à mener des négociations sont : un élu titulaire d'un mandat syndical ou un salarié mandaté par une organisation syndicale, mais l'accord négocié devra être approuvé par référendum.

VIDÉO
La négociation collective dans les TPE/PME
www.lienmini.fr/8739-0906

21. Justifiez l'intérêt de ce dispositif pour les TPE.

Conclusion

Montrez que le rôle des partenaires sociaux est de permettre l'instauration d'un dialogue entre les salariés et les employeurs au niveau interprofessionnel, au niveau des branches et également au niveau des entreprises.

› Voir lexique CEJM, p. 237

Le rôle du droit négocié et des partenaires sociaux

1 Les différentes sources du droit du travail

A. Les sources législatives et les sources issues d'une négociation

Les différentes sources du droit du travail sont hiérarchisées ainsi :
– sources internationales : notamment le droit de l'Union européenne qui harmonise les règles sociales des États membres ;
– sources nationales : elles forment le droit du travail qui est le socle commun à toutes les entreprises exerçant sur le territoire ;
– sources non étatiques : particularité du droit du travail, ces sources comprennent notamment le droit négocié.

B. La hiérarchie des normes et le principe de faveur

Le principe de la hiérarchie des normes veut que la norme de niveau inférieur ne soit pas en contradiction avec la norme supérieure. En droit du travail, ce principe connaît une exception : en cas de conflit entre les normes, c'est la norme la plus favorable au salarié qui s'applique. C'est le principe de faveur.

C. L'affaiblissement du principe de faveur

Toutefois, des accords dérogatoires permettent aux accords d'entreprise de déroger à une convention collective même s'ils sont moins favorables pour les salariés. C'est le cas notamment des accords de performance collective qui permettent de répondre aux nécessités liées au fonctionnement de l'entreprise ou en vue de préserver ou de développer l'emploi.

2 Le rôle du droit négocié

Le droit négocié est constitué par l'ensemble des règles issues des négociations entre les partenaires sociaux qui permettent d'adapter le droit du travail aux conditions spécifiques d'une branche ou d'une entreprise. Tous les salariés bénéficient des avancées sociales issues des accords collectifs.

A. Les principaux accords collectifs

Les conventions collectives traitent des conditions d'emploi et de travail, de formation professionnelle et des garanties sociales d'une branche ou d'une entreprise.
Les accords d'entreprise permettent d'adapter les règles de droit aux besoins de l'entreprise.

B. Les obligations de l'entreprise en matière de négociation

Une négociation annuelle est désormais obligatoire sur trois thèmes du champ des conventions collectives : Rémunération, temps de travail et partage de la valeur ajoutée - Gestion des emplois et parcours professionnels - Égalité professionnelle femmes/hommes et qualité de vie au travail.

3 Les partenaires sociaux et leur rôle

A. Les différents partenaires sociaux

Ce sont les cinq organisations salariales représentatives (FO, CFDT, CFTC, CGT et CFE-CGC) et les trois organisations patronales représentatives : Medef, CPME et U2P.

B. La représentativité

Elle s'apprécie à partir de 7 critères : respect des valeurs républicaines, indépendance, transparence financière, ancienneté minimale de 2 ans, audience, influence, effectifs d'adhérents et cotisations. L'audience correspond au taux de voix obtenues aux élections nationales (8 %) ou en entreprise (10 % des suffrages exprimés à l'élection du CSE).

C. Le rôle des partenaires sociaux

Il est essentiellement de négocier et conclure des conventions et accords collectifs à différents niveaux et de défendre les intérêts des salariés et des entreprises.

L'essentiel — Retenir par l'image

Le rôle du droit négocié et des partenaires sociaux

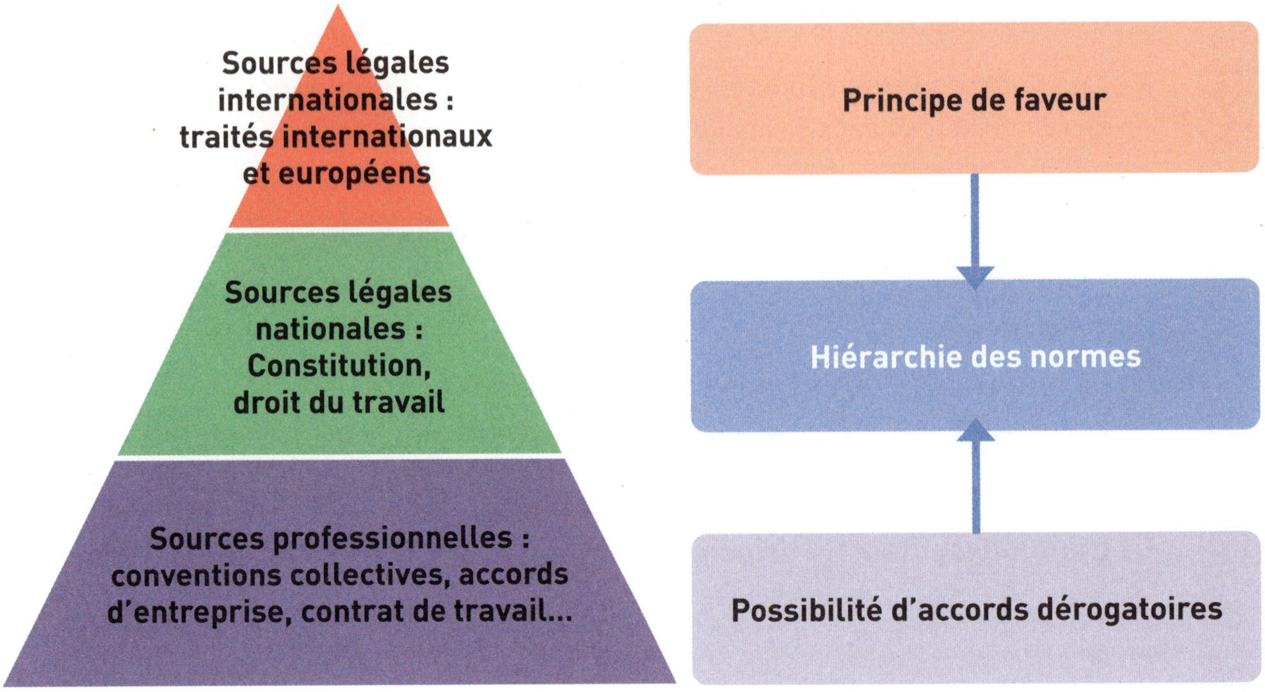

Rôle du droit négocié : adapter le droit du travail aux nécessités d'une branche ou d'une entreprise grâce à la négociation collective

Avec des **organisations syndicales représentatives** → Qui créent **un droit négocié** : conventions collectives et accords d'entreprise

Avec la **participation directe des salariés** dans les petites entreprises → Par l'introduction de la **négociation annuelle obligatoire** et du **référendum d'entreprise**

Mots-clés

- Accord collectif
- Audience
- Convention collective
- CSE
- Droit négocié
- Principe de faveur

> Voir lexique CEJM, p. 237

CHAPITRE 9

Pour vérifier ses acquis

1 QCM numérique

Scannez le QR Code ou saisissez le lien mini pour accéder à un QCM interactif.

www.lienmini.fr/8739-0907

2 L'évolution des salaires dans l'industrie textile

Armel Dupuis a été embauché le 15/01/N-2 en tant que cadre dans l'entreprise La Laine roubaisienne, en CDI, à l'issue d'une période d'essai de 4 mois.

1. **Déterminez à quelle date au plus tard il peut passer au coefficient 330.**
2. **Indiquez à quelles dates au plus tard il peut passer aux coefficients 360 et 400.**
3. **Armel Dupuis pourrait-il demander un salaire de 2 200 € en atteignant le coefficient 360 ?**

Grille des salaires dans l'industrie textile pour les cadres et ingénieurs

La convention collective des industries textiles propose une grille de salaires en fonction de la position et du coefficient de chaque salarié. La convention prévoit qu'un cadre débutant commence sa carrière au coefficient 300. Durant la deuxième année qui suit sa période d'essai, il passe au coefficient 330, avant d'atteindre le coefficient 360 la troisième année. Ce n'est qu'à la suite de cette période que l'employé deviendra un cadre confirmé, passant alors au niveau 400.

Poste occupé	Coefficient	Rémunération minimale mensuelle garantie brute
Débutants	300	1 778 €
	330	1 913 €
	360	2 053 €
Ingénieurs et cadres confirmés	400	2 238 €
	450	2 503 €
	500	2 789 €
	550	3 065 €
	600	3 344 €
	650	3 619 €
Positions supérieures	800	4 452 €

3 La hiérarchie des normes

- **Classez les sources de droit suivantes, de la norme la plus élevée à la moins élevée.**

Contrat de travail, accord d'entreprise, Constitution, Code du travail, convention collective, règlement intérieur d'entreprise

1 Entraînement en autonomie

★★★ COMPÉTENCE Identifier le rôle du droit négocié

Un accord qui divise les syndicats

1. Résumez le conflit social chez TotalEnergies, le géant pétrolier français.
2. Quels sont les syndicats parties prenantes dans ce conflit et leurs objectifs respectifs ?
3. Pourquoi le contenu de l'accord d'entreprise est-il qualifié de compromis ?
4. Que peut-on en déduire sur l'importance donnée aux accords ?

Annexe

Par voie de communiqué, la Confédération française démocratique du travail (CFDT) et la Confédération française de l'encadrement – Confédération générale des cadres (CFE-CGC) ont annoncé qu'elles sont parvenues à un accord sur les salaires, négocié dans la nuit de jeudi à vendredi, avec le géant pétrolier français.
Cet accord prévoit notamment une hausse de 7 % pour l'année 2023, rétroactive au 1er novembre, selon l'information confirmée par les deux syndicats et la direction de TotalEnergies. Celle-ci sera assortie d'une prime « partage de la valeur », dite « prime Macron » de 3 000 à 6 000 euros, qui sera versée en décembre.
« Cet accord est le fruit d'un compromis acceptable, même s'il ne répond pas à 100 % des revendications défendues par la CFDT dans la négociation », peut-on lire dans le communiqué du syndicat qui appelle « tout le monde à apaiser le climat ».
Pour sa part, la direction de TotalEnergies souligne que les deux syndicats représentent 56 % des salariés, et appelle, en conséquence, à la fin de la grève qui se poursuit dans cinq raffineries françaises du groupe pétrolier ainsi que dans plusieurs de ses dépôts de carburant. […] La CGT a refusé tout accord en dessous d'une revalorisation de 10 % et quitté la table des négociations dans la nuit. […] « Nous, on demande 10 % », une hausse qui correspond à « l'inflation plus le partage des richesses, puisque Total se porte bien et que les actionnaires ont été servis depuis longtemps », a expliqué le secrétaire général de la CGT au micro de *France Info*, ce vendredi matin.
Selon le ministère de la Transition énergétique, environ 29 % des stations-service sont concernées par des ruptures de stock, en conséquence du mouvement de grève qui agite le secteur énergétique français depuis trois semaines.

www.aa.com.tr, octobre 2022.

2 Faire le lien avec le stage/l'apprentissage

1. Identifiez la convention collective dont dépend votre entreprise.
2. Essayez de repérer le champ professionnel ou géographique de celle-ci.
3. Existe-t-il un comité social et économique (CSE) dans votre entreprise ? Comment se déroulent les élections des représentants au CSE ?

Pour préparer l'examen

Cas d'entreprise Scaramouche

COMPÉTENCES Identifier le rôle du droit négocié
Identifier le rôle des partenaires sociaux dans l'entreprise

Situation

Scaramouche est une entreprise spécialisée dans le commerce de matériel de pêche à la ligne : cannes, moulinets, leurres, mouches, paniers et vêtements divers. Après une période florissante, l'entreprise connaît aujourd'hui une baisse de son activité, ce qui se ressent sur l'ambiance générale, et des tensions se font sentir entre le directeur Armand Brême et les 9 salariés.
Ondine Silure est en charge des relations commerciales, et elle profite de votre présence au cours d'un stage pour vous demander d'éclaircir certains points de droit.

Mission 1 Les conventions collectives et leur champ d'application

Ondine Silure pense que l'entreprise dépend d'une convention collective, mais celle-ci n'apparaît sur aucun document. À partir du code NAF de l'entreprise (NAF 50-1Z), elle a déterminé que Scaramouche doit dépendre de la Convention collective nationale du commerce des articles de sport et d'équipements de loisirs du 26 juin 1989. Par ailleurs, elle sait que le chef d'entreprise n'adhère à aucune organisation syndicale patronale.

1. La convention collective s'applique-t-elle à l'entreprise Scaramouche ?
2. Quelle information devrait apparaître sur les documents remis aux salariés ?

Mission 2 Le contenu de la convention collective : la répartition du temps de travail

Marie Gardon travaille à mi-temps dans l'entreprise : elle a trois enfants scolarisés dans le primaire et au collège et souhaite ne pas travailler le mercredi.

3. Marie Gardon peut-elle demander à bénéficier des dispositions de la convention collective ?

Mission 3 La négociation d'un accord d'entreprise

Armand Brême, le chef d'entreprise, voudrait négocier un accord d'entreprise qui permettrait de renouveler une fois la période d'essai et ferait disparaître la possibilité de ne pas travailler le mercredi pour les mères de famille.

4. En l'absence de délégué syndical, comment peut-il mettre en place un accord d'entreprise ?
5. Armand Brême peut-il négocier les changements qu'il envisage dans un accord d'entreprise, par exemple un accord de performance collective ? Que devra-t-il avancer comme arguments ?

Annexe 1

Le champ d'application d'une convention collective

C'est l'activité principale de votre entreprise qui constitue le critère d'application de la convention collective. Pour cela, il faut faire une recherche à partir du code APE (NAF) délivré par l'Insee.
La convention collective s'applique obligatoirement dans deux cas de figure :
• si la convention a été étendue à votre activité par arrêté du ministère chargé du travail ;
• si votre entreprise adhère à l'organisation patronale signataire en l'absence d'arrêté d'extension national.

Annexe 2

Code du travail - Article R.3243-1

La convention collective applicable au salarié doit être mentionnée sur son bulletin de salaire.

Annexe 3

CCN du commerce des articles de sport et d'équipements de loisirs

Étendue par arrêté du 11 octobre 1989, *JORF* 21 octobre 1989
IDCC : 1557 - Codes NAF 50-1Z et 52-4W
Signataires
• Organisations d'employeurs :
Fédération nationale du commerce des articles de sport et de loisirs ; Chambre syndicale nationale des distributeurs de caravanes, autocaravanes et maisons mobiles ; Chambre syndicale nationale des armuriers et des commerçants détaillants en armes et munitions ; Chambre syndicale nationale des marchands détaillants d'articles de pêche de France.
• Organisations syndicales des salariés :
Fédération des employés et cadres CGT-FO ; Fédération des services CFDT ; FNECS-SNCCD-CGC ; CFTC-FECTAM.

Annexe 4

CCN du commerce des articles de sport et d'équipements de loisirs - Article 36 Période d'essai (extrait)

La durée maximale de la période d'essai est de :
– 2 mois pour les employés ;
– 3 mois pour les agents de maîtrise.
Quelle que soit la durée de la période d'essai initiale, elle ne peut pas être renouvelée.
Pendant la période d'essai, les parties sont libres de se séparer sans motif ni indemnité, en respectant le cas échéant les délais de prévenance prévus par la loi.

Annexe 5

CCN du commerce des articles de sport et d'équipements de loisirs - Article 39 Personnel à temps partiel (extrait)

Les salariés employés à temps partiel bénéficieront des droits reconnus aux salariés à temps complet par la loi, les conventions et les accords collectifs d'entreprise.

Annexe 6

CCN du commerce des articles de sport et d'équipements de loisirs - Article 40 Répartition de la durée hebdomadaire du travail

La durée hebdomadaire du travail pour les salariés employés sur la base de 39 heures de travail effectif par semaine devra être répartie selon la modalité suivante :
– répartition égale ou inégale entre 5 jours ouvrables afin de permettre le repos d'une journée par semaine en plus du jour de repos dominical ;
– en principe, le deuxième jour de repos sera accolé au dimanche. Toutefois, à la demande écrite du salarié ayant des enfants scolarisés, ce jour de repos pourra être le mercredi.

Annexe 7

L'accord de performance collective : les conditions de validité

En présence d'un délégué syndical dans l'entreprise, l'accord de performance collective doit être signé par l'employeur et le délégué syndical (ou les délégués syndicaux). Le projet d'accord est soumis à la consultation des salariés. Il est validé s'il est approuvé par la majorité des salariés.
Dans les entreprises de moins de 11 salariés, l'employeur soumet son projet d'accord à la consultation des salariés et celui-ci est validé s'il est approuvé par la majorité des 2/3 des salariés.

Annexe 8

L'accord de performance collective : le contenu

Le contenu de l'accord peut prévoir des clauses contraires et incompatibles avec le contrat de travail initial du salarié : baisse de salaire, horaires différents, aménagement du temps de travail… Les stipulations de l'accord s'imposent au salarié s'il ne manifeste pas son refus de modification de son contrat de travail. En cas de refus, le salarié pourra faire l'objet d'un licenciement pour cause réelle et sérieuse. Cependant, l'accord doit expliquer en préambule en quoi les modifications et aménagements apportés permettent de répondre aux nécessités liées au fonctionnement de l'entreprise ou en vue de préserver ou de développer l'emploi.

CHAPITRE 10

Le contrat de travail et son évolution

COMPÉTENCES

- Analyser un contrat de travail et justifier les clauses de ce contrat au regard des besoins de l'entreprise et des salariés
- Qualifier une modification ou une rupture du rapport d'emploi et en déduire les conséquences juridiques

SAVOIRS ASSOCIÉS

- Les régimes juridiques du salarié et du travailleur indépendant
- Les contrats de travail
- Les modifications du rapport d'emploi
- Les modes de rupture du rapport d'emploi

Situation professionnelle

En 2019, le groupe PSA* comptait 208 780 salariés en contrat à durée indéterminée et 18 554 en contrat à durée déterminée, contrat d'intérim, contrats de professionnalisation et alternance. Selon les statistiques de l'Insee en France, la part de l'emploi en CDD s'élève à 12,32 % de l'emploi salarié.

PSA vient de lancer une campagne de recrutement d'agents de fabrication industrielle en contrat de professionnalisation : 160 postes sont à pourvoir. Les contrats de professionnalisation d'une durée de 12 mois permettent à PSA de monter rapidement des équipes pour produire de manière temporaire. PSA est donc plus réactif face au marché.

Ces salariés intégreront les équipes en place et seront payés au Smic. « Ils gagnent autant qu'un intérimaire sans les indemnités de fin de mission », indique un responsable RH qui précise que lors de grandes campagnes de recrutement en CDI, « 60 à 70 % des personnes sont issues de ce type de contrat ».

* L'entité Stellantis est née de la fusion des groupes PSA et Fiat Chrysler en janvier 2021.

VIDÉO

Le contrat de travail est-il obligatoire ?

www.lienmini.fr/8739-1001

Découvrir les problématiques du chapitre

1 Quelle est la proportion de salariés en contrat à durée indéterminée chez PSA ?

2 Quel intérêt présente pour PSA le fait de recourir à d'autres types de contrats ?

Activité 1 Analyser le régime juridique du salarié et les obligations naissant du contrat de travail

A Distinguer les régimes juridiques du salarié et du travailleur indépendant

Document 1 Les statuts du salarié et du travailleur indépendant

Travailleur indépendant	Travailleur salarié
Un travailleur indépendant (artisan, profession libérale, commerçant, chef d'entreprise) travaille pour son propre compte, dans son propre intérêt et sans recevoir de directives. Il est autonome dans la gestion de son organisation. Il a le choix de ses clients et de la tarification de ses prestations.	Un salarié met sa force de travail (intellectuelle et/ou manuelle) à la disposition d'un employeur qui peut lui donner des directives, contrôler l'exécution du travail et sanctionner les manquements. Il est lié par un lien de subordination à l'employeur. La relation entre un travailleur salarié et un employeur est régie par un contrat de travail.

1. Quels sont à votre avis les avantages et les inconvénients du travail indépendant ?

2. Un travailleur indépendant doit-il signer un contrat de travail ?

Document 2 Des coursiers sous surveillance

La société Take It Easy met en relation *via* une plateforme Web et une application, des restaurateurs, des clients et des livreurs à vélo. M. B s'est inscrit en qualité de livreur auto-entrepreneur et a conclu un contrat de prestation de service avec la société Take It Easy. Quelques mois plus tard, la société est mise en liquidation judiciaire. M. B demande la requalification de son contrat en contrat de travail.

La Cour de cassation donne raison à M. B : l'existence d'une relation de travail ne dépend ni de la volonté exprimée par les parties, ni de la dénomination qu'elles ont donnée à leur convention, mais des conditions de fait dans lesquelles est exercée l'activité des travailleurs. L'application était dotée d'un système de géolocalisation permettant le suivi en temps réel par la société de la position du coursier et la comptabilisation du nombre total de kilomètres parcourus ; en outre, la société disposait d'un pouvoir de sanction à l'égard du coursier.

D'après Arrêt n° 1737 du 28 novembre 2018, Cour de cassation, chambre sociale.

3. Indiquez si M. B bénéficiait des avantages d'autonomie et d'indépendance du travailleur indépendant.

4. Expliquez les éléments retenus par la Cour de cassation pour requalifier le contrat.

5. Comment le développement des outils numériques contribue-t-il à créer de « faux » travailleurs indépendants ?

B Déterminer les conditions de validité d'un contrat de travail

Document 3 Le contrat de travail

Un contrat de travail existe dès qu'une personne s'engage à travailler, moyennant rémunération, pour le compte et sous la direction d'une autre personne
Le contrat de travail peut exister en dehors de tout écrit : il s'agit alors d'un contrat à durée indéterminée (CDI) et à temps complet. Tous les autres types de contrats sont dits contrats dérogatoires ou encore précaires (contrats à temps partiel, contrats à durée déterminée – CDD – ou contrats de travail temporaire – CTT) et doivent obligatoirement faire l'objet d'un écrit. À défaut, de tels contrats pourraient être requalifiés en CDI par le juge.

6. Rappelez les trois éléments du contrat de travail.

C Identifier les obligations des parties

Document 4 Extraits d'un contrat de travail à durée déterminée

Article 2 Engagement
Mme X est engagée par la société ProxiMasc en qualité d'assistante logistique, sous réserve des résultats de la visite médicale d'embauche.

Article 3 Objet et durée du contrat
La société devant faire face à un surcroît temporaire d'activité lié à une augmentation de la demande en produits de protection individuelle, Mme X est engagée en vue d'accomplir la tâche suivante : réception et expédition de commandes.
Le contrat prend effet le 1/05/N, pour une durée de 6 mois, et se termine donc le 31/10/N. Ce contrat pourra être renouvelé deux fois par accord entre les parties.

Article 6 Rémunération
En contrepartie de son travail, Mme X percevra une rémunération mensuelle brute de 1 780 € pour 151,67 heures de travail.

Article 5 Obligations du salarié
Mme X s'engage pendant la durée de son contrat à respecter les instructions et directives qui pourront lui être données par son supérieur hiérarchique ou la direction, et à se conformer aux règles régissant le fonctionnement de la société et notamment le règlement intérieur.

Document 5 Les obligations découlant du contrat de travail

Comme tout contrat, le contrat de travail doit être exécuté de bonne foi. Cependant, d'autres obligations particulières découlent de la relation contractuelle née du contrat de travail :

- L'employeur doit fournir le travail convenu et les moyens nécessaires pour le réaliser, verser le salaire correspondant au travail, respecter les autres éléments prévus dans le contrat, respecter la réglementation du travail et la convention collective dont il relève.
- Le salarié doit réaliser le travail demandé – personnellement et conformément aux instructions –, respecter les engagements précisés dans les clauses du contrat et notamment la durée du temps du travail, respecter le règlement intérieur et s'abstenir de toute concurrence déloyale à l'égard de son employeur.

7. Relevez les éléments du contrat de travail du document 4 correspondant aux obligations du salarié.

8. Indiquez quelles sont les obligations de l'employeur.

Conclusion

Montrez que l'existence d'un contrat de travail ne dépend pas seulement de la volonté des parties mais des conditions de fait dans lesquelles s'exerce l'activité. > Voir lexique CEJM, p. 237

Activité 2 Analyser un contrat de travail et justifier les différentes clauses

A Les différents types de contrats de travail

Document 6 Le CDI et les contrats dérogatoires

Contrat de droit commun	Contrats dérogatoires
• **CDI (contrat à durée indéterminée) :** il prend fin par accord conjoint des parties, ou à la suite de la démission ou du licenciement du salarié.	• **CDD (contrat à durée déterminée) :** il ne peut être conclu que pour l'exécution d'une tâche précise et temporaire : remplacement d'un salarié absent, attente de la prise de fonction d'un nouveau salarié, accroissement temporaire de l'activité de l'entreprise, travaux urgents. • **CTT (contrat de travail temporaire) ou mission d'intérim :** mêmes cas de recours que pour le CDD.

Tous les contrats, qu'il s'agisse de CDD ou de CDI, peuvent être à temps partiel, c'est-à-dire d'une durée inférieure à la durée légale ou à la durée conventionnelle de l'entreprise.

9. **Pourquoi le CDI est-il le contrat privilégié par le législateur ?**
10. **Expliquez pourquoi le CDD et le CTT sont qualifiés de contrats « dérogatoires ».**
11. **Dans quels cas les entreprises ont-elles recours aux contrats dérogatoires ?**
12. **Pourquoi les contrats dérogatoires doivent-ils être obligatoirement écrits ?**

Document 7 Des fausses notes dans le contrat

Un violoniste est embauché à plusieurs reprises en CDD dans l'orchestre de la ville de Mulhouse pour des motifs divers : remplacement de musiciens pour maladie, en congés ou pour occuper un poste vacant dans l'attente d'un recrutement par concours.

Il demande que son CDD soit requalifié en CDI. Or le recrutement d'un musicien en CDI doit, selon le statut du personnel artistique de l'orchestre, s'effectuer par concours.
La Cour de cassation retiendra qu'est réputé à durée indéterminée, le CDD conclu pour assurer le remplacement d'un salarié qui ne comporte ni le nom ni la qualification du salarié remplacé, et qu'un employeur n'est pas autorisé à recourir à un CDD pour pourvoir un emploi lié à l'activité normale et permanente de l'entreprise dans l'attente du recrutement du titulaire du poste.

D'après Arrêt n° 71 du 15 janvier 2020 (18-16.399), Cour de cassation, chambre sociale.

13. **Le violoniste a-t-il pu intégrer l'orchestre sans passer le concours ?**
14. **Quels sont les motifs justifiant la requalification du CDD en CDI ?**

B Les clauses d'un contrat de travail

Document 8 Les clauses du contrat de travail

Le contrat de travail doit permettre d'identifier les parties au contrat, la fonction exercée, la durée du contrat, le lieu de travail et la rémunération due en contrepartie du travail. Ces éléments indispensables à tout contrat de travail sont souvent complétés de clauses particulières qui ont pour objet de faire accepter par le salarié d'éventuels changements ultérieurs, par exemple un changement de lieu de travail. Ces clauses permettent aussi de ménager les besoins et impératifs de l'entreprise, notamment en matière de secret professionnel.

Document 9 Les limites à la liberté contractuelle

Nul ne peut apporter aux droits des personnes et aux libertés individuelles et collectives de restrictions qui ne seraient pas justifiées par la nature de la tâche à accomplir ni proportionnées au but recherché.

15. Indiquez quelles sont les limites posées par le législateur à la liberté contractuelle.

Document 10 Les objectifs recherchés par les clauses particulières d'un contrat de travail

La **période d'essai** a pour but de permettre l'appréciation des qualités du salarié. Elle permet aux parties de mettre fin au contrat pendant la période d'essai sans avoir à justifier d'un motif.

Clause de confidentialité
Elle interdit au salarié de divulguer certaines informations qui lui ont été communiquées pendant son travail. Pour être valable, elle doit remplir certaines conditions :
- figurer dans le contrat de travail ;
- justifier de son existence (protection des intérêts de l'entreprise et nature des fonctions du salarié) ;
- lister précisément les informations à ne pas révéler ;
- respecter les éventuelles conditions posées par la convention collective.

www.saisirprudhommes.com

Une clause de mobilité est une disposition prévue dans le contrat de travail ou la convention collective. Elle prévoit que le salarié accepte, à l'avance, que son lieu de travail puisse être modifié. Cette mutation s'impose au salarié, mais doit répondre à un besoin réel et objectif de l'entreprise.
La clause de mobilité doit définir de façon précise la zone géographique d'application. Son étendue varie selon les fonctions exercées par le salarié.

La **clause de non-concurrence** interdit au salarié, après la rupture de son contrat, d'exercer une activité qui porterait préjudice à son ancien employeur. Elle doit impérativement figurer dans le contrat de travail du salarié. Elle doit être limitée dans le temps et l'espace, tenir compte des spécificités de l'emploi du salarié, être indispensable à la protection des intérêts légitimes de l'employeur et comporter une contrepartie financière non dérisoire.

16. Identifiez les objectifs recherchés et les intérêts protégés dans ces différentes clauses.

17. Pourquoi faut-il prévoir une contrepartie financière dans le cas d'une clause de non-concurrence ?

Conclusion

Montrez que le droit du travail encadre la relation de travail entre l'employeur et le salarié et vise à protéger le salarié de bonne foi tout en répondant aux besoins de l'entreprise.

> Voir lexique CEJM, p. 237

Activité 3 Identifier les changements dans un rapport d'emploi

A Les changements dans le travail du salarié

Document 11 Différence entre modification du contrat et changement des conditions de travail

Modification du contrat de travail	Changement des conditions de travail
Porte sur un élément essentiel de la relation employeur-salarié : durée du travail et lieu du travail, fonction, rémunération.	Porte sur un élément accessoire du contrat de travail : aménagement des horaires, heures supplémentaires.
Doit être nécessairement acceptée par les deux parties.	Peut être imposé par l'employeur sauf : motif discriminatoire ou atteinte excessive aux droits du salarié.
Le salarié qui refuse peut soit demander le maintien de ses conditions de travail, soit faire constater qu'il s'agit d'un licenciement sans cause réelle et sérieuse.	Le refus du salarié peut être sanctionné par un licenciement pour faute.

18. Énoncez le critère qui différencie ces deux changements.

Document 12 Le changement de lieu de travail

L'activité de vente sur Internet d'un fleuriste installé à Nantes est cédée à une autre entreprise exerçant la même activité. Celle-ci propose aux salariés de transférer leur lieu de travail à Orléans, ce qu'ils refusent. Le nouvel employeur justifie ce transfert par son souci de pérenniser la branche d'activité rachetée. Le licenciement sera prononcé pour motif économique.

19. Le changement de lieu de travail entraîne-t-il une modification du contrat de travail ?

20. Justifiez le choix du licenciement pour motif économique.

Document 13 Passage au télétravail : faut-il modifier le contrat de travail ?

Le télétravail n'impose pas une modification du contrat de travail : il peut être mis en place par simple accord avec le salarié, par accord collectif d'entreprise ou par une simple charte.

VIDÉO
Le télétravail mode d'emploi
www.lienmini.fr/8739-1002

21. Le télétravail porte-t-il sur un élément essentiel du contrat de travail ?

22. Indiquez les différentes procédures pour mettre en place le télétravail.

23. Le salarié peut-il refuser le télétravail ?

B Les changements dans la situation juridique de l'employeur

Document 14 Le principe du maintien des contrats de travail

Selon le Code du travail, lorsqu'une entreprise est vendue ou transférée vers une autre structure, notamment en cas de vente, de fusion ou encore de succession, la nouvelle structure est tenue de reprendre les contrats de travail des salariés présents dans l'entreprise à la date du transfert. Les contrats de travail sont transférés sans formalités particulières et se poursuivent aux mêmes conditions : salaire, qualification, ancienneté…

24. Identifiez la partie protégée par ce maintien du contrat.

Conclusion

Montrez que le contrat de travail peut et doit évoluer pour permettre à l'entreprise de s'adapter aux contraintes économiques.

› Voir lexique CEJM, p. 237

Activité 4 Identifier les modes de rupture du rapport d'emploi

A La rupture à l'initiative du salarié

Document 15 La démission et le départ à la retraite

• Un salarié peut rompre son CDI en exprimant de manière claire et non équivoque sa volonté de démissionner. Ceci peut être fait par écrit (ce qui est préférable) ou oralement. La rupture n'interviendra qu'à la fin du préavis éventuellement prévu par la convention collective ou le contrat de travail. La démission ne donne pas droit à indemnisation ni aux allocations chômage, sauf dans les cas considérés comme légitimes : changement de résidence, création d'entreprise… La démission ne doit pas être abusive, c'est-à-dire prise dans l'intention de nuire à l'employeur.
• Le départ à la retraite résulte d'une manifestation de volonté claire de la part du salarié de rompre le contrat pour bénéficier d'une pension de retraite.

Document 16 Une démission contrainte

Une salariée signe une lettre de démission qu'elle remet à son employeur, puis se rétracte quelques jours après. Cette démission signée dans un contexte de grande fatigue, alors que l'employeur menaçait de porter plainte contre elle, a pu être considérée comme ne procédant pas d'une volonté libre, consciente, claire et non équivoque.

D'après Arrêt n° 17-26.794 du 23 janvier 2019, Cour de cassation, chambre sociale.

25. Indiquez si les conditions sont réunies pour que la démission de cette salariée soit valable.

26. Comment cette démission a-t-elle pu être requalifiée ?

27. Justifiez l'intérêt de la salariée à demander cette requalification.

B La rupture par volonté conjointe des parties : la rupture conventionnelle

Document 17 Un mode de rupture à l'amiable

La rupture conventionnelle permet à un employeur et un salarié en CDI de convenir des conditions de la rupture du contrat de travail qui les lie. Les conditions de cette rupture doivent suivre une procédure légale, et une convention doit être rédigée et validée par la Direccte. Elle ouvre droit à une indemnité de rupture et le salarié peut prétendre aux allocations chômage.

Document 18 Une rupture exempte de vice du consentement

Mme X demande à son employeur qui accède à sa demande, la conclusion d'une convention de rupture. Puis se ravisant, elle fait valoir qu'elle était victime de harcèlement moral de la part de son employeur. Le juge a estimé que le harcèlement moral, même avéré, n'avait pas eu de conséquence sur le consentement de la salariée et que par conséquent, la convention de rupture restait valide.

28. Indiquez quel était sans doute le vice du consentement invoqué par Mme X.

29. Pourquoi le juge a-t-il estimé que la convention restait valide ?

Document 19 La rupture conventionnelle collective (RCC)

La rupture conventionnelle collective est un départ volontaire de tout ou partie des salariés en échange de garanties prévues dans un accord collectif : indemnités légales équivalentes à celles du licenciement économique, droit à l'allocation de retour à l'emploi… Elle repose sur le volontariat des salariés. L'accord peut être conclu quel que soit l'effectif de l'entreprise, que l'entreprise connaisse ou non des difficultés économiques, et quel que soit le nombre de départs envisagés.

30. Quel intérêt présente pour l'employeur le recours à la RCC ?

C La rupture à l'initiative de l'employeur : le licenciement

Document 20 Les différents modes de licenciement

Le licenciement est une décision prise par un employeur de mettre fin au contrat de travail de manière unilatérale.

<table>
<tr><th colspan="5">Le licenciement peut être</th></tr>
<tr><td colspan="2">Pour motif personnel, tenant à la personne du salarié et reposant sur une cause réelle et sérieuse. En l'absence de cause réelle et sérieuse, le licenciement pourrait être qualifié de licenciement abusif.</td><td colspan="3">Pour motif économique, c'est-à-dire justifié par des modifications économiques ou technologiques, une réorganisation de l'entreprise ou encore la cessation d'activité.</td></tr>
<tr><td>Pour motif disciplinaire
• Faute simple
• Faute grave
• Faute lourde</td><td>Pour motif non disciplinaire
• Inaptitude physique
• Insuffisance professionnelle</td><td>Licenciement individuel</td><td>Licenciement collectif</td><td>Plan de sauvegarde de l'emploi : dans les entreprises de plus de 50 salariés, il propose des actions visant à faciliter le reclassement des salariés pour limiter le nombre de licenciements.</td></tr>
</table>

Document 21 Le licenciement pour motif personnel

En vertu de son contrat de travail, un basketteur professionnel devait, en cas de blessure, suivre des soins de façon à restaurer ses capacités physiques. Or, à la suite d'un accident du travail, le salarié ne s'est pas rendu aux séances de kinésithérapie prescrites par son médecin traitant. Le licenciement pour faute grave a été retenu pour manquement à son obligation de loyauté.

31. Indiquez le motif, disciplinaire ou non disciplinaire, du licenciement.

Document 22 La cessation d'activité d'un restaurant

Un restaurant dont le bail commercial n'est pas renouvelé doit cesser son activité. Un employé est alors licencié pour raison économique. Mais celui-ci estime que son licenciement est abusif. La cour d'appel a admis la qualification de licenciement économique.

32. Déterminez quel est le motif économique du licenciement.

Document 23 Un plan de sauvegarde chez Sodexo

Leader français de la restauration collective, Sodexo a élaboré un plan de sauvegarde de l'emploi (PSE) en France qui impliquerait la suppression nette de 2 083 postes. « Sodexo a la volonté de mettre en œuvre toutes les mesures de maintien dans l'emploi pour ses collaborateurs et ainsi de limiter l'impact de ces réorganisations, notamment grâce à un projet de soutien à la mobilité de ses salariés sur la base du volontariat, en élargissant les choix qui s'offriront à eux dans toutes les autres activités du groupe en France (plus de 600 postes disponibles à ce jour en France) », indique le groupe.

33. Relevez les actions envisagées par Sodexo pour limiter les licenciements.

Conclusion

Montrez que le droit du travail vise à protéger le salarié contre le licenciement abusif, mais n'exclut pas pour autant toute possibilité de licencier.

> Voir lexique CEJM, p. 237

Le contrat de travail et son évolution

1 Le contrat de travail

Le contrat de travail est une convention par laquelle une personne, le salarié, s'engage à travailler pour le compte et sous la direction d'une autre, l'employeur, contre rémunération.

A. Caractéristiques du contrat de travail

Travailleur indépendant et travailleur salarié ont des régimes statutaires différents : le premier travaille pour son propre compte de manière autonome et gère sa clientèle. Le second travaille pour un employeur qui a sur lui un pouvoir de direction, de contrôle et de sanction. Le critère principal permettant de distinguer les deux statuts est donc le lien de subordination.
Le contrat de travail est soumis aux mêmes conditions de validité que les contrats de droit commun : absence de vice du consentement, capacité à contracter et objet licite et moral.

B. Les différents types de contrats de travail

Le CDI et le contrat de droit commun qui s'applique par défaut si les conditions de validité des contrats dérogatoires ne sont pas remplies. Tous les autres contrats sont dits dérogatoires ou précaires (CDD et CTT).
Certaines clauses peuvent être insérées dans le contrat de travail : clause de mobilité, de non-concurrence, de confidentialité, période d'essai. Elles doivent être justifiées par l'intérêt et les besoins de l'entreprise et ne doivent pas être utilisées de manière abusive.

2 Les modifications au cours de la vie du contrat

A. Les modifications des obligations du salarié

– Changements des conditions de travail : ils portent sur un élément accessoire du contrat et relèvent du pouvoir de direction de l'employeur s'ils ne sont pas utilisés de manière abusive.
– Modifications du contrat de travail : elles portent sur un élément essentiel du contrat (durée, lieu du travail, fonctions ou rémunération) et doivent répondre à des motifs économiques.

B. Les modifications dans la situation juridique de l'employeur

En cas de vente, fusion, succession dans l'entreprise, le droit du travail impose, dans l'intérêt des salariés, le maintien des contrats de travail qui vont donc se poursuivre avec le nouvel employeur.

3 La rupture du contrat de travail

A. Provoquée par le salarié

Il s'agit alors d'une démission qui prive le salarié d'indemnités de licenciement et n'ouvre pas, sauf en cas de démission considérée comme légitime, de droits aux allocations chômage.
Le départ à la retraite entraîne également la fin du contrat de travail à l'initiative du salarié.

B. Provoquée par l'employeur

Le licenciement peut se faire :
– pour motif personnel, c'est-à-dire tenant à la personne du salarié : insuffisance professionnelle ou incapacité physique (motif non fautif), ou faute (simple, grave ou lourde) ;
– pour motif économique : c'est-à-dire pour un motif ne tenant pas à la personne du salarié mais tenant à la suppression ou à la transformation de l'emploi du salarié.
Le plan de sauvegarde de l'emploi (PSE) est un dispositif qui prévoit diverses mesures (notamment de reclassement) dans le but d'éviter ou de limiter les licenciements pour motif économique dans l'entreprise.

C. Provoquée de manière conjointe par le salarié et l'employeur

La rupture conventionnelle individuelle ou collective est une procédure par laquelle un employeur et un (ou des) salarié(s) conviennent ensemble des conditions de la rupture d'un CDI. Elle ouvre droit à une indemnité spécifique de rupture et aux allocations chômage.

Le contrat de travail et son évolution

Le lien de subordination permet de distinguer

- **Le travail indépendant**
  (artisan, chef d'entreprise, profession libérale, auto-entrepreneur)
- **Le travail salarié**
  Le salarié exécute un travail et suit des directives

Il se concrétise par un contrat de travail qui respecte

- **Les conditions de validité de tout contrat :**
  Absence de vice du consentement
  Capacité des parties
  Caractère licite et moral
- **Des conditions de validité en cas de recours à un contrat dérogatoire (CDD, CTT) :**
  obligation d'un écrit
- **Des clauses particulières dictées par les besoins de l'entreprise :**
  mobilité, non-concurrence, confidentialité, période d'essai

Des changements peuvent intervenir

- **Dans le travail du salarié**
  En raison de changements des conditions du travail
  En raison de modifications du contrat de travail
- **Dans la situation juridique de l'employeur**
  Liquidation judiciaire
  Vente de l'entreprise

Le rapport d'emploi peut être rompu

- **Par le salarié**
  Démission
  Retraite
- **Par l'employeur**
  Licenciement pour motif personnel
  Licenciement pour motif économique
  Plan de sauvegarde de l'emploi
- **Par volonté conjointe**
  Rupture conventionnelle

Mots-clés

- CDD
- CDI
- Contrat de travail
- Contrats dérogatoires
- CTT
- Démission
- Licenciement
- Lien de subordination
- PSE
- Rupture conventionnelle
- Travailleur indépendant

> Voir lexique CEJM, p. 237

CHAPITRE 10 Pour vérifier ses acquis

1 QCM numérique

Scannez le QR Code ou saisissez le lien mini pour accéder à un QCM interactif.

www.lienmini.fr/8739-1004

2 Le choix d'un type de contrat

• **Indiquez quel type de contrat peut être utilisé dans chaque situation : CDI, CDD, CTT (plusieurs réponses sont possibles).**

Situations	Contrat(s)
Remplacement d'une salariée en congé maternité	
Remplacement d'un salarié qui prend sa retraite	
Travail de 5 mois dans un restaurant de station de ski	
Travail sur un chantier de construction de barrage	
Exécution de travaux exposant à des agents chimiques dangereux	
Renfort des équipes d'une entreprise de déménagement qui connaît une augmentation temporaire de la demande	

3 Un licenciement contesté

Une salariée, embauchée dans le service Prospection et fidélisation de la clientèle d'une association de services à la personne, fait l'objet d'un licenciement en raison de ses absences pour maladie, nombreuses et prolongées (la dernière ayant duré 7 mois). L'association a dû embaucher une autre personne pour assurer le travail de prospection de la clientèle qui est essentiel pour son activité. La salariée conteste son licenciement qu'elle estime sans cause réelle et sérieuse.

1 **Indiquez la qualification du licenciement demandé par l'employeur.**

2 **Analysez la situation et indiquez si, à votre avis, le licenciement pourra être validé.**

> Par principe, l'employeur ne peut pas licencier un salarié au motif de son état de santé (sauf inaptitude constatée par le médecin du travail). Toutefois, le salarié qui perturbe le bon fonctionnement de l'entreprise par une absence prolongée ou des absences répétées pourra être licencié. Ces perturbations doivent obligatoirement entraîner pour l'employeur la nécessité de remplacer définitivement le salarié malade.

4 Changement des conditions de travail ou modification du contrat ?

• **Y a-t-il une modification du contrat de travail ou un changement des conditions de travail dans les situations suivantes ?**

Situations	Changement des conditions de travail	Modification du contrat
Modification du lieu de travail à l'intérieur d'une même zone géographique		
Déplacements occasionnels et/ou temporaires liés aux fonctions du salarié		
Affectation du salarié à un nouveau poste sans impact sur sa rémunération et sa qualification		
Passage d'un horaire de jour à un horaire de nuit (ou l'inverse)		
Modification des tâches du salarié dans son domaine de compétence		
Modification du temps de travail		

1 Entraînement guidé Un DPO chez Prolab19

★ COMPÉTENCE Analyser un contrat de travail et justifier les clauses de ce contrat au regard des besoins de l'entreprise et des salariés

Situation

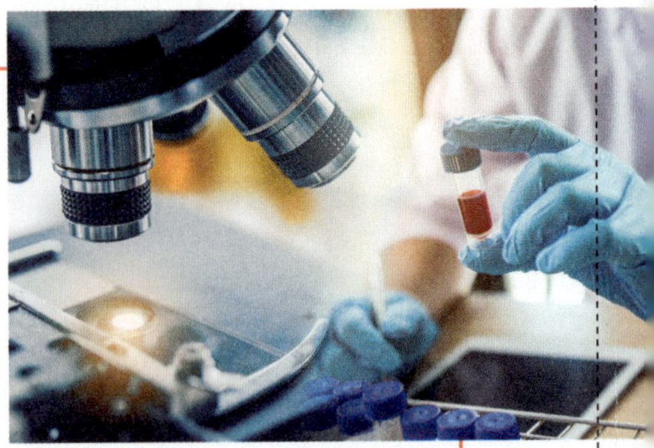

Prolab19 est un laboratoire d'analyses médicales. Depuis quelques mois, une forte augmentation de la demande d'analyses le conduit à traiter les données personnelles de nombreux patients.

M. Quino, directeur du laboratoire, estime qu'il doit désigner un DPO (délégué à la protection des données personnelles) mais s'interroge sur la possibilité d'embaucher temporairement un salarié qui aura pour mission de mettre en place les outils de mise en conformité de l'entreprise au regard du RGPD (Règlement général sur la protection des données).

Quel contrat de travail peut-il proposer au futur titulaire du poste : CDD ou CDI ?

Il craint qu'en raison de la relative nouveauté de cette fonction, il ne trouve pas facilement le candidat idéal, car il s'agit d'un poste de cadre ayant une double formation, juridique et informatique. C'est pourquoi il souhaite s'assurer de ses compétences en introduisant dans le contrat de travail une période d'essai de 3 mois renouvelable une fois. Il souhaite également introduire une clause de confidentialité en raison de la sensibilité du poste.

Questions guidées

1 **Indiquez** les conditions de recours aux deux contrats de travail envisagés (annexe 1).

> **Type de question :** question de connaissance qui consiste à définir une notion et ses principaux aspects.

> **Notion mobilisée :** différents types de contrats de travail (p. 138)

→ **Ce que le correcteur attend**

1. Rappelez les caractéristiques du CDD et du CDI.
2. Identifiez si les conditions d'embauche en CDD sont réunies.

2 **Analysez** le contenu des clauses particulières envisagées par M. Quino (annexes 2 à 4).

> **Type de question :** question d'analyse qui consiste à extraire des informations et à appliquer ses connaissances à une situation particulière.

> **Notion mobilisée :** clauses d'un contrat de travail (p. 139)

→ **Ce que le correcteur attend**

1. Indiquez si la clause de période d'essai est compatible avec les contrats.
2. Indiquez si la clause de confidentialité peut être incluse dans chacun des contrats.

3 **Proposez** un choix de contrat de travail.

> **Type de question :** question de réflexion qui consiste à proposer une argumentation pour prouver une proposition.

> **Notion mobilisée :** différents types de contrats de travail (p. 138)

→ **Ce que le correcteur attend**

1. Synthétisez les possibilités pour chaque option : CDD ou CDI.
2. Conseillez au chef d'entreprise la solution qui vous semble la plus adaptée.

Annexe 1

Quels sont les cas de recours au CDD ?

Un employeur ne peut recourir au CDD que dans certains cas prévus par le Code du travail :

- Pour remplacer :
  - un salarié en congé maternité, en congé maladie ou en congé parental ;
  - un salarié qui a temporairement demandé à travailler à temps partiel ;
  - un ancien salarié qui a quitté la société, jusqu'à ce que son poste soit supprimé.
- Dans l'attente de l'entrée en service d'un salarié sous contrat à durée indéterminée.
- Pour faire face un pic temporaire d'activité
- Pour pourvoir un emploi saisonnier
- Pour engager une personne affectée à la réalisation d'une tâche précise et bien définie. Ce type de contrat n'est cependant possible que pour les cadres et les ingénieurs. Il doit être établi en respectant les délais légaux suivants :
  - Durée minimale de 18 mois ;
  - Durée maximale de 36 mois.

Annexe 2

Convention collective nationale des laboratoires de biologie médicale extra-hospitaliers (extraits)

Article 8

Le contrat de travail à durée indéterminée peut comporter une période d'essai dont la durée maximale est de :

- 2 mois pour le personnel non cadre ;
- 4 mois pour les cadres.

La période d'essai permet à l'employeur d'évaluer les compétences du salarié dans son travail, notamment au regard de son expérience, et au salarié d'apprécier si les fonctions occupées lui conviennent.

La période d'essai ne se présume pas. Elle doit expressément être stipulée dans la lettre d'engagement ou dans le contrat de travail.

Annexe 3

Période d'essai légale pour un CDD

Durée

La durée de la période d'essai varie en fonction de la durée du contrat de travail :

CDD de 6 mois maximum | **CDD supérieur à 6 mois** | CDD sans terme précis

La durée maximale de la période d'essai est fixée à **1 mois** (sauf convention collective ou usage prévoyant une durée inférieure).

www.service-public.fr

Annexe 4

La clause de confidentialité

La clause de confidentialité interdit au salarié de divulguer certaines informations qui lui ont été communiquées pendant son travail. Le secret doit être gardé non seulement à l'égard des personnes extérieures à l'entreprise, mais aussi en interne.

Une telle clause peut figurer dans n'importe quel type de contrat, CDI comme CDD. Pour être valable, elle doit remplir certaines conditions :

- Figurer dans le contrat de travail
- Justifier de son existence (protection des intérêts de l'entreprise et nature des fonctions du salarié)
- Lister précisément les informations à ne pas révéler
- Respecter les éventuelles conditions posées par la convention collective

2 Entraînement en autonomie — Une clause de non-concurrence

★★ COMPÉTENCE Analyser un contrat de travail et justifier les clauses de ce contrat au regard des besoins de l'entreprise et des salariés

Situation

Claire Rolin est coiffeuse, salariée dans le salon Lissange, franchise de la marque éponyme. Elle souhaite rompre son contrat de travail pour travailler dans un autre salon indépendant situé dans la même ville. Son contrat de travail contient une clause de non-concurrence, mais Claire Rolin pense que la clause n'est pas valide.

1 Identifiez si les conditions formelles de validité d'une clause de non-concurrence sont réunies.

2 Pensez-vous que la clause de non-concurrence puisse néanmoins être contestée et pour quels motifs ?

Annexe 1

Extrait du contrat de travail de Mme Rolin

Compte tenu des fonctions assurées par Mme Claire Rolin, soit coiffeuse très hautement qualifiée, et afin de préserver les intérêts de la société, en cas de rupture du contrat de travail, la clause suivante est conclue.

Mme Claire Rolin s'engage à ne pas entrer au service d'une entreprise concurrente, ni à collaborer directement ou indirectement à tout commerce ou toutes autres activités pouvant concurrencer les activités de la société.

Cette clause de non-concurrence s'applique :

– aux zones géographiques suivantes : dans un rayon de 20 kilomètres autour du salon Lissange ;

– aux activités suivantes : coiffeuse ;

– pendant une durée de : 12 mois à compter de la date de cessation du contrat.

En contrepartie de cette obligation de non-concurrence, Mme Claire Rolin percevra, pendant toute la durée de l'interdiction, une indemnité mensuelle de 6 % de sa rémunération brute à laquelle s'ajoutera une indemnité compensatrice de congés payés chiffrée à 10 % de la valeur de l'indemnité.

Annexe 2

Grille de salaires de la convention collective de la coiffure

Classification	Salaire minimal brut (pour 151,67 heures)
Niveau 2 - échelon 3 **Coiffeur(se) très hautement qualifié(e)**	1 814 €

Annexe 3

Convention collective de la coiffure article 7-2-4 – Clause de non-concurrence

La clause doit être limitée dans le temps et dans l'espace.

La clause de non-concurrence doit prévoir une durée d'interdiction de concurrence. Cette limite dans le temps ne pourra excéder 12 mois à compter de la cessation effective des relations de travail.

Pour être valable, la clause de non-concurrence doit définir un espace limité dans lequel la concurrence est prohibée.

Annexe 4

Cour de cassation, chambre sociale, 15 novembre 2006

La cour d'appel a fait droit à [la demande du salarié] en décidant que la contrepartie financière prévue au contrat qui ne s'élevait qu'à l'équivalent de 2,4 mois de salaire pour une durée d'exécution de la clause de non-concurrence de 24 mois était dérisoire, eu égard aux importantes restrictions auxquelles était soumis le salarié, disproportionnées par rapport à l'indemnité mensuelle qui devait en être la contrepartie.

CHAPITRE 10

Pour préparer l'examen

Cas d'entreprise ClimSolEst

COMPÉTENCES Analyser un contrat de travail et justifier les clauses de ce contrat au regard des besoins de l'entreprise et des salariés
Qualifier une modification ou une rupture du rapport d'emploi et en déduire les conséquences juridiques

Situation

Sydney Weiler est technicien en maintenance depuis 15 ans dans l'entreprise ClimSolEst spécialisée dans l'installation et l'entretien de systèmes de chauffage-climatisation, située dans la région Grand Est. L'entreprise ClimSolEst compte aujourd'hui 57 salariés. Son siège social est situé à Sélestat dans le Bas-Rhin. Sydney s'occupe plus particulièrement de l'installation de chauffage par pompe à chaleur, métier pour lequel il a suivi une formation et qu'il apprécie. Il est domicilié à Molsheim et son travail l'amène à se déplacer essentiellement dans le Bas-Rhin puisque deux autres techniciens interviennent sur le Haut-Rhin et en Moselle. Des négociations sont en en cours pour céder l'activité chauffage-pompe à chaleur à un concurrent situé dans la même ville.

Sydney vous demande conseil sur l'impact de cette cession sur son contrat de travail. Il s'interroge sur ses droits dans cette situation : son contrat de travail se poursuit-il ? Qu'en est-il de son ancienneté ? La clause de mobilité prévue dans son contrat restera-t-elle valable pour le nouvel employeur ?

Il a eu vent d'un risque de changement de son affectation : il interviendrait également sur le Haut-Rhin, ce qui lui occasionnerait des déplacements très importants par rapport à son domicile. Sydney est veuf et a trois enfants encore jeunes à charge ; il craint que ce changement ne soit préjudiciable à sa vie de famille. Très compétent dans son métier, il a déjà été approché par un concurrent pour un poste équivalent.

Mission 1 Les conséquences du changement d'employeur

1. Indiquez si la cession de l'activité entraîne un changement de contrat de travail (annexe 1).
2. Déterminez les conséquences du changement d'employeur sur le contrat de travail de Sydney Weiler : ancienneté, clause de mobilité.

Mission 2 La modification du contrat de travail et le changement des conditions de travail

3. Le changement de lieu de travail entraîne-t-il une modification du contrat ou un simple changement des conditions de travail ?
4. Quel est alors l'impact de la clause de mobilité (annexes 2 et 3) ?
5. Indiquez si au regard de la jurisprudence, Sydney Weiler peut refuser le changement d'affectation (annexe 4).

Mission 3 La rupture du contrat de travail

6. Rappelez les différents modes de rupture du contrat de travail.
7. Conseillez Sydney Weiler en fonction de sa situation personnelle.

Annexe 1

Le changement de la situation juridique de l'employeur

Le changement de la situation juridique de l'employeur peut résulter du décès de l'employeur, d'une modification juridique, d'une vente ou d'une fusion d'entreprise. Si l'entité économique concernée conserve son identité, si l'activité est poursuivie ou reprise, les contrats de travail en cours sont maintenus. Ceci implique que l'entreprise continue à fonctionner dans les conditions d'exploitation analogues aux précédentes (similitude des procédés techniques et du matériel utilisé, mêmes types de postes de travail...).
Le maintien des contrats de travail en cours s'opère de manière automatique pour tous les contrats de travail à durée déterminée ou indéterminée, à temps partiel ou à temps plein, même si le contrat est suspendu.
Le salarié conserve ses droits acquis : ancienneté, qualification, rémunération, avantages sociaux, primes, etc.

Annexe 2

Contrat de travail de M. Sydney Weiler (extraits)

Contrat de travail
Article 3 En contrepartie de son activité, M. Weiler percevra une rémunération de 2 450 € pour 35 heures de travail réparties sur 5 jours.
Article 5 Lieu de travail : le lieu de travail du salarié s'étend sur l'ensemble du département du Bas-Rhin.
Article 6 Clause de mobilité : le lieu de travail du salarié pourra être modifié et/ou étendu au département du Haut-Rhin si l'activité de l'entreprise le nécessite.

Annexe 3

Clause de mobilité

Le salarié qui refuse le changement s'expose à un licenciement pour cause réelle et sérieuse.
Le salarié peut refuser l'application de la clause de mobilité :
- Si la mutation modifie un élément essentiel du contrat (baisse de rémunération, passage d'un horaire de nuit à un horaire de jour ou l'inverse) ;
- S'il est prévenu dans un délai trop court ;
- Si le changement porte atteinte à sa vie personnelle et familiale.

Annexe 4

Jurisprudence

Mme X... a été engagée le 26 janvier 2001 par la société Price Waterhouse en qualité de consultante, à temps complet, puis à temps partiel dans le cadre d'un congé parental à compter du 6 juin 2003 ; le contrat de travail prévoyait que le poste était fixé à Marseille avec possibilité de déplacements en France et à l'étranger et qu'il pourrait être demandé à la salariée d'effectuer des missions justifiant l'établissement temporaire de sa résidence sur place ; suite au refus de Mme X... d'accepter une mission en région parisienne pour une durée de 3 mois, l'employeur l'a licenciée par lettre du 26 février 2004.
Le licenciement sera refusé car la mise en œuvre de la clause contractuelle portait atteinte au droit de la salariée à une vie personnelle et familiale sans être justifiée par la tâche à accomplir ni proportionnée au but recherché.

D'après Pourvoi n° 07-40523, audience publique du 14 octobre 2008, Cour de cassation, chambre sociale.

Annexe 5

Licenciement pour motif économique, démission ou rupture conventionnelle ?

- Licenciement pour motif économique : pour la Cour de cassation, la réponse est très claire : « la rupture résultant d'un refus par le salarié d'une modification de son contrat de travail, proposée par l'employeur pour un motif non inhérent à sa personne, constitue un licenciement pour motif économique ». Le salarié a droit au versement d'indemnités diverses telles que indemnité légale de licenciement, indemnité compensatrice de préavis et de congés payés.
- Démission : elle n'ouvre pas droit à indemnités sauf à indemnité compensatrice de congés payés. En principe, la démission n'ouvre pas droit aux allocations chômage (dite allocation de retour à l'emploi, ou ARE), sauf si la démission est considérée comme légitime (déménagement ou motif professionnel).
- Rupture conventionnelle : elle résulte d'un accord entre les parties et l'indemnité de rupture doit être au moins égale à l'indemnité légale de licenciement. En outre, elle ouvre droit à l'ARE.

CHAPITRE

11 Les principes de la protection du salarié

COMPÉTENCES

- Caractériser les obligations de l'employeur en matière de protection des salariés
- Identifier les dispositifs de formation au sein de l'entreprise

SAVOIRS ASSOCIÉS

- Les principes de la protection du salarié

Situation professionnelle

Pour les dirigeants du groupe Stellantis*, dans le contexte de la crise sanitaire mondiale liée à la Covid-19, le souci de « protéger les salariés et protéger l'entreprise » s'est traduit par le déploiement de mesures sanitaires renforcées dans l'ensemble des sites industriels, tertiaires, R&D et commerciaux. Des mesures de restriction d'accès aux sites du groupe et la suspension des déplacements professionnels ont été mis en place. Pour les salariés travaillant dans les fonctions tertiaires, le recours au télétravail est apparu comme l'un des moyens d'assurer la continuité de la production tout en assurant la sécurité des salariés. Pour les salariés des sites de production, des protocoles sanitaires ont été mis en place. Le télétravail va induire d'autres besoins : des formations seront nécessaires pour accompagner ces nouveaux modes d'organisation du travail. Il faudra former les collaborateurs sur les nouveaux outils digitaux et les comportements adaptés, de façon à assurer la sécurité des données de l'entreprise et garantir le respect de la vie privée des salariés.

* L'entité Stellantis est née de la fusion des groupes PSA et Fiat Chrysler en janvier 2021.

VIDÉO

Comment le Covid-19 révolutionne PSA

www.lienmini.fr/8739-1101

Découvrir les problématiques du chapitre

1. Pourquoi le groupe Stellantis doit-il protéger ses salariés ?
2. En quoi le télétravail permet-il de protéger les salariés dans le contexte de la crise sanitaire ?
3. Quels seront les nouveaux besoins en matière de formation ?

CHAPITRE 11

Activité 1 Garantir la protection des droits fondamentaux au travailleur

Document 1 Les limites au pouvoir de direction de l'employeur

Le salarié a un lien de subordination avec son employeur qui a le pouvoir de lui donner des ordres et des directives. Le lien de subordination est la contrepartie du risque économique assumé par l'employeur. Ce risque justifie et légitime que l'employeur organise le fonctionnement de son entreprise et fixe les moyens pour assurer la réussite de son activité. Il doit pouvoir disposer de l'autorité nécessaire, donner des directives et s'assurer de leur application.
Cependant, la subordination n'est pas la soumission. L'employeur doit également agir avec bonne foi, sans discrimination, dans le respect des libertés fondamentales et en assurant la sécurité des travailleurs tant physique que psychologique.

1. Expliquez pourquoi l'employeur dispose d'un pouvoir de direction.
2. Indiquez les limites fixées à ce pouvoir de direction de l'employeur.

A Le respect de la loyauté et de la bonne foi

Document 2 La mauvaise foi de l'employeur

Un vendredi en fin d'après-midi, l'employeur de Zoe lui demande de signer un avenant à son contrat de travail modifiant sa rémunération en avançant des raisons confuses d'erreurs commises dans le calcul des heures supplémentaires de la salariée et en faisant valoir une urgence à les corriger.

3. Relevez les éléments qui indiquent la mauvaise foi de l'employeur.

B L'absence de discrimination dans la relation de travail

Document 3 Le principe de non-discrimination au travail

VIDÉO
Un exemple de discrimination à l'embauche
www.lienmini.fr/8739-1102

Une discrimination consiste à traiter différemment et défavorablement une personne ou un groupe de personnes, par rapport à d'autres individus placés dans la même situation.
Le Code du travail pose un principe général de non-discrimination.

Document 4 Les motifs de discrimination interdits

4. À quels types de discrimination est-il fait référence dans le visuel du document 4 ?
5. Citez d'autres situations de discrimination.

Document 5 Des critères de décision exclusivement professionnels

Toute décision de l'employeur (embauche, promotion, sanction, mutation, licenciement, formation...) doit être prise en fonction de critères professionnels et non sur des considérations d'ordre personnel qui seraient fondées sur des éléments extérieurs au travail (sexe, religion, apparence physique, nationalité, orientation sexuelle).

La personne qui s'estime victime de discrimination doit présenter des éléments de fait laissant supposer l'existence d'une telle discrimination, directe ou indirecte. Ce sera alors à l'employeur de prouver que sa décision est justifiée par des éléments objectifs, étrangers à toute discrimination.

6. Sur qui repose principalement la charge de la preuve d'une discrimination ?

Document 6 La glottophobie, une autre discrimination ?

Dans une étude Ifop parue en janvier 2020, 16 % des Français et des Françaises disent avoir été victimes de discrimination à l'embauche à cause de leur accent. Cette discrimination a un nom : la glottophobie. Une proposition de loi a été présentée à l'Assemblée nationale fin 2020 pour que cette discrimination soit reconnue comme telle et punie par la loi.

7. Pensez-vous que l'accent d'une personne puisse jeter le doute sur ses compétences ?

Document 7 Le déclassement dans les activités

Mme K. occupe un poste de comptable de niveau expérimenté dans la société Kiosque d'Or. Au retour de son congé de maternité, elle ne retrouve pas son poste qui a été confié à un autre salarié et se voit affectée à diverses tâches d'administration et de secrétariat que l'employeur justifie par des raisons de réorganisation. Elle porte plainte pour discrimination.

8. Qui est le plaignant dans le cas de la société Kiosque d'Or ?

9. Indiquez le motif de discrimination dont se plaint la salariée.

Document 8 La discrimination en raison de l'état de santé

Un salarié cadre, en poste depuis 25 ans, informe son employeur de difficultés de santé dues à un burn-out (symptôme d'épuisement professionnel) lié à ses conditions de travail. Il adresse à son responsable un courriel l'informant de son souhait d'avoir un meilleur équilibre entre sa vie privée et sa vie professionnelle. Huit jours plus tard, il est licencié pour insuffisance professionnelle, ce que la Cour de cassation refusera au motif de discrimination.

10. Relevez les éléments qui indiquent une discrimination de la part de l'employeur.

11. D'après vous, le licenciement serait-il admis si le salarié exerçait une seconde activité chez un autre employeur ?

C Le respect des libertés fondamentales et de la vie privée

Document 9 Les libertés fondamentales

Le respect des droits humains fondamentaux et des libertés individuelles et collectives telles que la liberté d'expression, la liberté de conscience, la liberté syndicale ou encore la liberté vestimentaire s'exerce également en entreprise : toute atteinte ou restriction doit se justifier par l'intérêt de l'entreprise. Le droit à l'image ou le droit à une vie familiale répondent à ce même souci de respecter la vie privée du salarié tout en tenant compte de l'intérêt de l'entreprise.

12. Quelle limite générale le droit à l'exercice des libertés dans le cadre du travail pose-t-il ?

Activité 1

Document 10 Le respect de la vie privée : ordinateurs et documents personnels

Tous les matériels et documents mis à la disposition du salarié durant ses heures de travail sont *a priori* considérés comme professionnels. Le chef d'entreprise peut donc les consulter même en l'absence du salarié. Cependant, si certains documents, fichiers ou clés USB, sont indiqués comme étant personnels, il ne pourra y accéder sans l'accord du salarié. Il en est de même des messages envoyés depuis une messagerie professionnelle : si le message est indiqué comme « personnel » ou « privé », l'employeur ne peut en prendre connaissance. En l'absence d'une telle précision, celui-ci peut en prendre connaissance et même l'utiliser comme motif de licenciement en cas d'abus tels qu'une trop grande fréquence d'utilisation ou l'envoi de propos inappropriés.

13. **Pensez-vous qu'il existe un « droit à la vie privée » sur le lieu de travail ?**

14. **Quels problèmes risquent de se poser avec le développement du télétravail ?**

Document 11 Respect de la vie privée et géolocalisation

Les systèmes de géolocalisation ne sont licites selon la CNIL que si les conditions suivantes sont réunies :

- Les salariés doivent être informés si et à quel moment leurs activités font l'objet d'un suivi.
- Les activités des salariés ne peuvent jamais être suivies en dehors des heures de travail.
- Un système de géolocalisation ne peut être installé que s'il n'existe aucun autre moyen de contrôle.

15. **Indiquez en quoi le système de géolocalisation de Mediapost est illicite.**

Document 12 Des distributeurs de journaux géolocalisés

La société Mediapost, société de distribution de publicité, enregistrait la localisation de ses distributeurs de journaux, toutes les 10 secondes, à l'aide d'un boîtier mobile que chaque salarié portait sur lui au cours de ses tournées, boîtier qu'il pouvait allumer et éteindre lui-même. Les salariés étaient libres de l'organisation de leur tournée. Une fédération syndicale avait saisi la justice, estimant le procédé illicite car la société disposait d'autres moyens pour contrôler la durée du travail des salariés, comme une pointeuse mobile ou un système autodéclaratif. La Cour de cassation a cassé l'arrêt de la cour d'appel qui avait admis qu'un tel système était licite.

D'après Cour de cassation, 19 décembre 2018.

Document 13 Télétravail et webcam

Le maquettiste d'un cabinet d'architectes travaille 4 jours sur 5 en télétravail depuis son domicile. Il lui arrive fréquemment de présenter ses maquettes à son employeur ou à un client. Son employeur lui demande de garder sa webcam allumée pendant ses heures de travail.

Document 14 Les recommandations de la CNIL

Si l'employeur peut contrôler l'activité de ses salariés, la surveillance au moyen de dispositifs vidéo (tels qu'une webcam) ou audio qui placent les salariés sous surveillance permanente est excessive et ne peut donc être mise en œuvre quel que soit le motif. De manière générale, la CNIL recommande aux employeurs de ne pas imposer l'activation de leur caméra aux salariés en télétravail quand ils participent à des visioconférences. Dès lors, un salarié doit pouvoir en principe refuser la diffusion de son image lors d'une visioconférence en mettant en avant les raisons tenant à sa situation particulière. Seules des circonstances très particulières, dont il appartiendrait à l'employeur de justifier, pourrait rendre nécessaire la tenue de la visioconférence à visage découvert.

16. **Le salarié est-il obligé de garder sa webcam allumée pendant qu'il travaille ?**

17. **Indiquez s'il peut refuser de la mettre en fonction pendant les réunions en distanciel organisées par son employeur. Pour quels motifs pourrait-il éventuellement y être obligé ?**

Conclusion

> Voir lexique CEJM, p. 237

Montrez que les contraintes et limites à l'exercice des libertés individuelles ne doivent être imposées qu'au regard des objectifs de l'entreprise.

CHAPITRE 11

Activité 2 Assurer la protection physique et psychologique du salarié

A L'obligation de sécurité de l'employeur

Document 15 D'une obligation de résultat à une obligation de moyens renforcée

D'après le Code du travail, l'employeur a une obligation de sécurité vis-à-vis de ses salariés. Il doit mettre en place des actions de prévention et évaluer les risques professionnels du poste de travail, prendre des mesures de protection collective en leur donnant la priorité sur des mesures individuelles, donner des instructions appropriées et mener des actions d'information et de formation.

Cette obligation de sécurité était jusqu'à présent une stricte obligation de résultat, c'est-à-dire que l'employeur était automatiquement responsable dès lors qu'un dommage survenait.

On parle aujourd'hui d'une obligation de moyens renforcée, car la jurisprudence admet que l'employeur peut s'exonérer de sa responsabilité en prouvant qu'il a pris toutes les mesures nécessaires pour éviter la survenue du dommage.

18. Expliquez l'intérêt de cette évolution jurisprudentielle pour l'employeur.

Document 16 L'équilibre psychologique d'un chef de cabine

M. Paul était chef de cabine sur les vols long-courriers d'Air France lorsque le 11 septembre 2001, il a assisté depuis sa chambre d'hôtel aux attentats de New York.

Le 24 avril 2006, alors qu'il part rejoindre son bord pour un vol, il est pris d'une crise de panique qui donne lieu à un arrêt de travail. Il saisit la juridiction prud'homale afin de faire condamner son employeur pour manquement à son obligation de sécurité. Il reproche à son employeur de ne pas avoir pris les mesures nécessaires pour assurer sa sécurité et protéger sa santé physique et mentale.

La Cour de cassation a constaté qu'Air France avait pris en compte les événements violents auxquels le salarié avait été exposé en prenant différentes dispositions (suivi psychologique, notamment) et que l'intéressé avait pendant plusieurs années exercé sans difficulté ses fonctions. Elle a pu en déduire que l'employeur n'avait pas manqué à son obligation de sécurité.

19. Que reprochait le salarié à la compagnie Air France ?

20. L'employeur a-t-il pu s'exonérer de sa responsabilité en prouvant qu'il avait pris les bonnes mesures ?

21. Indiquez l'obligation retenue dans ce dernier cas.

Activité 2

B La protection psychologique du salarié

Document 17 Harcèlement moral, harcèlement sexuel et agissements sexistes

Agissements sexistes
Agissements liés au sexe ou à l'orientation sexuelle d'une personne portant atteinte à sa dignité ou créant un environnement intimidant, hostile, dégradant.

Harcèlement moral
Agissements répétés qui ont pour objet ou pour effet une dégradation des conditions de travail susceptible de porter atteinte aux droits et à la dignité du salarié qui en est victime, d'altérer sa santé physique ou mentale ou de compromettre son avenir professionnel.

L'employeur doit protéger ses salariés contre l'ensemble de ces agissements, au titre de son obligation générale en matière de santé et de sécurité.

Harcèlement sexuel
Pression grave dans le but d'obtenir un acte de nature sexuelle, propos ou comportements à connotation sexuelle non désirés et répétés.

VIDÉO
Qu'est-ce que le sexisme ?
www.lienmini.fr/8739-1103

Document 18 Le harcèlement, un manquement à l'obligation de sécurité ?

Un salarié demande la résiliation judiciaire de son contrat de travail en raison du harcèlement moral qu'il subirait de la part de son supérieur hiérarchique sur son lieu de travail.
Dans un premier temps, la cour d'appel rejette sa demande, car l'employeur a pu prouver :
– qu'il avait modifié son règlement intérieur pour y insérer une procédure d'alerte ;
– qu'il avait diligenté une enquête interne dès qu'il avait eu connaissance du conflit personnel du salarié avec son supérieur hiérarchique ;
– qu'une réunion de médiation avait été organisée et avait permis de faire cesser le harcèlement.
Dans un deuxième temps, la Cour de cassation va cependant estimer que l'employeur a certes pris des mesures immédiates pour faire cesser le harcèlement moral, mais qu'il aurait également dû prendre des mesures préventives et notamment mettre en œuvre des actions d'information et de formation propres à prévenir la survenance de faits de harcèlement moral.

22. Indiquez en quoi le harcèlement moral constitue un risque pour la santé du salarié.
23. Décrivez l'obligation qui incombe à l'employeur en matière de harcèlement.
24. Le fait de faire cesser les agissements est-il suffisant ?

Conclusion

Montrez que l'employeur est tenu de protéger le salarié tant dans son intégrité physique que psychologique.

> Voir lexique CEJM, p. 237

CHAPITRE 11

Activité 3 Assurer la protection du salarié par la formation

Document 19 La formation professionnelle du salarié

La formation est le moyen pour un salarié d'acquérir ou d'actualiser ses connaissances, de développer ses compétences et son employabilité.

VIDÉO
La réforme de la formation professionnelle
www.lienmini.fr/8739-1104

A Les dispositifs de formation à la charge de l'employeur

Document 20 Les obligations de l'employeur en matière de formation

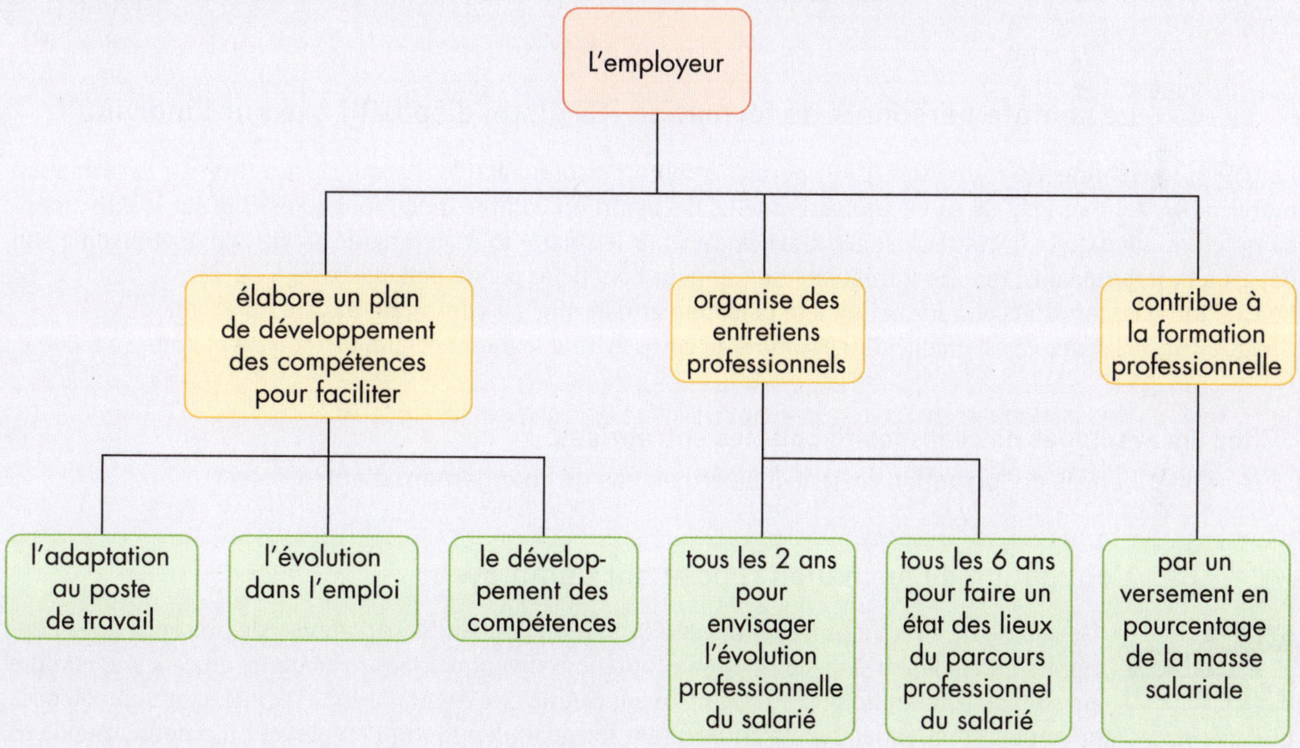

Document 21 Des formations inégales

Un salarié, opérateur de marché, dont le contrat de travail a été transféré à une autre entreprise se voit confier de nouvelles missions ; peu de temps après, il est licencié pour inaptitude et impossibilité de reclassement ; il demande alors des dommages et intérêts pour défaut de formation appropriée. Mais son employeur produit des comptes-rendus de réunions des représentants du personnel démontrant l'attention apportée par l'entreprise aux obligations de formation et objecte que le salarié ne fournit pas la preuve qu'il y ait eu un quelconque manquement à ses obligations de formation.
La Cour de cassation répond que l'entreprise n'apporte pas non plus la preuve que les formations proposées et suivies étaient pertinentes et adaptées au regard des nouvelles missions confiées au salarié.

D'après Cour de cassation, chambre sociale, 15 janvier 2020.

25. Selon la Cour de cassation, l'employeur a-t-il rempli ses obligations en matière de formation ?

26. Indiquez quelle est l'exigence supplémentaire attendue.

Activité 3

B Les dispositifs de formation à disposition du salarié

Document 22 Les dispositifs à l'initiative des salariés

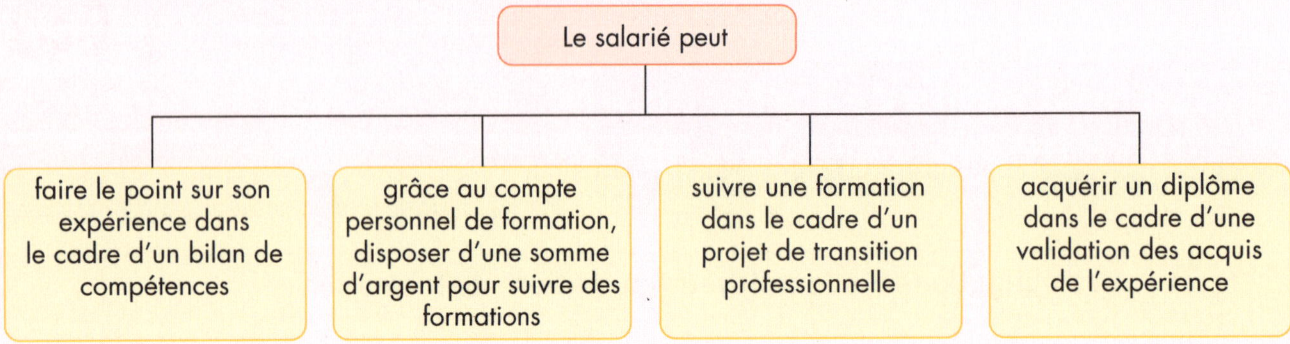

Document 23 Le compte personnel de formation (CPF), un dispositif axé sur l'individu

Le compte personnel de formation (CPF) permet à toute personne active d'acquérir des droits à la formation mobilisables tout au long de sa vie professionnelle. Il s'agit d'un compte individuel accessible sur le site : moncompteformation.gouv.fr qui recense les droits acquis par le salarié tout au long de sa vie active et jusqu'à son départ à la retraite, ainsi que les formations dont il peut bénéficier personnellement.
Le CPF rattache les droits à la formation à la personne et non plus au contrat de travail.
Chaque année, le compte est crédité d'une somme en euros et dont le montant cumulé total est plafonné à 5 000 €.

27. Citez les avantages de ce dispositif pour les entreprises.

28. Le crédit d'heures de formation revient-il à zéro en cas de changement d'entreprise ?

Document 24 L'obligation de formation repose sur l'employeur

MON COMPTE FORMATION

Un salarié ne s'est vu proposer aucune formation pendant ses 16 années de présence dans l'entreprise. Cependant, il a suivi, de sa propre initiative, quelques formations grâce à son compte personnel de formation (CPF). L'employeur estime que ce salarié a été recruté sans compétences ni expérience à un emploi pour lequel il a été entièrement formé, qu'en tant qu'employeur il a donc rempli ses obligations de formation et que par ailleurs, il est faux de dire que le salarié n'a suivi aucune formation.

Document 25 Article L. 6321 du Code du travail

L'employeur assure l'adaptation des salariés à leur poste de travail. Il veille au maintien de leur capacité à occuper un emploi, au regard notamment de l'évolution des emplois, des technologies et des organisations.

29. L'initiative du salarié de recourir à son CPF exonère-t-elle l'employeur de ses obligations en matière de formation ?

30. La seule adaptation au poste est-elle suffisante ? Quelle est l'obligation de l'employeur ?

Conclusion

Montrez comment la formation assure une protection du salarié en lui permettant de s'insérer ou se réinsérer dans la vie active, d'évoluer professionnellement et de maintenir son employabilité.

> Voir lexique CEJM, p. 237

CHAPITRE 11

L'essentiel — Retenir par **le texte**

Les principes de la protection du salarié

1 La protection des droits fondamentaux du salarié

L'employeur détient un pouvoir de direction qu'il doit exercer avec bonne foi, sans discrimination et dans le respect des libertés fondamentales de tout individu.

A. La bonne foi et la loyauté

L'employeur doit se comporter avec loyauté et bonne foi dans ses rapports avec ses salariés et ne pas chercher à les manipuler ni les induire en erreur.

B. L'absence de discrimination

Toute décision (embauche, licenciement, promotion) prise à l'égard du personnel doit répondre à des objectifs professionnels et non à des considérations tenant à la personne du salarié (âge, sexe, religion, origine, appartenance syndicale ou politique).

C. Le respect de la vie privée

Le salarié a droit – y compris sur le lieu de travail – à une vie privée. Les juges veillent à ce que ce droit fondamental ne soit restreint que par des motifs tenant à la nature de la tâche à accomplir et proportionnés au but recherché. Les interdits concernant les tenues vestimentaires, échanges de courrier, choix de lieu d'habitation, droit à l'image ou manifestation d'ordre cultuel doivent être motivés exclusivement par les nécessités de l'entreprise.

2 La protection physique et psychologique du salarié

A. L'obligation de sécurité

L'obligation de sécurité qui incombe à l'employeur est en principe une obligation de résultat, c'est-à-dire qu'il est tenu pour responsable dès lors que survient un dommage dans le cadre du travail. Toutefois, la jurisprudence admet aujourd'hui qu'il peut être tenu d'une obligation de moyens renforcée lui permettant de s'exonérer totalement ou partiellement de sa responsabilité.

B. La prévention du harcèlement moral, sexuel et des agissements sexistes

Dans le cadre de son obligation de sécurité, toute forme de harcèlement moral ou sexuel, tout agissement sexiste doit être prévenu et sanctionné par l'employeur.

3 La protection du salarié par la formation

La formation professionnelle a pour but l'acquisition ou le maintien des compétences nécessaires au salarié pour occuper son poste de travail ou pour évoluer dans son parcours professionnel.

A. Les dispositifs de formation à la charge de l'employeur

L'employeur est tenu de permettre l'adaptation du salarié à son poste actuel ou en vue d'une évolution future de son poste. Pour cela, il peut construire un plan de développement des compétences dans lequel l'employeur présente une programmation visant à maintenir l'employabilité des salariés. Il doit également procéder à des entretiens professionnels tous les 2 ans et il verse obligatoirement une contribution pour le financement de la formation professionnelle et de l'apprentissage.

B. Les dispositifs de formation à disposition du salarié

Le bilan de compétences permet au salarié de faire le point sur ses compétences.
Son compte personnel de formation (CPF) lui fait acquérir des droits à la formation mobilisables tout au long de sa vie professionnelle. Grâce au dispositif du « projet de transition professionnelle », il peut financer des formations certifiantes en lien avec un projet de changement professionnel. Enfin, il peut acquérir un diplôme par le biais d'une validation des acquis de l'expérience.

CHAPITRE 11

L'essentiel

Retenir par **l'image**

Les principes de la protection du salarié

Raison d'être du droit du travail :
La protection due au salarié en raison du lien de subordination qui l'unit à l'employeur

Malgré le lien de subordination, le salarié n'abandonne pas tous ses droits fondamentaux : quatre limites

- Respect des libertés fondamentales et de la vie privée
- Obligation de sécurité
- Respect de la bonne foi de la part de l'employeur qui doit agir dans l'intérêt de l'entreprise
- Absence de discrimination

La protection du salarié par la formation

Les dispositifs de formation à la charge de l'employeur

- Plan de développement des compétences
- Entretien professionnel
- Contribution obligatoire à la formation professionnelle et à l'apprentissage

Les dispositifs de formation à disposition du salarié

- Bilan de compétences
- Compte personnel de formation
- Projet de transition professionnelle
- Validation des acquis de l'expérience

Mots-clés

- Compte personnel de formation
- Discrimination
- Harcèlement

› Voir lexique CEJM, p. 237

Pour vérifier ses acquis

1 QCM numérique

Scannez le QR Code ou saisissez le lien mini pour accéder à un QCM interactif.

www.lienmini.fr/8739-1105

2 Messagerie professionnelle ou personnelle, que choisir ?

Une salariée a créé sur l'ordinateur fourni par son employeur une messagerie personnelle laposte.net à côté de la messagerie professionnelle dont elle dispose. Il lui arrive également d'envoyer des messages personnels à partir de la messagerie professionnelle.

- **L'employeur peut-il consulter tous les messages envoyés par la salariée à partir de la messagerie professionnelle ?**

3 Un laboratoire sous surveillance vidéo

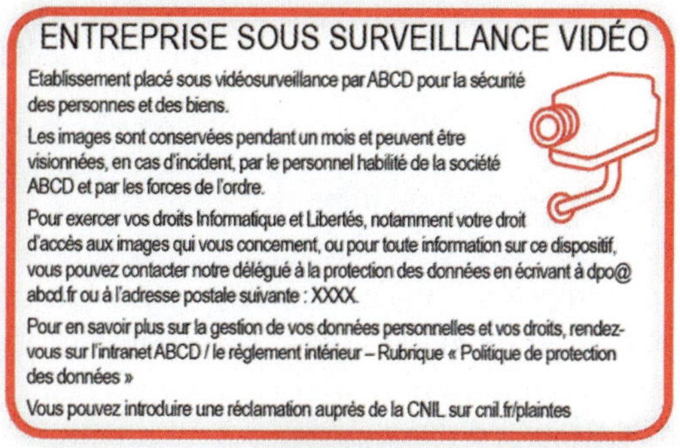
ENTREPRISE SOUS SURVEILLANCE VIDÉO

Etablissement placé sous vidéosurveillance par ABCD pour la sécurité des personnes et des biens.

Les images sont conservées pendant un mois et peuvent être visionnées, en cas d'incident, par le personnel habilité de la société ABCD et par les forces de l'ordre.

Pour exercer vos droits Informatique et Libertés, notamment votre droit d'accès aux images qui vous concernent, ou pour toute information sur ce dispositif, vous pouvez contacter notre délégué à la protection des données en écrivant à dpo@abcd.fr ou à l'adresse postale suivante : XXXX.

Pour en savoir plus sur la gestion de vos données personnelles et vos droits, rendez-vous sur l'intranet ABCD / le règlement intérieur – Rubrique « Politique de protection des données »

Vous pouvez introduire une réclamation auprès de la CNIL sur cnil.fr/plaintes

Oui

L'entreprise ThirdLight développe un prototype dans son laboratoire de R&D dont les points d'accès – la porte et l'unique fenêtre – sont dotés de système de verrouillage. Le responsable envisage d'installer des caméras devant ces deux points d'accès et à l'intérieur du laboratoire. Il a suivi les instructions légales en matière de conservation des images, a désigné un délégué à la protection des données et modifié le règlement intérieur. Enfin, il a prévu d'apposer des affiches sur le modèle préconisé par la CNIL (voir ci-contre).

1. **La vidéosurveillance en place chez ThirdLight répond-elle aux critères préconisés par la CNIL ?**
2. **Que devra prévoir le chef d'entreprise en ce qui concerne la caméra installée à l'intérieur du laboratoire ?**

Respect de la vie privée et vidéosurveillance

Pour s'entraîner

1 Entraînement en autonomie — L'obligation de formation de l'employeur

★★ COMPÉTENCE Identifier les dispositifs de formation au sein de l'entreprise

Situation

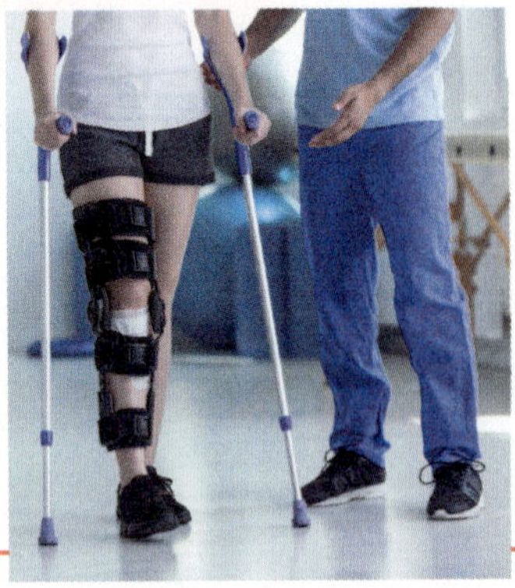

Une salariée est employée pendant 15 ans comme manutentionnaire dans une entreprise artisanale de conditionnement de produits apicoles. Victime d'un accident du travail, elle est finalement déclarée inapte à son poste par la médecine du travail. Elle est alors licenciée pour inaptitude et impossibilité de reclassement. Elle réclame des dommages et intérêts pour manquement de l'employeur à son obligation de formation, faisant valoir que pendant 15 ans, aucune formation ne lui a été proposée.
Suite au refus de la cour d'appel de faire droit à sa demande, elle envisage de porter l'affaire en Cour de cassation, en s'appuyant sur la jurisprudence en cette matière.

1. **Indiquez si, en s'appuyant sur les arrêts rendus par la Cour de cassation en 2010 et 2014, la salariée peut obtenir réparation de son préjudice (annexe 1).**
2. **Identifiez dans l'arrêt de 2018, la condition supplémentaire ajoutée par la Cour de cassation (annexe 2).**
3. **Que devra prouver la salariée pour obtenir gain de cause (annexe 2) ?**

Annexe 1

Arrêts de la Cour de cassation

Cassation sociale n° 09-40914, 2 mars 2010 : Le fait que les salariés n'avaient bénéficié d'aucune formation professionnelle continue pendant toute la durée de leur emploi dans l'entreprise, établissait un manquement de l'employeur à son obligation de veiller au maintien de leur capacité à occuper un emploi, entraînant pour les intéressés un préjudice qu'il appartenait au juge d'évaluer.
Cassation sociale n° 13-14749, 7 mai 2014 : Allocation de 6 000 € de dommages et intérêts accordée en appel à la salariée qui, présente dans l'entreprise depuis 7 ans, n'avait bénéficié au cours de cette période d'aucun stage de formation continue, ce qui caractérisait un manquement de l'employeur à l'obligation de veiller au maintien de la capacité de la salariée à occuper un emploi au regard notamment de l'évolution des emplois, des technologies et des organisations.

Annexe 2

Arrêt de la Cour de cassation du 3 mai 2018

Un salarié qui n'avait bénéficié d'aucune formation professionnelle continue pendant toute la durée de son emploi dans l'entreprise (16 années) a demandé l'indemnisation du préjudice causé par le manquement de l'employeur à son obligation de formation.
La Cour de cassation a confirmé la décision de la cour d'appel et donc refusé l'indemnisation au motif que : « le salarié ne justifiait d'aucun préjudice résultant du non-respect par l'employeur de son obligation de formation ».

2 Faire le lien avec le stage/l'apprentissage

1. **Dans votre entreprise, existe-t-il des consignes en matière de sécurité informatique (mots de passe, identification des documents personnels, etc.) ou une charte informatique ?**
2. **Des informations claires sont-elles données concernant les systèmes de surveillance (vidéosurveillance, géolocalisation, déclaration à la CNIL, etc.) ?**
3. **Existe-t-il un plan de formation dans l'entreprise ? Les salariés ont-ils ouvert leur espace sécurisé sur le site moncompteformation.gouv.fr ?**

CHAPITRE 11

Pour préparer l'examen

Cas d'entreprise

Agence immobilière La Charentaise

COMPÉTENCE Caractériser les obligations de l'employeur en matière de protection des salariés

Situation

Yolande Cordy a été embauchée en tant que négociatrice par l'agence immobilière La Charentaise située à Saintes (17100). Par la suite, l'animation de deux autres agences dans la même région (à Rochefort et à Cognac) lui a été confiée. Son employeur, Lucien Dangle, constate au bout de quelque temps que son travail laisse à désirer et qu'elle ne répond pas aux objectifs qui lui sont fixés. En effet, elle ne participe pas à l'animation des agences mais se contente de faire des statistiques sans apporter d'aide aux autres négociateurs immobiliers. La salariée est souvent absente de son bureau et les données chiffrées montrent qu'elle réalise peu de mandats de vente et peu de visites. En outre, elle n'assure pas le management de ses équipes, ne tient pas compte des remarques qui lui sont faites et adopte une attitude d'insubordination et de provocation. L'agence de Rochefort est devenue progressivement désorganisée et improductive. Lorsque Lucien Dangle lui a demandé de justifier son travail effectif, elle lui a remis des fiches d'horaires fantaisistes. Il la soupçonne également d'avoir tenté de détourner la vente réalisée par un autre agent commercial pour s'attribuer la commission. Mme Cordy, en réponse à ces différentes remarques, a accusé par écrit M. Dangle de harcèlement. Il se demande s'il peut consulter les fichiers de la salariée sur son ordinateur professionnel et utiliser notamment un courriel émis à partir de la messagerie professionnelle dans lequel celle-ci se moque de la naïveté de son employeur et exprime son souhait de se faire licencier « abusivement » afin de toucher des indemnités conséquentes. Il dispose également des tableaux Excel tenus par la salariée, fichiers qui font apparaître que la salariée tient une « double comptabilité » des visites, mandats et ventes réalisés et qu'elle en a transféré certains à son profit.

M. Dangle a déjà dû notifier deux avertissements à Mme Cordy et se demande s'il ne va pas engager une procédure de licenciement pour faute grave à son encontre. Il vous demande conseil avant d'engager une procédure de licenciement.

Mission 1 Choisir les motifs d'un licenciement

1. M. Dangle peut-il obtenir le licenciement pour faute grave de la salariée (annexes 1 et 2) ?
2. Quel conseil lui donneriez-vous ? (annexes 2 et 3).

Mission 2 Caractériser la mauvaise foi de la salariée

3. M. Dangle peut-il consulter les fichiers et courriels de l'ordinateur de travail de la salariée (annexe 4) ?
4. Pourra-t-il utiliser le courriel pour prouver la mauvaise foi de la salariée ?
5. Pourra-t-il utiliser le fichier Excel ?

Mission 3 Conseiller M. Dangle en matière de prévention

6. Quelles précautions suggérez-vous à M. Dangle pour prévenir un mauvais usage d'Internet dans l'entreprise (annexe 5) ?

Annexe 1

Article L. 1152-2 du Code du travail

Aucun salarié ne peut être sanctionné, licencié ou faire l'objet d'une mesure discriminatoire, directe ou indirecte, notamment en matière de rémunération, de formation, de reclassement, d'affectation, de qualification, de classification, de promotion professionnelle, de mutation ou de renouvellement de contrat, pour avoir subi ou refusé de subir des agissements répétés de harcèlement moral ou pour avoir témoigné de tels agissements ou les avoir relatés.

Annexe 2

Jurisprudence

La seule référence dans la lettre de notification de licenciement à un motif illicite au sens de l'article L. 1152-2 entraîne la nullité du licenciement même si d'autres faits fautifs sont reprochés au salarié ; il en est ainsi de la lettre de licenciement qui énonce plusieurs griefs à l'encontre du salarié, par exemple de continuer à accuser son employeur oralement et par écrit de harcèlement, de ne pas respecter les instructions données et enfin de remettre des fiches de travail ne correspondant pas au travail effectivement réalisé.

Annexe 3

La faute grave

La faute grave est telle que l'employeur ne peut pas maintenir le salarié dans l'entreprise, même temporairement. En pratique, la faute grave est souvent admise dans les cas suivants :

- Absences injustifiées ou abandon de poste
- Indiscipline ou insubordination du salarié (refus d'effectuer une tâche de travail prévue dans le contrat)
- Harcèlement, violences ou injures envers l'employeur ou d'autres salariés
- Vols dans l'entreprise
- État d'ivresse pendant les heures de travail

Annexe 4

Vie privée au travail et Internet

L'accès par l'employeur aux données informatiques de ses salariés est libre dès lors que ces éléments sont de nature professionnelle. L'employeur peut y accéder sans que le salarié n'ait à être présent ni même prévenu. En revanche, l'employeur est tenu de respecter certaines règles en matière d'accès aux fichiers informatiques, aux mails et connexions Internet de nature non professionnelle, à défaut de quoi les éléments auxquels il aura eu accès constitueront des moyens de preuve illicites et ne pourront, de ce fait, fonder la moindre sanction.

www.village-justice.com

Annexe 5

Charte informatique : un outil d'information des salariés

La charte informatique est un texte qui définit les droits et les obligations des salariés concernant l'utilisation du matériel informatique de l'entreprise. Elle vise principalement à prévenir ou limiter l'usage abusif des outils mis à la disposition du personnel.

En pratique, ces abus concernent le plus souvent :

– l'utilisation de la messagerie professionnelle à des fins privées ;

– la navigation sur des sites Internet au travail sans rapport avec le travail du salarié (réseaux sociaux, jeux en ligne, forums de discussion, etc.) ;

– le téléchargement illégal de fichiers *via* la connexion de l'entreprise.

[...] Dans tous les cas, les obligations prévues par la charte ne doivent pas être disproportionnées par rapport à l'objectif recherché par l'employeur.

https://droit-finances.commentcamarche.com

CHAPITRE

12

L'impact des mutations du travail sur l'emploi et les conditions de travail

COMPÉTENCES	SAVOIRS ASSOCIÉS
▪ Proposer des actions appropriées dans le cadre d'une gestion des emplois et des compétences ▪ Identifier les leviers de motivation conciliant l'objectif de l'entreprise et les attentes de l'individu	▪ Le dispositif de gestion prévisionnelle des emplois et des parcours professionnels ▪ Les facteurs de la motivation et de la satisfaction au travail ▪ Les conditions de travail et leurs évolutions

VIDÉO

Présentation de Vibratec

www.lienmini.fr/8739-1201

Situation professionnelle

Spécialisé dans des activités d'ingénierie et de conseil en système d'information et technologie, le groupe SII accompagne ses clients des secteurs de l'aéronautique, la défense, les télécommunications, la banque, l'énergie ou le transport dans 18 pays. En France, il compte 4 700 collaborateurs répartis dans 3 grandes régions, 9 agences et plus de 30 implantations pour être au plus proche de ses clients et partenaires. Son activité ne cessant de se développer, SII recrute des collaborateurs de haut niveau (près de 1950 en 2022), essentiellement de formation ingénieurs ou universitaire (Bac + 5). L'entreprise recrute à 95 % des CDI, quelques CDD, des stagiaires en fin d'études ou alternants en BTS dans une optique de pré-embauche.

Bien que les salaires proposés aux jeunes ingénieurs soient un peu inférieurs à ceux du secteur, l'entreprise est labellisée « Great Place to Work » depuis 2018 et séduit par sa qualité de vie au travail. Télétravail jusqu'à deux jours par semaine, horaires flexibles, droit à la déconnexion, ligne d'appel de soutien scolaire pour les enfants des salariés, aide financière aux projets personnels sportifs de haut niveau des salariés par l'« Académie des champions »... autant d'éléments qui garantissent aux salariés un équilibre entre vie professionnelle et vie personnelle. Le groupe permet par ailleurs à chaque collaborateur d'être conseillé régulièrement pour élaborer son projet de carrière et le piloter pour développer ses compétences mais aussi de s'engager sur son temps habituel de travail auprès d'associations de son choix.

Découvrir les problématiques du chapitre

1. Pourquoi le groupe SII veut-il recruter des collaborateurs de haut niveau ?
2. En quoi peut-on dire que la rémunération n'est pas essentielle pour les salariés de SII ?
3. Pourquoi est-il important pour le groupe SII que ses salariés soient motivés ?

CHAPITRE 12

Activité 1 Proposer des actions appropriées dans le cadre d'une GEPP

A La gestion des emplois et des parcours professionnels (GEPP)

Document 1 La notion de GEPP (gestion des emplois et des parcours professionnels)

La GEPP permet d'établir une photographie des ressources humaines disponibles (emplois, âge et qualification des salariés, personnes détentrices de compétences clés) afin d'anticiper les besoins futurs de l'entreprise et mettre en place les actions nécessaires (formations, mobilités, recrutements...) pour faire face aux évolutions du contexte économique.

www.cap-metiers.pro, 23 juin 2022.

Document 2 La mise en œuvre d'une démarche de GEPP

Diagnostic des ressources humaines disponibles dans l'entreprise en termes quantitatifs (effectifs) et qualitatifs (compétences)

Évaluation des besoins quantitatifs et qualitatifs futurs de l'entreprise en ressources humaines

→ **Mise en évidence d'un écart** entre les ressources existantes et les besoins à venir de l'entreprise

→ **Mise en œuvre d'actions appropriées**
Exemples : recrutement ou réduction des effectifs, réduction du temps de travail, formation professionnelle, mobilité interne ou promotion après l'entretien annuel d'évaluation

Document 3 Weleda supprime des postes dans son usine alsacienne

Un accord a été trouvé entre le groupe pharmaceutique suisse Weleda et ses syndicats. Les deux présentent un plan de sauvegarde de l'emploi (PSE) avec la suppression de 127 postes sur 280 à l'usine de Huningue, en Alsace. Le chiffre d'affaires de Weleda France, qui s'élevait à 95 millions d'euros en 2019, a reculé de 36 % depuis cette date, gangrené par la fin du remboursement des produits homéopathiques effectif depuis janvier 2021. [...] Le groupe, qui emploie 2 500 personnes dans le monde, a indiqué [...] vouloir privilégier pour le marché français son activité d'automédication, après s'être lancé en 2018 sur le segment des compléments alimentaires.

20 Minutes, 26 octobre 2022.

1. Expliquez l'objectif de la démarche de GEPP mise en œuvre par le groupe Weleda.

2. Retrouvez les étapes de la démarche suivie par Weleda pour décider d'une réduction d'effectifs.

Document 4 ADP-Aéroports de Paris consolide sa politique de GEPP

Alors que la baisse historique du trafic aérien en 2020 a conduit ADP (l'exploitant d'aéroports qui compte 6 500 salariés) à réduire ses effectifs, le groupe doit aujourd'hui faire face à une forte reprise de l'activité et à des évolutions de son environnement. Afin d'assurer son développement mais aussi de répondre aux enjeux en termes d'hospitalité avec l'offre de nouveaux services aux voyageurs et au défi de la transition écologique et du numérique, ADP a notamment besoin de nouvelles compétences. Il en recherche notamment dans les domaines de l'ingénierie, de l'immobilier, du marketing ou du digital. Mais il a aussi besoin de plus de personnel pour les opérations aéroportuaires (exploitation aéroportuaire et maintenance).

VIDÉO
Groupe ADP, des horizons à partager
www.lienmini.fr/7639-1202

3. Expliquez pourquoi le groupe ADP doit s'engager dans une GEPP.

4. Proposez quelques actions que la direction des ressources humaines du groupe peut mener dans le cadre de la GEPP.

B De la gestion des compétences à la gestion des talents

Document 5 Les limites de la GEPP

Si la GEPP est incontournable pour anticiper les besoins en ressources humaines, elle présente des limites. Le caractère aléatoire de l'environnement des entreprises rend en effet difficile la planification en matière de ressources humaines et les outils de GEPP s'avèrent finalement assez rigides. La GEPP ne permet donc pas de faciliter la réactivité de l'entreprise à court terme. Aujourd'hui, les entreprises doivent identifier les talents, définis comme la combinaison de compétences rares, mais aussi les retenir en leur permettant de développer leurs compétences. Les managers doivent aussi faire évoluer leurs pratiques d'évaluation. En effet, des évaluations ponctuelles et collectives, à la fin d'un projet, semblent plus appropriées que des évaluations annuelles individuelles systématiques. La gestion des talents doit alors permettre à un individu de s'épanouir en tant que personne dans l'entreprise.

5. Expliquez pourquoi la GEPP ne permet pas la réactivité de l'entreprise à court terme.
6. Après avoir défini la notion de talent, montrez en quoi la gestion des talents renouvelle la GEPP.

Document 6 Deux exemples de gestion des talents

Dans le monde du sport, les dirigeants recrutent toujours quelques joueurs qui, par leurs compétences personnelles exceptionnelles, peuvent permettre à leur équipe de gagner des compétitions. C'est un peu la même chose pour les entreprises : elles sont à la recherche de compétences rares grâce auxquelles elles détiendront un avantage compétitif durable. Il est donc essentiel d'identifier ces talents et de les attirer en repensant les procédures classiques de recrutement. Chez Zappos, grande enseigne de vente en ligne américaine, les candidats doivent rejoindre le réseau social de l'entreprise pour devenir des « Zappos *insiders* ». L'échange avec des collaborateurs déjà en poste permet de leur exposer clairement la culture de l'entreprise avant qu'ils soient incités, ou non, à postuler.
Il faut non seulement accompagner ces salariés qui viennent d'être recrutés, mais aussi permettre à ceux déjà en poste de développer leurs talents grâce à des programmes adaptés.

Avec les « Hackdays », tous les salariés de LinkedIn peuvent consacrer un vendredi par mois au développement de leurs propres idées. Si leur idée est jugée prometteuse par la direction, ils peuvent constituer leur équipe et développer cette idée pendant 3 mois. Mais s'il est essentiel pour une entreprise de recruter et d'identifier des talents, il est aussi important de les fidéliser. Leur accorder une écoute régulière, les coacher, répondre à leurs aspirations – notamment en termes de formation et d'évolution de carrière – et à un fort besoin de reconnaissance de leur travail au quotidien permet aux talents d'être encore plus performants. C'est pour cette raison qu'il est devenu courant que les talents soient récompensés et se voient attribuer des trophées par leurs pairs et/ou leur manager.

7. Expliquez l'intérêt de la gestion des talents pour une entreprise.
8. Précisez comment une entreprise peut gérer les talents.

Conclusion

Présentez la notion de gestion prévisionnelle des emplois et des compétences et expliquez pourquoi celle-ci doit aujourd'hui être complétée par la gestion des talents.

› Voir lexique CEJM, p. 237

Activité 2 Identifier les leviers de la motivation conciliant l'objectif de l'entreprise et les attentes de l'individu

A Les facteurs de la motivation au travail

Document 7 L'évolution des analyses théoriques portant sur la motivation des salariés

– Selon **A. Maslow**, les besoins des individus au travail peuvent être classés de façon hiérarchique. Autrement dit, dès qu'un besoin est satisfait, il cède la place au suivant.

– **F. Herzberg** met en évidence deux types de facteurs qui agissent sur la satisfaction au travail :

• les *facteurs d'hygiène* (ex. : salaire, sécurité de l'emploi, conditions de travail) dont la prise en compte réduit l'insatisfaction des salariés mais n'améliore pas leur motivation ;

• *les facteurs de satisfaction* (ex. : autonomie, évolution de carrière) qui accroissent la motivation des individus au travail.

– Selon la théorie de l'équité de **J.S. Adams**, chaque salarié évalue ce qu'il apporte à l'employeur, sa contribution (ses efforts, ses compétences, son comportement, ses résultats), et ce qu'il en retire, c'est-à-dire sa rétribution (la rémunération, la reconnaissance, la qualité de vie au travail). Il calcule un ratio rétribution/contribution, ou ratio d'équité, et le compare avec sa perception du ratio pour d'autres salariés dans l'entreprise ou en dehors. Chaque salarié souhaite un traitement équitable et agit en conséquence. En cas de sous-équité, comme il perd en motivation, il peut chercher à augmenter sa rétribution en réclamant (ou en « trichant » : remboursement abusif de frais, utilisation d'équipements à titre personnel) ou à réduire sa contribution (diminution de sa productivité, absentéisme). En cas de sur-équité, le salarié accroît sa contribution.

La hiérarchie des besoins selon Maslow

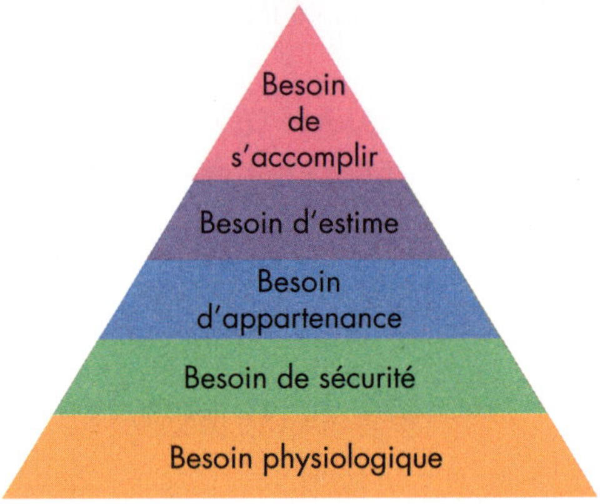

Document 8 Comment L'Oréal motive ses salariés

Pour répondre aux exigences de marchés en constante mutation, L'Oréal mise sur ses salariés (85 252 dans le monde dont près de 84 % en contrat permanent). Afin de les attirer et de les fidéliser, le groupe leur verse des salaires en phase ou supérieurs à ceux en vigueur au niveau national et les associe à ses résultats à travers des dispositifs de participation et d'intéressement aux résultats déployés au plan mondial. Il leur offre aussi l'accès à un système de santé qui inclut le remboursement des frais médicaux à au moins 75 %, ainsi que des actions de prévention.

Depuis 2007, le groupe s'appuie par ailleurs sur l'INED (Institut national d'études démographiques) pour analyser chaque année les écarts de rémunération entre hommes et femmes. L'objectif est de garantir, à compétences égales, un niveau de classification et de salaires identiques. Les écarts de rémunération en France sont ainsi passés de 10 % en 2007 à 2 % en 2018 et à 0 % en 2019 et 2020 pour l'ensemble des catégories socio-professionnelles.

L'Oréal favorise également l'épanouissement professionnel et personnel de ses salariés par des politiques de travail hybride dans toutes les filiales sur la base du volontariat, ainsi que par un congé paternité de six semaines minimum payé à 100 %. Quant au système de formation, il est ouvert à tous sans distinction de niveaux hiérarchiques, d'emplois ou de pays et permet aux collaborateurs de mettre à jour leurs compétences et/ou de pouvoir évoluer dans le groupe : 100% des salariés ont ainsi bénéficié d'au moins une formation l'an dernier.

D'après le document d'enregistrement universel 2021 de L'Oréal.

VIDÉO
L'industrie 4.0 chez L'Oréal
www.lienmini.fr/8739-1203

9. Repérez les leviers traditionnels de motivation des salariés utilisés par L'Oréal.

10. Analysez-les en les classant selon les théories de A. Maslow et de F. Herzberg.

11. Montrez en quoi l'équité constitue une source particulière de motivation des salariés du groupe L'Oréal.

B Les attentes de la nouvelle génération de salariés et leurs conséquences

VIDÉO

Les digital natives : qui sont-ils ?

www.lienmini.fr/8739-1204

Document 9 Le portrait des « *digital natives* »

Les moins de 25 ans commencent déjà à donner du fil à retordre aux DRH. « Comme ils ont un rapport très particulier au monde du travail et à la hiérarchie, et qu'ils n'ont pas peur d'ailleurs voir ailleurs si l'herbe est plus verte, ils vont remettre en cause en profondeur nos organisations et "process" », annonce Franck Chéron, associé capital humain chez Deloitte. Ces « digital natives » semblent en effet se distinguer par un lien très fort à l'innovation et à la technologie. Ils sont aussi très attachés au respect des personnes, à la diversité, à l'équité, au sens, à l'éthique… […]

Afin de motiver et fidéliser cette génération, par nature très volatile, les DRH activent différents leviers. Pour cultiver son besoin d'agilité, Deloitte a mis en place des cycles de mobilité plus courts. « Aujourd'hui, vous ne pouvez plus mettre un jeune dans une case en lui disant qu'il va faire le même métier pendant 3 ans, assure Franck Chéron. Ce que nous leur vendons désormais, c'est une chaîne de valeur basée sur la mobilité intellectuelle. Faire travailler quelqu'un sur des sujets pluridisciplinaires n'implique pas de changer de poste. »

Si Radek Jan, 25 ans, a choisi de continuer l'aventure avec la banque de grande clientèle de Natixis, c'est parce que la proposition qui lui a été faite sortait des schémas classiques. « À la fin de mon stage au Green Hub[1] […], Natixis m'a proposé un poste avec une double casquette. En plus de mon activité d'analyste crédit au sein de l'équipe recherche CIB, je continue de faire de la recherche au sein du Green Hub. Cette dualité me permet d'avoir une vision plus large de la stratégie de la banque et d'avoir plus d'interactions avec les autres lignes métiers. […] En binôme avec un collègue, j'ai travaillé pendant 6 mois à la rédaction d'un rapport sur l'eau vue par le prisme de la finance verte et durable. La banque m'a demandé de le présenter lors d'un événement qui réunissait un aréopage de clients. C'était une sacrée responsabilité mais aussi un signe de confiance et de reconnaissance. » […]

1. Équipe qui accompagne à l'échelle mondiale les clients émetteurs et investisseurs avec des solutions en matière de finance verte.

Y. Rivoal, « La génération Z bouscule les DRH de la finance », *L'Agefi Hebdo*, 9-15 avril 2020.

12. **Précisez qui sont les « *digital natives* ».**

13. **Identifiez les principales attentes de cette nouvelle génération de travailleurs et montrez qu'elles remettent en cause les leviers traditionnels de motivation.**

14. **Expliquez comment des entreprises comme Deloitte ou Natixis cherchent à motiver les « *digital natives* ».**

Activité 2

VIDÉO
Découvrez l'offre Welcome to the Jungle
www.lienmini.fr/7639-1205

Document 10 Les « digital natives » et le télétravail

Dans les locaux de Welcome to the Jungle, entreprise de 270 salariés, située dans le quartier du Sentier, à Paris, les étages aménagés en « flex office » sont presque déserts. […] Mais où sont les gens ? À Nantes, à Marseille, à Saint-Malo, dans le Perche. En télétravail. En cette nouvelle ère post-Covid-19, les salariés de cette grosse start-up spécialisée dans les annonces d'emploi en ligne […] ne sont tenus de venir au bureau qu'un seul jour par mois. Le reste du temps, ils fréquentent les locaux à leur convenance. « Du moment qu'ils atteignent leurs objectifs, les gens organisent leur journée comme ils veulent, travaillent d'où ils veulent », […] expose Pierre-Gaël Pasquiou, l'un des associés. Nombre de salariés de Welcome to the Jungle ont profité de ces nouvelles règles pour rendre les clés de leur appartement parisien. D'autant que pour la journée mensuelle obligatoire au bureau, organisée au niveau de chaque équipe, l'entreprise prend en charge le train et la nuit d'hôtel à Paris. « Ce jour-là, nous en profitons pour maximiser les effets de la présence de tout le monde, avec des réunions, des ateliers, un déjeuner commun, un apéro le soir », poursuit Pierre-Gaël Pasquiou.

[…] « Outre le télétravail, ce qui importe aux jeunes générations, c'est la flexibilité et l'autonomie. Un management qui accorde de la confiance, qui ne flique pas mais qui fait des feed-backs réguliers », [observe Audrey Richard, présidente de l'ANDRH[1]].

Deux ou trois jours de télétravail, des possibilités de périodes à l'étranger, voire du *full remote* (100 % télétravail) pour les salariés demandeurs… les entreprises tâtonnent pour trouver les bonnes formules […] avec de multiples risques. La « baisse des interactions sociales », la « moindre cohésion des équipes », « l'érosion du sentiment d'appartenance à l'entreprise » sont les principales inquiétudes des DRH.

1. ANDRH : Association nationale des directeurs des ressources humaines.

J. Gourdon, « Sans possibilités de télétravail, certains ne postulent même pas », *Le Monde*, 28 juin 2022.

15. **Précisez en quoi le télétravail répond aux attentes de certains salariés de Welcome to the Jungle.**

16. **Analysez les conséquences du télétravail sur le style de management.**

17. **Évaluez les risques du télétravail pour les salariés et pour l'entreprise.**

Document 11 Les « *digital natives* » font évoluer le management et les ressources humaines

Les DRH soulignent que leur métier est moins centré sur les ressources en général et plus sur la dimension individuelle depuis l'arrivée des « *digital natives* » dans les entreprises. L'entretien annuel d'évaluation ne suffit plus. Cette génération a besoin de retours réguliers des managers car sa volonté de se sentir utile lui donne soif d'apprendre et d'améliorer ses compétences. Elle veut aussi être encadrée par des managers proches, compétents, qui partagent les informations tout en disposant d'une grande autonomie dans les projets sur lesquels elle travaille et être reconnue.

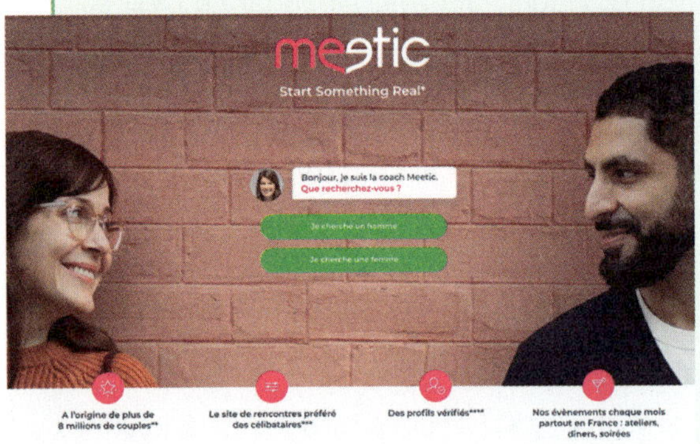

Comme le souligne le PDG de Meetic, les dirigeants sont aujourd'hui là pour définir un cadre, une vision mais une partie du pouvoir de décision doit être déléguée à des niveaux inférieurs. Le management n'est plus hiérarchique mais participatif et ouvert à l'innovation. Chez Meetic, des équipes autonomes ont ainsi été créées pour faire émerger en mode projet des idées nouvelles, tester et produire de nouveaux concepts validés ensuite au plus haut niveau de l'entreprise. Les circuits de décision sont ainsi grandement raccourcis et les « *digital natives* » travaillent dans un esprit d'équipe, de partage d'expérience et d'expertise.

18. **Montrez comment le management des ressources humaines évolue sous l'influence des « *digital natives* ».**

19. **Décrivez et justifiez le style de management mis en place au sein d'entreprises comme Meetic.**

Conclusion

Montrez que les facteurs traditionnels de motivation ne sont plus totalement en phase avec ceux des « *digital natives* ».

› Voir lexique CEJM, p. 237

L'impact des mutations du travail sur l'emploi et les conditions de travail

1 Proposer des actions appropriées dans le cadre d'une gestion des emplois et des parcours professionnels

A. La gestion des emplois et des parcours professionnels (GEPP)

La GEPP a pour objectif d'adapter les ressources humaines aux besoins de l'entreprise. Elle permet d'anticiper les effets des évolutions de l'environnement et de la stratégie de l'entreprise sur les effectifs (dimension quantitative) et les compétences des salariés (dimension qualitative). En fonction des écarts apparaissant entre les ressources et les besoins en ressources humaines, des actions appropriées sont décidées par l'entreprise (ex. : réduction des effectifs, recrutement, formation, promotion, mobilité interne).

B. De la gestion des compétences à la gestion des talents

La GEPP connaît aujourd'hui des limites. Dans un contexte où l'environnement est devenu incertain, elle ne permet pas à l'entreprise d'être réactive à court terme et d'adapter rapidement ses ressources humaines. La mise en place de projets, qui conduit à une organisation flexible, implique par ailleurs la remise en cause de l'entretien annuel d'évaluation, institué par la GEPP, au profit d'évaluations ponctuelles et collectives, à la fin d'un projet. C'est ainsi que la gestion des compétences peut être renouvelée et que le concept de talent défini comme la combinaison de compétences rares, doit être mis en avant. En développant une gestion des talents, l'entreprise valorise l'unicité de la personne et de ses compétences actuelles et futures. Elle cherche ainsi à s'assurer un avantage compétitif durable.

2 Identifier les leviers de motivation conciliant l'objectif de l'entreprise et les attentes de l'individu

A. Les facteurs de la motivation au travail

La motivation des salariés est ce qui les pousse à s'impliquer dans leur travail. Elle est considérée comme un facteur de performance de l'entreprise. Les facteurs traditionnels de motivation sont : la stabilité de l'emploi, l'aménagement du temps de travail, le mode de rémunération ou la présence de dispositifs d'épargne salariale, l'évolution de carrière.

Sur le plan théorique, les analyses ont évolué. A. Maslow a d'abord montré que la satisfaction des besoins des salariés est source de motivation. Ces cinq besoins sont hiérarchisés : besoin physiologique, de sécurité, d'appartenance, d'estime, d'accomplissement. F. Herzberg a ensuite développé une théorie bifactorielle en distinguant les facteurs d'hygiène qui améliorent la satisfaction des salariés mais pas leur motivation (ex. : salaire, stabilité de l'emploi) et les facteurs de motivation (ex. : autonomie, évolution de carrière). Enfin, J.S. Adams a montré qu'un salarié est d'autant plus motivé que l'équité est respectée dans l'entreprise mais aussi en dehors. Pour évaluer cette équité, il utilise un ratio qui met en rapport sa rétribution et sa contribution.

B. Les attentes de la nouvelle génération de salariés et leurs conséquences

Les facteurs traditionnels de motivation ne sont plus vraiment en phase aujourd'hui avec les attentes de la nouvelle génération de salariés, ces « *digital natives* » habitués à vivre avec les technologies et les réseaux sociaux, c'est-à-dire dans un contexte de fluidité et d'immédiateté de l'information. Ils souhaitent évoluer dans un environnement qui favorise les échanges, la qualité de vie et le sens au travail ainsi que l'autonomie et la reconnaissance. C'est la raison pour laquelle les entreprises évoluent vers des formes de travail qui permettent la collaboration et le partage de connaissances ainsi que vers un management participatif et le télétravail.

L'impact des mutations du travail sur l'emploi et les conditions de travail

La gestion des emplois et des parcours professionnels (GEPP)
consiste à adapter les ressources humaines de l'entreprise aux exigences issues des changements dans son environnement et dans sa stratégie

Elle implique l'**analyse des écarts** entre les ressources humaines disponibles et les besoins futurs de l'entreprise en termes :
- d'emplois (dimension quantitative)
- de compétences (dimension qualitative)

Elle conduit à des **mesures d'adaptation des ressources humaines** :
- réduction des effectifs
- recrutement
- réduction du temps de travail
- formation professionnelle
- promotion ou mobilité interne

Les limites de la GEPP
La GEPP ne permet pas à l'entreprise :
- d'être réactive à court terme alors que l'environnement est incertain et instable
- de mettre en œuvre une gestion des talents pour s'assurer un avantage compétitif durable

La motivation des salariés
est un facteur de performance de l'entreprise

Elle est analysée en référence à des **théories**
- Théorie des besoins : pyramide de A. Maslow
- Théorie bifactorielle : facteurs d'hygiène et facteurs de motivation (F. Herzberg)
- Théorie de l'équité (J.S. Adams)

Elle évolue du fait des nouvelles attentes des « *digital natives* »
- Nouvelles formes de travail qui favorisent la collaboration, le partage de connaissance, le télétravail
- Management participatif

Mots-clés

- *Digital natives*
- Gestion des talents
- GEPP
- Management participatif
- Motivation
- Télétravail

› Voir lexique CEJM, p. 237

Chapitre 12 Pour vérifier ses acquis

1 QCM numérique

Scannez le QR Code ou saisissez le lien mini pour accéder à un QCM interactif.

www.lienmini.fr/8739-1206

2 Décathlon, l'entreprise où il fait bon travailler

En 2022, Décathlon figure à la deuxième place du classement des entreprises de plus de 2 500 salariés où il fait bon travailler. Voici quelques témoignages de salariés :

- « J'ai débuté à 18 ans après avoir déposé mon CV à l'accueil d'un magasin. En parallèle de mes études, j'ai gravi les échelons : CDD au rayon glisse, CDI « étudiant » au rayon natation, formation pour « apprendre à booster le panier moyen », contrat d'alternance dans les bureaux jusqu'au CDI de cadre signé à la fin de mes études en tant que responsable du rayon course à pied, marche et santé. À 24 ans, j'encadre 8 personnes et gère un rayon de 3,8 millions de chiffre d'affaires annuel. »
- « En alternance et étudiant en business du sport à Lille, je me sens considéré, je peux tester des choses, je ne suis pas juste l'alternant de passage. »
- « Les emplois du temps sont très flexibles pour les étudiants, et la rémunération est attrayante, malgré le Smic, grâce à l'épargne salariale qui est intéressante. »

1 **Identifiez les actions de GEPP mises en œuvre par Décathlon.**

2 **Expliquez comment l'entreprise cherche à motiver ses salariés.**

3 Une nouvelle organisation du travail chez AssessFirst

La société AssessFirst, qui développe une solution RH de recrutement prédictif, a interrogé ses salariés après le confinement qui a obligé en 2020 à passer du présentiel au télétravail. Plus de 95 % d'entre eux se sont déclarés satisfaits de ce nouveau mode de travail, synonyme pour eux de flexibilité et de confiance. La direction de l'entreprise a alors renoncé aux 450 mètres carrés loués rue du Sentier, à Paris. Le siège social n'est plus qu'une adresse, comme l'indique David Bernard, le dirigeant. Désormais les 102 salariés, d'un âge moyen de 30 ans, sont à 100 % en télétravail et la moitié d'entre eux (jeunes *data scientists*, développeurs, commerciaux et administratifs) a d'ailleurs quitté Paris. Tous peuvent aujourd'hui travailler d'où ils veulent, même sur des fuseaux horaires différents, avec, au choix, des horaires classiques ou décalés. Pour ce télétravail aysnchrone, les salariés ont été équipés par l'entreprise et indemnisés de certains frais. Ils sont accompagnés et suivis par les managers qui favorisent leur autonomie et leur prise d'initiatives au quotidien. L'entreprise a aussi mis en place un budget dédié pour permettre à chacun d'accéder à des espaces de *coworking* de temps en temps et de participer régulièrement à des évènements intra ou inter-équipes, le défi étant de maintenir les liens entre les salariés. Deux ans après la mise en place cette nouvelle organisation, AssessFirst a recruté 50 nouveaux collaborateurs et veut poursuivre pour assurer sa croissance en France et à l'étranger.

1 **Présentez la nouvelle organisation du travail mise en place par AssessFirst.**

2 **Précisez en quoi elle répond aux attentes des « *digital natives* ».**

3 **Identifiez les difficultés que peuvent rencontrer les salariés et la direction du fait de cette nouvelle organisation du travail.**

Pour s'entraîner

1 Entraînement guidé La GEPP chez Schneider Electric

★ COMPÉTENCES Proposer des actions appropriées dans le cadre d'une gestion des emplois et des compétences
Identifier les leviers de motivation conciliant l'objectif de l'entreprise et les attentes de l'individu

Situation

Depuis le 1er septembre 2021, les salariés du groupe Schneider Electric bénéficient d'un accord relatif à la gestion des emplois et des parcours professionnels (GEPP). Dans un contexte de transformation du groupe, de vieillissement de la pyramide des âges et de révolution numérique, ce texte vise à « la mise en adéquation permanente des ressources et des compétences pour relever les enjeux stratégiques de demain. » Il s'agit pour le groupe de renouveler ses compétences et de garantir son adaptation au marché sur le long terme. C'est ainsi que l'accord prévoit une augmentation de 5 % des femmes embauchées en CDI pour atteindre 40 % des embauches, le recrutement de jeunes talents à hauteur de 75 % des embauches en CDI d'ici 2025, la poursuite des efforts de recrutement d'alternants. Une « semaine de la carrière » est par ailleurs organisée au moins une fois par an de façon à permettre aux salariés de découvrir des métiers qu'ils ne connaissent pas et une plateforme « Open Talent Market » est développée pour « proposer aux salariés des opportunités de postes, de projets ou de mentorat. » Des formations sont alors prévues pour l'acquisition des compétences nécessaires à ces postes ou projets, notamment grâce à la mobilisation du compte personnel de formation, et des stages de découverte de deux à cinq jours sont proposés. Enfin, des aménagements de fin de carrière sont organisés pour les salariés à un an de la retraite (ex : mise à disposition auprès d'une association, réduction du temps de travail et travail en binôme avec un salarié junior nouvellement recruté pour un transfert de compétences).

D'après *Liaisons Sociales Quotidien*, 28 octobre 2021.

Questions guidées

1 **Identifiez** les objectifs de l'accord de GEPP chez Schneider Electric.

Type de question : question de compréhension qui consiste à rechercher des informations dans la situation.

Notion mobilisée : GEPP (voir p. 166)

→ **Ce que le correcteur attend**
1. Un rappel de la notion de GEPP.
2. Une liste des objectifs du nouvel accord de GEPP, en justifiant la réponse.

2 **Repérez** les principales actions mises en œuvre par Schneider Electric dans le cadre de l'accord de GEPP.

Type de question : question de compréhension qui consiste à rechercher des informations dans la situation.

Notion mobilisée : GEPP (voir p. 166)

→ **Ce que le correcteur attend**
- Une liste des principales mesures prises par Schneider Electric dans le cadre de sa GEPP.

3 **Expliquez** comment ces actions permettent de motiver les salariés du groupe.

Type de question : question de réflexion qui consiste à proposer une argumentation pour prouver une proposition.

Notion mobilisée : motivation (voir p. 168)

→ **Ce que le correcteur attend**
1. Un rappel de la définition de la notion de motivation.
2. La mise en évidence du lien entre les actions décidées par le groupe Schneider Electric et la motivation des salariés.

2 Entraînement en autonomie

★★ COMPÉTENCE Identifier les leviers de motivation conciliant l'objectif de l'entreprise et les attentes de l'individu

Batch, la start-up qui veut attirer et retenir les jeunes talents

Situation

Créée en 2015 par Antoine Guénard et Simon Dawlat, Batch est une plateforme de gestion de la relation client spécialisée dans l'envoi de notifications sur mobiles et navigateurs Web. Ses clients sont quasiment tous les médias nationaux mais aussi les directions marketing d'entreprises de tous secteurs (ex : Fnac-Darty, Intermarché, la SNCF, BNP-Paribas). En 2021, les deux fondateurs ont levé 20 millions d'euros pour enrichir leur offre et accélérer leur développement international mais aussi pour accompagner au mieux leur 120 collaborateurs. En 2022, l'entreprise, qui a envoyé 500 milliards de notifications, a d'ailleurs obtenu la première place du classement HappyIndex®AtWork dans la catégorie des entreprises de 50 à 199 salariés.

1. **Parmi les actions mises en œuvre par le dirigeant de Batch, présentez celles qui permettent de motiver les salariés.**
2. **Indiquez à quels besoins des salariés elles répondent.**
3. **Expliquez pourquoi les dirigeants de Batch ont pris des mesures en faveur des jeunes parents.**

Annexe 1

Batch veut faciliter la vie des jeunes parents

« L'attention portée aux parents étaient l'un de mes principaux critères de recherche d'emploi, avant le salaire », confirme Cécile Beaussant Le Gentil. En janvier dernier, la jeune mère met fin à sept process de recrutement en cours pour rejoindre Batch […]. « Quand j'avouais en entretien que je n'avais pas encore de moyen de garde, on me répondait "oui mais chez nous c'est important d'être là jusqu'à telle heure"… », se remémore-t-elle. Chez Batch, « on a choisi de contribuer à la place en crèche ». La start-up met ainsi à disposition de ses 120 collaborateurs, dès la période d'essai, un service pour les accompagner à trouver l'établissement qui accueillera leurs enfants. Cette préoccupation écartée, le salarié peut consacrer son énergie à la mission. […]
L'entreprise […] s'est également engagée *via* le *parental act*, dispositif qui proposait en 2020 d'accorder un mois de congé rémunéré au second parent, lorsque le congé paternité était de 11 jours à l'époque en France. En 2022, Batch franchit une nouvelle étape, en signant le *parental challenge*. Ce dernier prévoit, lui, douze mesures, dont un congé rémunéré de trois jours en cas de fausse couche. Dernier projet en date, la création d'une « *task force* » au sujet de la parentalité. « Avec du temps et de l'argent dédiés, une équipe transverse de huit personnes volontaires pourront travailler là-dessus et faire leurs propositions au Codir », explique Nicolas Ducharme […].

www.journaldunet.com, 17 juin 2022.

Annexe 2

La qualité de vie au travail chez Batch

Aujourd'hui, dans les entreprises du numérique, un salaire attractif n'est plus suffisant pour les candidats. Les dirigeants de la start-up Batch veillent donc au bien-être de leurs salariés et cherchent à valoriser leur marque employeur pour attirer les spécialistes nécessaires au développement de l'entreprise et les fidéliser.

Un équilibre vie professionnelle-vie personnelle

Alors qu'avant la crise sanitaire il était impensable qu'un candidat demande à quelle heure il pourra partir du bureau le soir, cette question est devenue courante, souligne Nicolas Ducharme, directeur financier. Auparavant fiscaliste dans de grands groupes, Alice Hervet a d'ailleurs posé cette question lors de son entretien d'embauche. Ce qui l'intéresse aujourd'hui chez Batch, c'est de pouvoir relever des défis et être performante sans avoir à passer des journées à rallonge au bureau. L'entreprise a en effet défini des règles pour permettre aux salariés concilier temps de loisir et de repos et travail : possibilité de partir plus tôt du bureau sans avoir à se justifier, pas de courriel après 18 h, pas de réunions matinales ou tard le soir, etc. Cécile Beaussant Le Gentil, responsable de la relation client, se souvient qu'avant d'être embauchée par Batch, elle finissait très tard mais elle s'est vite aperçue que, même si son travail lui plaisait beaucoup, ce rythme ne serait pas tenable à long terme. Aujourd'hui, elle quitte son poste à 17 h 30 pour s'occuper de son fils tandis que d'autres préfèrent faire du sport ou se retrouver autour d'un verre.

Les salariés de Batch peuvent aussi télétravailler. Ils ont le choix de la formule : être au bureau 5 jours par mois ou 2 jours par semaine. La politique de l'entreprise est claire et transparente et ne suscite pas de tensions. Comme pour les horaires, c'est la flexibilité qui prime, souligne Cécile Beaussant Le Gentil.

Le développement de carrière et de compétences

Afin d'accompagner les salariés dans leurs projets d'évolution professionnelle, la direction a mis en place des *career path*, des grilles d'évolution professionnelle, que chaque manager porte à la connaissance de ses équipes. C'est sur la base de cette grille et de ses critères (ex : objectifs à atteindre, acquisition d'une expertise particulière, dispositions pour le management) que des évolutions professionnelles sont envisagées et des formations organisées pour accompagner les salariés. Cécile Beaussant Le Gentil reconnaît que former ses équipes et sécuriser son pôle de salariés est plus important que de faire du chiffre d'affaires. Ce qu'elle souhaite c'est que ses collaborateurs se sentent valorisés et fiers de pouvoir mettre en avant leur expertise aux yeux des clients.

D'après www.helloworkplace.fr, 20 juin 2022.

3 Faire le lien avec le stage/l'apprentissage

1 Repérez les actions récemment menées par votre entreprise en matière de gestion prévisionnelle des emplois et des compétences. Comment pouvez-vous les justifier ?

2 Indiquez comment les aspirations des jeunes générations de salariés sont prises en compte dans votre entreprise.

3 Recensez les éléments qui contribuent, à votre avis, à leur motivation au travail.

4 Précisez quels sont ceux qui contribuent à votre propre motivation.

Pour préparer l'examen

Cas d'entreprise — Le groupe Wavestone

COMPÉTENCES Proposer des actions appropriées dans le cadre d'une gestion des emplois et des compétences
Identifier les leviers de motivation conciliant l'objectif de l'entreprise et les attentes de l'individu

Situation

Le cabinet de conseil en transformation des entreprises Wavestone compte près de 3 700 consultants qui travaillent pour de grandes entreprises, en particulier dans les services financiers qui représentent à eux seuls le tiers des 470 millions d'euros de chiffre d'affaires. Le groupe est par ailleurs bien implanté dans l'énergie (16 %), le secteur public (13 %) et l'industrie (12 %). Les six premiers clients de Wavestone sont EDF, TotalEnergies, la SNCF, la Société Générale, la Poste et le Crédit Agricole. En décembre 2021, le groupe a lancé son nouveau plan stratégique à horizon 2025. Baptisé « Impact », il doit notamment permettre d'accélérer la croissance internationale de Wavestone, en particulier au Royaume-Uni, aux États-Unis et en Asie. C'est ainsi qu'après avoir racheté deux cabinets américains en 2021 (Everest Group et NewVantage Partners) et un en Asie (why innovation!), Wavestone a fait l'acquisition de deux cabinets de conseil outre-Manche (Pen Partnership, Coeus Solutions) en 2022. Le groupe, présent dans 9 pays, vise un chiffre d'affaires de 750 millions d'euros d'ici 2025, veut compter 5 grands comptes internationaux parmi ses 20 principaux clients et figurer parmi les 5 % d'entreprises les plus vertueuses en matière de RSE. Pour atteindre ces objectifs, le groupe compte sur ses consultants expérimentés mais a aussi besoin de nouvelles recrues qu'il cherche à fidéliser.

VIDÉO
Wavestone, générer des transformations positives pour les organisations
www.lienmini.fr/7639-1207

Mission 1 Le recrutement au cœur de la GEPP du groupe Wavestone

1. Montrez que le recrutement mené par Wavestone s'inscrit dans le cadre d'une démarche de GEPP.
2. Analysez les difficultés rencontrées par Wavestone pour recruter des talents.

Mission 2 Les leviers de motivation des salariés utilisés par le groupe Wavestone

3. Mettez en évidence les facteurs à l'origine de la motivation des salariés de Wavestone.
4. Montrez qu'ils permettent de concilier les attentes des « *digital natives* » et l'objectif de l'entreprise.

Annexe 1

Les consultants de Wavestone donnent du sens à leur métier

Considérant qu'il a un rôle à jouer en matière écologique, le groupe s'inscrit dans une démarche de « conseil responsable » (ex : conseil pour réduire l'empreinte environnementale du SI pour un acteur de la fonction publique). Cette démarche permet aux consultants de proposer et de mettre en place pour leurs clients des actions qui permettent d'aller vers une performance plus durable. Fanny Rouhet souligne d'ailleurs que c'est une façon pour les collaborateurs de monter en compétence tout en effectuant des missions qui ont du sens pour eux et pour l'entreprise car c'est en apportant du sens que Wavestone peut faire la différence.

D'après le communiqué de presse Wavestone, 27 septembre 2022.

Annexe 2

Wavestone veut attirer de nouveaux talents

Wavestone poursuit son plan de recrutement, afin de soutenir ses ambitions […] d'ici 2025. Le cabinet, qui avait déjà réalisé plus de 1 000 recrutements l'an passé, est à la recherche cette année encore de près de 1 000 nouveaux collaborateurs en CDI dont une centaine aux États-Unis et au Royaume-Uni. Les postes à pourvoir sont ouverts aux diplômés des grandes écoles d'ingénieurs, de management et universités. […] Cette nouvelle vague de recrutements intervient dans un contexte de « guerre des talents » encore accentuée par un marché du conseil qui prévoit une croissance de ses effectifs de 10 % sur 2022. Pour tirer son épingle du jeu, le cabinet […] a mis en place plusieurs mesures pour continuer de faire progresser la qualité de son environnement de travail.

« Nous sommes engagés dans une démarche visant à améliorer et enrichir en continu nos dispositifs RH […]. Cette approche de long terme doit nous permettre de progresser dans le recrutement, l'intégration, la formation, le management et le développement des collaborateurs. Nous avons d'ailleurs placé la formation au cœur de notre plan stratégique 2025, qui ambitionne de faire de Wavestone à moyen terme la meilleure école de formation pour nos consultants », déclare Fanny Rouhet, directrice du développement RH de Wavestone. À l'opposé de la démarche « *up or out* » généralement pratiquée dans le conseil, chaque collaborateur bénéficie d'un accompagnement personnalisé pour la gestion de sa carrière. Cette mission incombe aux 500 *career development managers* qui soutiennent, dans la durée, les collaborateurs dans leur développement. Les parcours de carrière « Wavestone Horizon » offrent à chacun la possibilité d'évoluer le plus vite possible en fonction de son potentiel et de ses appétences. Des parcours qui peuvent être pluriels grâce aux opportunités de mobilité interne qui permettent de diversifier ses expertises […], de travailler dans un nouveau pays ou même de changer de métier. Certains collaborateurs désireux de s'engager dans l'entreprenariat peuvent également concrétiser leurs projets au sein de Wavestone, que ce soit grâce à un temps partiel ou encore grâce à la plateforme Shake'up qui héberge des starts-up.

Communiqué de presse Wavestone, 27 septembre 2022.

Annexe 3

Chez Wavestone, le bien-être des salariés compte

« Un de nos principaux défis RH est de retenir nos consultants, décrit Fanny Rouhet, directrice du développement RH. […] Le Covid-19 a accéléré les questionnements des collaborateurs sur leur rapport au travail, le sens de ce qu'ils font dans l'entreprise. Notre objectif est de maintenir notre turnover en dessous de 15 %. » Pour cela, l'entreprise a lancé dès l'été 2021 le projet « Smartworking@Wavestone », une réflexion sur le mode de travail bouleversé par la crise sanitaire et s'est donné un an pour définir un cadre qui fonctionne. « Depuis septembre 2021, ajoute Fanny Rouhet, chaque entité opérationnelle est libre de tester et d'expérimenter la manière dont elle envisage de travailler. […] L'enjeu est d'être plus agile dans notre façon de travailler ensemble et entre les pays, de renforcer notre attractivité, d'améliorer la qualité de vie au travail et aussi de réduire notre empreinte carbone. […] » Les grandes salles de réunions sont devenues moins utiles. Les salariés préfèrent des espaces plus conviviaux ou plus petits pour échanger avec un client ou un candidat. […]

Ces dernières années, l'entreprise a aussi mis l'accent sur la parentalité. Dans les métiers du conseil très prenants, il n'est pas toujours facile de combiner vie de famille et vie professionnelle. Wavestone réserve chaque année une centaine de places auprès du réseau de crèches Babilou dans toute la France. La société a aussi mis en place des dispositifs comme la reprise de l'activité progressive à temps partiel après un congé maternité, sans impact sur la rémunération ou des jours rémunérés pour enfants malades. Enfin, la question du sens au travail est devenue essentielle. Wavestone se positionne comme une entreprise citoyenne : 1 % du temps de travail est réservé à des missions *pro bono*[1].

1. Les missions *pro bono* sont celles effectuées gratuitement dans le cadre d'un mécénat de compétences.

C. Roux de Luze, « Wavestone : "Le collectif est un élément clé" », *Le Figaro*, 5 avril 2022.

Les mutations du travail

MANAGEMENT

Quel est l'impact des mutations du travail sur l'emploi et les conditions de travail ?

La **gestion des ressources humaines** intègre les technologies du numérique et s'adapte aux attentes des nouvelles générations à travers

- La **GEPP** : bilan de compétences, formations, mobilité
- L'**évolution des conditions de travail** (travail collaboratif, management participatif…)
- Les **outils de motivation et de satisfaction au travail**

ÉCONOMIE

Quelles sont les principales évolutions du marché du travail ?

Le **marché du travail** est caractérisé par

- Une **hétérogénéité** (compétences, types de contrats…)
- Une **segmentation** : marché du travail primaire/secondaire
- Des **déséquilibres** : taux de chômage élevé, accès à l'emploi difficile pour les peu qualifiés, nombre important de salariés rémunérés au Smic…
  - sur lesquels les pouvoirs publics agissent par :
    - des **politiques de l'emploi actives**
    - des **politiques de l'emploi passives**

DROIT

Comment le droit prend-il en considération les besoins des entreprises et des salariés ?

En s'adaptant aux besoins des entreprises

- Par la **négociation** entre partenaires sociaux (convention collective, accord collectif…)
  - qui complète la législation : lois, Code du travail
- Par le **contrat de travail**
  - caractérisé par un **lien de subordination** qui le distingue du **travail indépendant** (TI)
  - comprenant des **clauses spécifiques** (obligation de loyauté, de confidentialité, de **mobilité**…)

En prenant en compte les besoins des salariés

- Garantie du **respect des libertés fondamentales**
- Garantie d'une **protection en cas de rupture du contrat de travail**

VIDÉO

Animation de synthèse

www.lienmini.fr/8739-0003

JOONE

Créée en 2007 par Carole Juge-Llewellyn, Joone est une start-up spécialisée dans la cosmétique et les produits d'hygiène éco-responsables pour la famille. Vendus exclusivement en ligne et par abonnement, les produits Joone sont fabriqués en France.

L'entreprise met à la disposition des consommateurs un outil appelé DOORZ qui permet, grâce à la technologie « *blockchain* », de retracer tout le parcours des produits commandés. Le consommateur sait ainsi en temps réel avec quoi, comment et quand ont été fabriqués les produits. Cette démarche de transparence totale de la marque lui permet de construire une image positive auprès de ses clients.

Les collaborateurs sont au cœur de la réussite de cette entreprise. L'équipe de Joone compte actuellement 51 personnes. La parité hommes-femmes est parfaitement respectée. L'âge moyen est de 29 ans. L'entreprise propose une organisation flexible des horaires de travail et la possibilité de télétravailler pour favoriser l'équilibre vie professionnelle-vie personnelle. Face au développement de son activité, la start-up recrute régulièrement de nouveaux salariés. La concurrence est rude sur le marché des cosmétiques bio, naturels et sains. L'entreprise Joone cherche donc à fidéliser ses collaborateurs et à développer leurs compétences, afin de ne pas les voir partir à la concurrence.

L'étude est composée de trois missions

Mission 1 L'analyse des principales évolutions du marché du travail

Mission 2 La prise en compte des besoins des salariés et de l'entreprise

Mission 3 L'impact des mutations du travail sur l'emploi et les conditions de travail

Dossier documentaire

Annexe 1 L'offre d'emploi d'attaché(e) de presse proposée par Joone

Annexe 2 L'offre d'emploi d'attaché(e) de presse proposée par une entreprise concurrente

Annexe 3 Le marché du travail des attaché(e)s de presse

Annexe 4 Extrait du projet de contrat de travail proposé par l'entreprise Joone

Annexe 5 Décision de la Cour de cassation

Annexe 6 Le compte personnel de formation

Annexe 7 L'obligation de formation professionnelle des salariés

Annexe 8 La perception du travail et les attentes des salariés pour l'après-confinement

Annexe 9 La mise en place du télétravail

- **En prenant appui sur vos connaissances, le contexte et le dossier documentaire, il vous est demandé de répondre aux questions relatives aux trois missions du sujet. Vous êtes invité(e) à mobiliser les concepts et les apports théoriques dès lors qu'ils sont pertinents et que le lien avec la mission est argumenté.**

Missions

1 L'analyse des principales évolutions du marché du travail (annexes 1 à 5)

Joone souhaite recruter un(e) nouvel(le) attaché(e) de presse. L'entreprise envisage notamment d'inclure une clause de non-concurrence dans le contrat de travail.

1.1. **Caractériser le marché du travail des attaché(e)s de presse.**

1.2. **Déterminer quel pourrait être le rôle de l'État dans ce contexte particulier.**

1.3. **Évaluer, à l'aide d'un raisonnement juridique, la validité de la clause de non-concurrence proposée par l'entreprise Joone.**

Une entreprise concurrente a publié également une offre d'emploi d'attaché(e) de presse.

1.4. **Expliquer, en comparant les deux offres d'emploi, en quoi le marché du travail des attaché(e)s de presse peut être qualifié d'hétérogène.**

2 La prise en compte des besoins des salariés et de l'entreprise (annexes 6 et 7)

L'entreprise Joone a recruté une nouvelle attachée de presse, Gabrielle. Celle-ci est consciente des évolutions liées à son métier, notamment dans le domaine du numérique. Aussi, elle s'interroge sur la possibilité d'être formée tout au long de sa carrière afin de pouvoir progresser dans l'entreprise. Gabrielle dispose d'ores et déjà d'un compte personnel de formation (CPF). Au cours de ses expériences professionnelles antérieures, elle a acquis 2 500 € sur ce compte. Gabrielle pense utiliser son CPF pour se former à la technologie « *blockchain* » utilisée par l'outil DOORZ de l'entreprise.

2.1. **Déterminer quels sont les droits de Gabrielle en matière de formation.**

2.2. **Préciser si l'initiative de Gabrielle de recourir à son CPF exonère l'employeur de ses obligations en matière de formation.**

2.3. **Énoncer les principaux objectifs de la gestion des emplois et des parcours professionnels (GEPP) et montrer son intérêt.**

3 L'impact des mutations du travail sur l'emploi et les conditions de travail (annexes 8 et 9)

Lors de son recrutement, Gabrielle a été particulièrement attentive aux conditions de travail proposées par l'entreprise. Joone lui a notamment proposé une mise en place durable du télétravail.

3.1. **Déterminer si les principaux leviers de motivation utilisés par l'entreprise Joone sont adaptés aux nouvelles attentes des salariés.**

3.2. **Conseiller l'entreprise Joone sur le mode de management des ressources humaines à adopter.**

3.3. **Déterminer si le télétravail porte sur un élément essentiel de la relation employeur-salarié.**

3.4. **Conseiller l'entreprise Joone sur une stratégie de mise en œuvre du télétravail.**

Dossier documentaire

Annexe 1

L'offre d'emploi d'attaché(e) de presse proposée par Joone

En collaboration avec notre agence, tu seras en charge :

– d'établir une stratégie de communication pour tous les lancements de produits ;

– de gérer les sollicitations des journalistes pour la communication produits et marques ;

– d'organiser et de suivre des événements (journalistes, blogueurs, influenceurs).

Profil recherché

Bien au-delà des diplômes, nous recherchons quelqu'un qui partagera nos valeurs. Avant tout, il faut être positif, bienveillant, enthousiaste et hyper déterminé.

En plus de cet état d'esprit indispensable, tes principaux atouts sont :

– Au moins 4-5 ans d'expérience en tant qu'attaché(e) de presse ou chargé(e) de communication suite à un diplôme bac + 5 type école de journalisme.

– Tu as un réseau de journalistes développé que tu soignes et mets à jour régulièrement.

– Tu es créatif(ve), tu aimes proposer des idées innovantes.

– Tu as de fortes capacités rédactionnelles et de structuration.

– Tu maîtrises l'anglais.

Contrat proposé : CDI à temps plein.

Rémunération mensuelle : 2 500 € brut.

Annexe 2

L'offre d'emploi d'attaché(e) de presse proposée par une entreprise concurrente

Sous l'autorité de la responsable du service presse :

– Assister l'entreprise dans les relations avec la presse ;

– Rédiger des communiqués de presse et des dossiers de presse à destination des journalistes ;

– Enrichir et développer le réseau de journalistes (TV, presse, radio et Web) ;

– Effectuer une veille de l'actualité et une revue de presse quotidienne.

Profil recherché

– Issu(e) d'une formation d'école de communication ou de journalisme. Bilingue en anglais.

– Connaissances confirmées des médias et de leur fonctionnement.

– Excellentes compétences rédactionnelles et aisance relationnelle.

– Grande disponibilité et flexibilité avec une appétence pour le dialogue et l'écoute, vous êtes en capacité de gérer l'urgence et de prioriser les demandes.

Durée du contrat : 12 mois.

Type d'emploi : stage.

Expérience : attaché de presse h/f ou similaire : 12 mois (requis).

Rémunération mensuelle : 1 500 € brut.

Annexe 3

Le marché du travail des attaché(e)s de presse

Intermédiaire entre son entreprise et les journalistes, l'attaché(e) de presse a un travail particulièrement exigeant et difficile. Pourtant, le secteur continue d'attirer les jeunes diplômés malgré des salaires qui ont tendance à baisser. Être attaché(e) de presse consiste à accroître la notoriété des entreprises. Il faut ainsi bien connaître son secteur d'activité et surtout les médias concernés pour pouvoir solliciter les bons journalistes. Cela demande d'avoir un large réseau que les jeunes diplômés n'ont pas toujours. Parfois, les tâches à effectuer sont ingrates, répétitives. Les jeunes diplômés pourraient prétendre à un salaire bien supérieur à la sortie d'une école de communication ou de journalisme. En effet, un(e) attaché(e) de presse, bac + 5, est payé(e) entre 1 300 et 1 600 € net par mois lors de son embauche. Environ 5 ans plus tard, il ou elle pourra obtenir une promotion pour un salaire d'environ 2 500 € net par mois. La marge de négociation des salaires est en effet assez limitée en pratique : les jeunes diplômés bac + 5 en communication, motivés, sont nombreux sur le marché du travail des attaché(e)s de presse !

© Delagrave, 2023.

Annexe 4

Extrait du projet de contrat de travail proposé par l'entreprise Joone

Article 7. Clause de non-concurrence

Mme ou M. X, occupant le poste d'attaché(e) de presse, ayant acquis un savoir-faire spécifique au sein de l'entreprise, est soumis(e), en cas de rupture de son contrat de travail et quel qu'en soit le motif, à une obligation de non-concurrence. Le salarié s'interdit de travailler pour toute entreprise concurrente ou de créer, directement ou indirectement, toute entreprise ayant une activité concurrente. L'interdiction est limitée à 1 an à compter de la date de la rupture et à l'ensemble du territoire français. En contrepartie, l'entreprise lui versera, lors de la rupture, une indemnité mensuelle égale à 2 700 € brut.

Annexe 5

Décision de la Cour de cassation (chambre sociale du 10 juillet 2002)

Motifs

LA COUR DE CASSATION, CHAMBRE SOCIALE, a rendu l'arrêt suivant :

Attendu qu'une clause de non-concurrence n'est licite que si elle est indispensable à la protection des intérêts légitimes de l'entreprise, limitée dans le temps et dans l'espace, qu'elle tient compte des spécificités de l'emploi du salarié et comporte l'obligation pour l'employeur de verser au salarié une contrepartie financière, ces conditions étant cumulatives ;

Attendu que pour rejeter la demande de dommages et intérêts pour clause de non-concurrence, la cour d'appel a énoncé que la clause litigieuse était licite et régulière ; qu'elle ne comportait aucune contrepartie financière, ce qui était conforme à la convention collective applicable ;

Qu'en statuant comme elle l'a fait, en déclarant licite une clause de non-concurrence qui ne comportait pas de contrepartie financière, la cour d'appel a violé le principe ci-dessus énoncé et le texte susvisé ;

Dispositif

PAR CES MOTIFS :

CASSE ET ANNULE l'arrêt rendu le 28 juin 2000, entre les parties, par la cour d'appel de Reims.

Annexe 6

Le compte personnel de formation

Annexe 7

L'obligation de formation professionnelle des salariés

Article L. 6321-1 du Code du travail

L'employeur assure l'adaptation des salariés à leur poste de travail. Il veille au maintien de leur capacité à occuper un emploi, au regard notamment de l'évolution des emplois, des technologies et des organisations. Il peut proposer des formations qui participent au développement des compétences, y compris numériques, ainsi qu'à la lutte contre l'illettrisme, notamment des actions d'évaluation et de formation permettant l'accès au socle de connaissances et de compétences défini par décret.

Annexe 8

La perception du travail et les attentes des salariés pour l'après-confinement

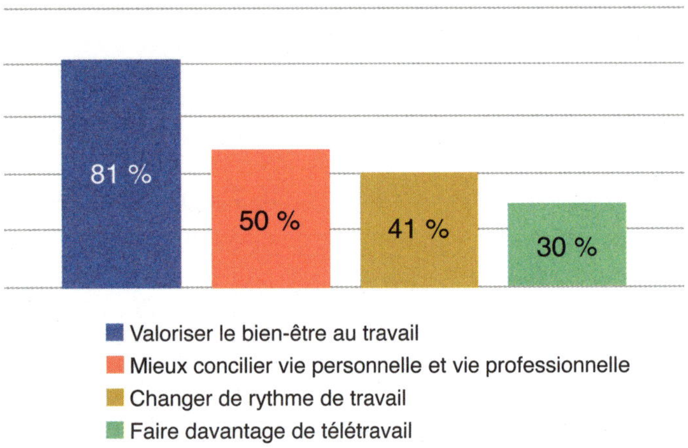

Lecture : 41 % des salariés interrogés ont déclaré souhaiter changer de rythme de travail.

La crise sanitaire a eu un impact sur la perception du travail par les Français : 58 % déclarent ne plus voir leur travail de la même manière.

Source des données : Ifop. L'enquête a été menée auprès d'un échantillon de 1 003 personnes représentatif de la population française salariée. Les interviews ont été réalisées par questionnaires en ligne du 18 au 22 mai 2020.

Annexe 9

La mise en place du télétravail

Article L. 1222-9 du Code du travail (extrait)

I.- Sans préjudice de l'application, s'il y a lieu, des dispositions du présent code protégeant les travailleurs à domicile, le télétravail désigne toute forme d'organisation du travail dans laquelle un travail qui aurait également pu être exécuté dans les locaux de l'employeur est effectué par un salarié hors de ces locaux de façon volontaire en utilisant les technologies de l'information et de la communication.

Est qualifié de télétravailleur au sens de la présente section tout salarié de l'entreprise qui effectue, soit dès l'embauche, soit ultérieurement, du télétravail tel que défini au premier alinéa du présent I.

Le télétravail est mis en place dans le cadre d'un accord collectif ou, à défaut, dans le cadre d'une charte élaborée par l'employeur après avis du comité social et économique, s'il existe.

En l'absence d'accord collectif ou de charte, lorsque le salarié et l'employeur conviennent de recourir au télétravail, ils formalisent leur accord par tout moyen. [...]

II.- L'accord collectif applicable ou, à défaut, la charte élaborée par l'employeur précise :

1° Les conditions de passage en télétravail, en particulier en cas d'épisode de pollution mentionné à l'article L. 223-1 du Code de l'environnement, et les conditions de retour à une exécution du contrat de travail sans télétravail ;

2° Les modalités d'acceptation par le salarié des conditions de mise en œuvre du télétravail ;

3° Les modalités de contrôle du temps de travail ou de régulation de la charge de travail ;

4° La détermination des plages horaires durant lesquelles l'employeur peut habituellement contacter le salarié en télétravail ;

5° Les modalités d'accès des travailleurs handicapés à une organisation en télétravail, en application des mesures prévues à l'article L. 5213-6. [...]

CHAPITRE 13

La démarche d'analyse stratégique

COMPÉTENCES

- Identifier les différentes étapes d'une démarche d'analyse stratégique
- Présenter les principaux éléments de diagnostic interne et/ou externe de l'entreprise

SAVOIRS ASSOCIÉS

- Le diagnostic externe et l'analyse de l'environnement
- Le diagnostic interne et les ressources stratégiques de l'entreprise

Situation professionnelle

Une gamme de vélos à assistance électrique (VAE) pour laisser la voiture au garage : c'est sur ce créneau que se sont positionnés Emmanuel Antonot et Grégory Sand quand ils ont créé Moustache Bikes.

Les dirigeants sont partis d'un constat : l'explosion de la demande pour les mobilités propres, stimulée par les aides publiques. Le marché du VAE est passé de moins de 40 000 unités vendues en 2011, date de la création de l'entreprise, à plus de 660 000 en 2022. À ce rythme, on peut s'attendre à ce que le vélo électrique dépasse toutes les attentes des professionnels du cycle avec plus de 3 millions de VAE vendus en 2030. L'entreprise a pleinement exploité les nouvelles technologies qui permettent de gagner en autonomie. Aujourd'hui, la batterie électrique d'un vélo – fabriquée à l'extérieur par un équipementier de renom, Bosch – permet de parcourir 150 km.

Les deux fondateurs ont ensuite fait le choix d'une production artisanale et française, chaque opérateur étant responsable de l'intégralité de la fabrication.

C'est sur ces bases que Moustache Bikes propose des produits de qualité premium vendus au prix unitaire moyen de 3 000 € à travers un réseau d'indépendants spécialistes du cycle. Même si la concurrence sur le marché du VAE est rude avec l'arrivée d'entreprises telles que MFC, Easybike ou Angell, les ventes de Moustache Bikes connaissent une croissance régulière. Sa part de marché représente 10 % du marché des VAE.

VIDÉO
Présentation de Moustache Bikes
www.lienmini.fr/8739-1301

Découvrir les problématiques du chapitre

1. Comment a évolué le marché des VAE depuis la création de Moustache Bikes en 2011 ?
2. Pourquoi les dirigeants de Moustache Bikes ont-ils décidé d'investir sur ce marché ?
3. Comment le développement durable est-il pris en compte dans le projet de Moustache Bikes ?

CHAPITRE 13

Activité 1 Analyser les étapes de la démarche d'analyse stratégique

Document 1 Le modèle LCAG (Learned, Christensen, Andrews, Guth)

Le modèle LCAG définit les étapes de la démarche stratégique de l'entreprise.

Diagnostic interne et externe → Évaluation des choix possibles → Définitions des objectifs stratégiques : rentabilité, pérennité, croissance, satisfaction des parties prenantes → Mise en œuvre et contrôle de la stratégie

La démarche stratégique s'appuie sur un diagnostic interne (analyser les ressources et les compétences pour dégager les forces et les faiblesses de l'entreprise) et un diagnostic externe (identifier les opportunités et les menaces de l'environnement) avant d'effectuer des choix stratégiques.

Document 2 Baguette à Bicyclette (B à B)

B à B offre un service de livraison à vélo du petit déjeuner aux particuliers et aux entreprises de l'agglomération lyonnaise. La stratégie repose sur un service de qualité grâce à un réseau d'artisans boulangers locaux. B à B a poursuivi sa croissance en s'implantant à Paris. Mais un montant trop bas du panier moyen (5 € au lieu de 23 € à Lyon) a contraint B à B à se recentrer sur sa ville d'origine.

VIDÉO
Présentation de Baguette à Bicyclette
www.lienmini.fr/8739-1302

Document 3 La matrice FFOM appliquée à Baguette à Bicyclette

Le diagnostic stratégique peut se présenter sous forme d'une matrice appelée FFOM qui identifie et résume les forces et les faiblesses en interne, les opportunités et les menaces en externe.

Forces de Baguette à Bicyclette	Faiblesses de Baguette à Bicyclette
Une sélection d'artisans boulangers de qualité. La livraison à domicile dès 7 h 30. L'utilisation de vélos électriques plus écologiques. Une clientèle stable et récurrente.	Un service uniquement disponible à Lyon. La gestion logistique des livraisons. La capacité de production est insuffisante face à la demande.
Opportunités de Baguette à Bicyclette	**Menaces de Baguette à Bicyclette**
La clientèle jeune est attirée par les nouveaux concepts. Les technologies numériques rendent le service facilement accessible. L'amélioration de la qualité de vie au travail pour les entreprises. L'importance du petit déjeuner et le développement du cocooning.	Les 18-25 ans mangent de moins en moins de pain (étude de janvier 2022). Les achats de pain se font à 41 % en supermarchés. La forte concurrence des boulangeries traditionnelles.

Document 4 Stratégie voulue (délibérée) et stratégie émergente (réelle)

La stratégie voulue (ou délibérée, selon la terminologie de H. Mintzberg) subit le plus souvent les perturbations d'un environnement complexe et changeant qui finit par provoquer l'émergence d'une nouvelle stratégie : la stratégie réelle. Pour Mintzberg, « Le monde réel suppose inévitablement une certaine dose de prévoyance ainsi qu'un minimum d'adaptation en cours de route ».

1. Identifiez les éléments de diagnostic qui peuvent contribuer au succès de Baguette à Bicyclette.
2. Montrez que la stratégie est cohérente avec ces éléments de diagnostic stratégique.
3. Repérez les principaux freins à la mise en œuvre de la stratégie de l'entreprise.
4. Comment l'environnement a-t-il fait évoluer la stratégie délibérée de l'entreprise ?

Conclusion

Montrez que le diagnostic stratégique est une étape indispensable pour éclairer les choix des dirigeants.

› Voir lexique CEJM, p. 237

Activité 2 Réaliser le diagnostic externe

Document 5 Le diagnostic externe

Le diagnostic externe identifie les caractéristiques de l'environnement et mesure leur impact sur l'entreprise.
Il met en évidence les opportunités à saisir et les menaces dont il faut se protéger.
Le diagnostic étudie principalement les caractéristiques de l'environnement à deux niveaux :

Niveau global (macroenvironnement)	Niveau sectoriel et concurrentiel
Étude des tendances politiques, économiques, sociales, technologiques, écologiques et légales qui influencent l'entreprise	Étude du marché et des forces concurrentielles qui le traversent
Outil à utiliser : matrice **PESTEL**	Outil à utiliser : **forces concurrentielles** (M. Porter)

A L'analyse du macroenvironnement

VIDÉO
Présentation de Williwaw
www.lienmini.fr/8739-1303

Document 6 Williwaw, un ventilateur silencieux, durable et désirable

949 euros. Comment justifier une telle somme pour s'offrir un ventilateur ? La question se pose lorsque les températures battent des records comme en ce mois de juin 2022 et que l'on cherche à se rafraîchir « à tout prix ». [...] Le Williwaw brasse de l'air comme tout autre ventilateur. Mais avec une promesse : faire une économie de 30 % sur la facture énergétique du foyer. [...] L'idée d'un ventilateur haut de gamme a germé dans l'esprit du designer industriel Stéphane Thirouin. En renouvelant l'air au contact de la peau, un ventilateur donne une sensation de fraîcheur, sans les inconvénients d'une climatisation énergivore qui rejette au-dehors la chaleur captée dans une pièce. Les pièces mécaniques du ventilateur sont garanties 10 ans. [...] Exit la colle et les assemblages définitifs. « Le ventilateur est assemblé avec 109 vis, ce qui demande une heure et demie d'assemblage. » Mais c'est le prix à payer pour pouvoir intervenir en cas de panne.

M. Nowak, www.sciencesetavenir.fr, 15 juin 2022.

Document 7 Le marché des ventilateurs

Avec l'été caniculaire de 2022, les magasins d'électroménager (Boulanger, FNAC-Darty, Leroy Merlin) ont connu une augmentation importante des ventes de ventilateurs dès le mois de juin. Mais quand la canicule s'installe, les clients ont tendance à passer du ventilateur au climatiseur. Il en va ainsi de tous les produits dits météo-sensibles.
Pourquoi les Français attendent-ils les records de chaleur pour se ruer sur les ventilateurs ? Parce que ceux-ci restent perçus comme des produits de dépannage, utiles au mieux deux ou trois semaines dans l'année.
Pourtant depuis 4 ans, le marché français se développe en raison de la sensibilisation à la protection de l'environnement et aux économies d'énergie (un ventilateur consomme en moyenne vingt fois moins d'électricité qu'un climatiseur), des exigences d'une population âgée plus nombreuse.
Des textes réglementaires datant de 1955 et régulièrement actualisés prévoient même l'obligation d'aérer les logements.
La technologie fait également partie des critères de choix. Ainsi, la connectivité des produits devient un critère important pour les consommateurs.

5. Établissez la matrice PESTEL pour l'entreprise Williwaw.
6. Repérez les opportunités à saisir et les menaces dont l'entreprise doit se protéger.
7. Montrez comment la stratégie de Williwaw est impactée par ces opportunités et menaces.
8. Montrez comment les valeurs écologiques sont prises en compte dans les choix stratégiques.

Activité 2

B L'analyse sectorielle et concurrentielle

Document 8 Le modèle des forces concurrentielles de M. Porter

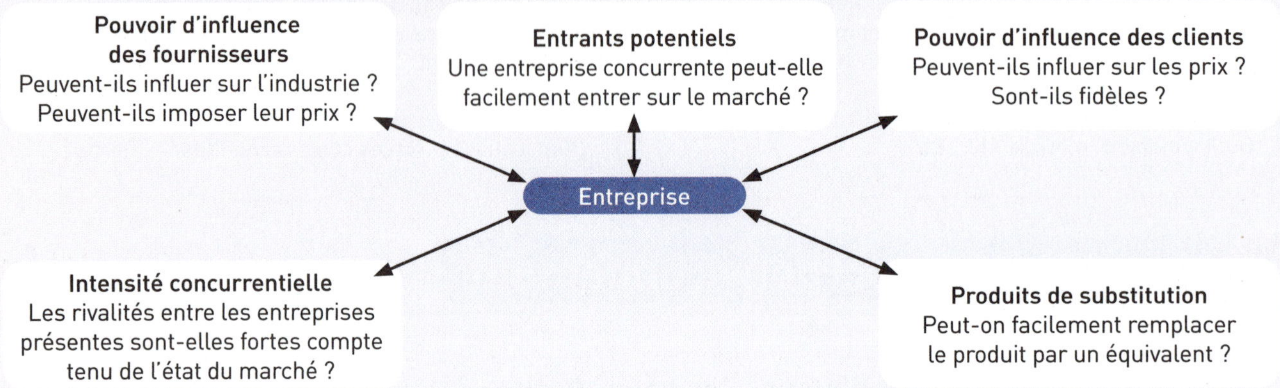

De nombreux analystes considèrent qu'il existe une sixième force constituée par l'action des pouvoirs publics.

9. Expliquez comment les clients et les fournisseurs peuvent exercer une pression sur l'entreprise.

10. Montrez que l'intensité concurrentielle ne se limite pas à la concurrence directe.

Document 9 Les forces concurrentielles de Williwaw

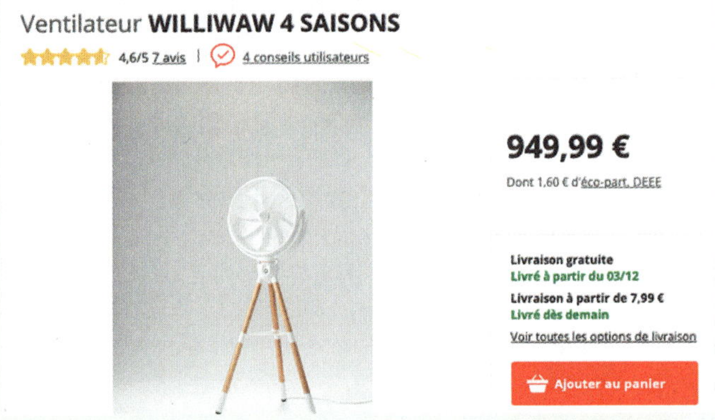

Williwaw est entré sur un marché des ventilateurs déjà bien investi par d'importantes marques à forte notoriété telles que Seb (Rowenta) et surtout Dyson auxquels s'ajoutent des petits fabricants de marques distributeurs proposant des produits à 100 €.

Son créateur Stéphane Thirouin a réussi à pénétrer ce marché en proposant des produits haut de gamme qualifiés de « Tesla des ventilateurs ». Son fournisseur chinois basé à Shengzen lui assure la maîtrise et le contrôle de la fabrication. En raison des différentes taxes que doit supporter Williwaw pour faire revenir ses ventilateurs sur le territoire français, le produit est proposé à un prix de 950 €.

Ses produits sont principalement distribués à des particuliers *via* son site Internet. Ils sont également référencés par des enseignes comme Fnac-Darty. Williwaw fait une percée chez des professionnels de l'hôtellerie (hôtel Carlton à Cannes).

Mais le ventilateur reste malheureusement trop souvent perçu comme une solution d'appoint et est fortement concurrencé par les climatiseurs et les ventilations mécaniques contrôlées (VMC) qui sont installées dans les logements.

11. Repérez les principales forces concurrentielles qui menacent l'entreprise Williwaw.

12. Indiquez pour chaque force identifiée l'intensité de la menace.

13. Identifiez les opportunités sur lesquelles Williwaw peut s'appuyer pour développer son ventilateur.

Conclusion

Montrez l'importance du diagnostic externe pour déterminer l'avantage concurrentiel d'une entreprise.

> Voir lexique CEJM, p. 237

Activité 3 Réaliser le diagnostic interne

Document 10 Le diagnostic interne

Le diagnostic interne étudie le fonctionnement, les ressources, les compétences et la chaîne de valeur de l'entreprise. Il permet d'identifier ses forces et ses faiblesses en vue de déterminer l'avantage compétitif de l'entreprise Cette analyse qui oriente les choix stratégiques est cependant contrainte par le manque ou l'insuffisance d'informations à la disposition du dirigeant pour prendre ses décisions. H. Simon parle de rationalité limitée. Elle est également influencée par le degré d'acceptation des choix stratégiques par les parties prenantes. Crozier et Friedberg ont ainsi montré que les acteurs – en particuliers les salariés – peuvent développer des stratégies personnelles de résistance si les décisions stratégiques vont à l'encontre de leurs stratégies personnelles.

Document 11 L'analyse des ressources et des compétences

L'avantage compétitif d'une entreprise repose sur l'utilisation optimale de ses ressources et de ses compétences.

E. Penrose distingue les **ressources tangibles** (matérielles, humaines et financières) et les **ressources intangibles** (organisation, notoriété, technologie).

+

G. Hamel et C. K. Prahalad insistent quant à eux sur les **compétences distinctives** qui donnent à l'entreprise un avantage sur ses concurrents. La maîtrise d'un savoir-faire ou d'une technologie constitue une compétence distinctive.

La combinaison optimale de ces ressources et de ces compétences construit l'avantage compétitif.

Document 12 La boule OBUT

Qui ne connaît pas les boules de pétanque OBUT ? Cette entreprise familiale située à Saint-Bonnet-le-Château (Loire) dispose d'un ensemble de savoir-faire qui lui permet d'offrir à chaque joueur des produits d'une exceptionnelle qualité.
L'équipe R&D élabore des produits innovants en adéquation avec les attentes des joueurs les plus exigeants. Les ateliers de fabrication, composés de techniciens expérimentés issus de différents métiers (forge, soudure, usinage, polissage, traitement thermique et de surface), œuvrent pour aboutir à la réalisation d'un produit irréprochable.
La SA OBUT emploie un peu plus de 80 salariés pour un chiffre d'affaires de 25,6 millions d'euros en 2021. 60 % des ventes sont constituées par les boules de compétition et l'autre moitié par des boules de loisirs. La fabrication de boules répondant aux exigences techniques des grandes compétitions internationales confère à la société une notoriété internationale.
En 1995, Pierre Souvignet a pris la direction de la société familiale. Il a dû convaincre ses équipes de sortir d'une distribution essentiellement dans la grande distribution et de monter en gamme en vendant dans des réseaux spécialisés.
En 2003, face à la fragilité d'un actionnariat dispersé entre deux familles, il rachète les parts et prend le contrôle de la société. Il peut ainsi mener une nouvelle politique en offrant de nouveaux services et en recherchant une fabrication plus respectueuse de l'environnement.

VIDÉO
OBUT, la boule de pétanque française depuis 1955
www.lienmini.fr/8739-1304

14. Identifiez les ressources tangibles et intangibles d'OBUT.
15. Recherchez les compétences distinctives d'OBUT.
16. Présentez les principales sources de l'avantage compétitif d'OBUT.
17. Repérez les résistances qu'a dû affronter P. Souvignet pour conduire sa stratégie.
18. Montrez que les choix de gouvernance ont été déterminants dans le succès d'OBUT.

Activité 3

Document 13 La chaîne de valeur, outil de diagnostic stratégique interne de M. Porter

Pour M. Porter, la chaîne de valeur permet de déterminer les sources de l'avantage concurrentiel et de mettre en évidence la création de valeur pour le client final.
Elle est constituée d'un enchaînement d'activités liées les unes aux autres, conduisant au produit ou service final qui doit répondre aux besoins des clients.
Il distingue cinq activités principales et quatre activités de soutien. Certaines sont créatrices de valeur (à développer), d'autres sont génératrices de coût (à minimiser ou externaliser).
La valeur finale correspond à la somme que le client est prêt à payer pour obtenir le produit ou le service.

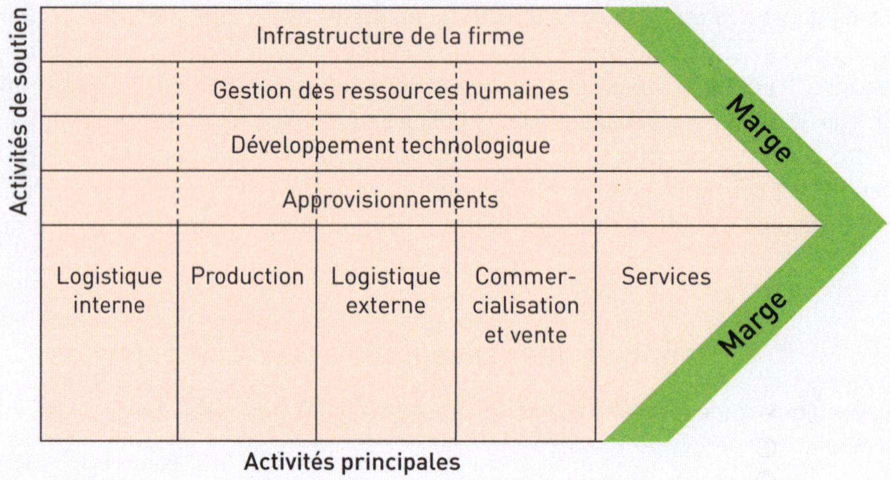

Document 14 La chaîne de valeur d'OBUT

Dès sa création en 1955, OBUT a fait le choix de contrôler l'ensemble du processus de fabrication dans son usine de Saint-Bonnet-le-Château. L'approvisionnement en acier se fait auprès de fournisseurs locaux. Pierre Souvignet, le PDG, a engagé son entreprise dans une démarche qualité en multipliant les points de contrôle. Il s'est engagé également dans une logique éco-responsable en privilégiant le conditionnement en carton en réduisant de 70 % les déchets chimiques et de 12 % les rejets d'acier.
La distribution est confiée à un réseau de distributeurs spécialisés dans les articles de sport.
La position haut de gamme des boules OBUT s'explique par l'extrême exigence des clients qui sont sportifs de haut niveau. Par ailleurs, une clientèle grand public se développe fortement, à la recherche des meilleurs produits pour les loisirs et plébiscitant le *made in France*. Ainsi, le prix moyen d'un lot de 3 boules s'élève à 160 €.

Document 15 Koodza, les boules de pétanque de Decathlon

Decathlon, distributeur d'articles de sport grand public, a choisi de développer ses marques propres en s'appuyant sur une R&D interne très efficace. La conception des boules de pétanque Koodza n'a pas dérogé à cette règle.
Une fois le produit conçu par le bureau d'études à partir d'enquêtes clients, les boules sont mises en fabrication dans plusieurs pays d'Asie du Sud-Est. Puis le produit est distribué dans l'ensemble des magasins du réseau Decathlon à un prix moyen de 80 €.

19. Identifiez les fonctions de l'entreprise contribuant à la chaîne de valeur d'OBUT.
20. Analysez l'avantage concurrentiel qui se dégage de cette chaîne de valeur.
21. Mettez en évidence les différences avec la chaîne de valeur de Decathlon.

Conclusion

Montrez l'importance du diagnostic interne pour déterminer l'avantage compétitif d'une entreprise.

> Voir lexique CEJM, p. 237

La démarche d'analyse stratégique

1 La démarche d'analyse stratégique

A. Définitions

La **stratégie** consiste à déterminer les objectifs à long terme d'une entreprise et à affecter les ressources matérielles, humaines et financières nécessaires pour les atteindre.
La **démarche d'analyse stratégique** a été mise en évidence par le **modèle LCAG** (Learned, Christensen, Andrews et Guth). C'est un processus rationnel qui doit guider le dirigeant dans ses choix stratégiques et dans la mise en œuvre de la stratégie décidée.
En réalité, la démarche stratégique est perturbée par une multitude de facteurs : des changements dans l'environnement, des résistances de la part des parties prenantes, le tempérament du manager, les mécanismes de gouvernance et de contrôle. La **stratégie réelle** est le plus souvent une combinaison de la stratégie délibérée (décidée) et de l'émergence de ces multiples facteurs.

B. Les étapes de la démarche stratégique

① Le diagnostic interne
② Le diagnostic externe
③ L'évaluation des choix stratégiques possibles
④ La définition des objectifs stratégiques
⑤ La mise en œuvre et le contrôle de la stratégie

2 Le diagnostic externe

Le **diagnostic externe** analyse l'environnement de l'entreprise. Il identifie les opportunités et les menaces afin de dégager l'avantage concurrentiel et d'orienter les choix stratégiques du dirigeant.

A. L'analyse de l'environnement global au moyen de la matrice PESTEL

La matrice PESTEL analyse les tendances politiques, économiques, sociales, technologiques, écologiques et légales. Le dirigeant doit retenir les composants qui auront le plus d'impact sur ses choix stratégiques.

B. L'analyse de l'environnement des forces concurrentielles

Le modèle des cinq **forces concurrentielles** décrites par M. Porter constitue l'outil d'analyse de l'environnement sectoriel et concurrentiel. Il s'agit de l'intensité concurrentielle, de la pression des clients, de la pression des fournisseurs, des entrants potentiels et des produits de substitution. L'action des pouvoirs publics est fréquemment ajoutée à cette liste.
L'étude de ces forces permet également d'enrichir l'analyse des opportunités offertes par le marché et de ses menaces.

3 Le diagnostic interne

Le **diagnostic interne** analyse les ressources, les compétences propres à l'entreprise. Il identifie les forces et faiblesses de l'entreprise afin de construire son avantage compétitif.

A. L'analyse des ressources et des compétences

Elle repose sur les travaux d'Edith Penrose, de Gary Hamel et de Coimbatore K. Prahalad.
Elle analyse les ressources tangibles (matérielles, humaines, financières) et intangibles (organisation, notoriété, brevets). Elle étudie également les compétences distinctives qui avantagent une entreprise face à ses concurrents.
C'est de l'efficacité de la combinaison de ces ressources et compétences associée à l'expérience du dirigeant que se construira l'avantage compétitif.

B. La chaîne de valeur

La **chaîne de valeur**, décrite par Michael Porter, analyse la création de valeur pour le client final. Elle étudie les fonctions de l'entreprise afin de déterminer celles qui sont à valoriser car créatrices de valeur et celles qui sont à minimiser car génératrices de coûts.

La démarche d'analyse stratégique

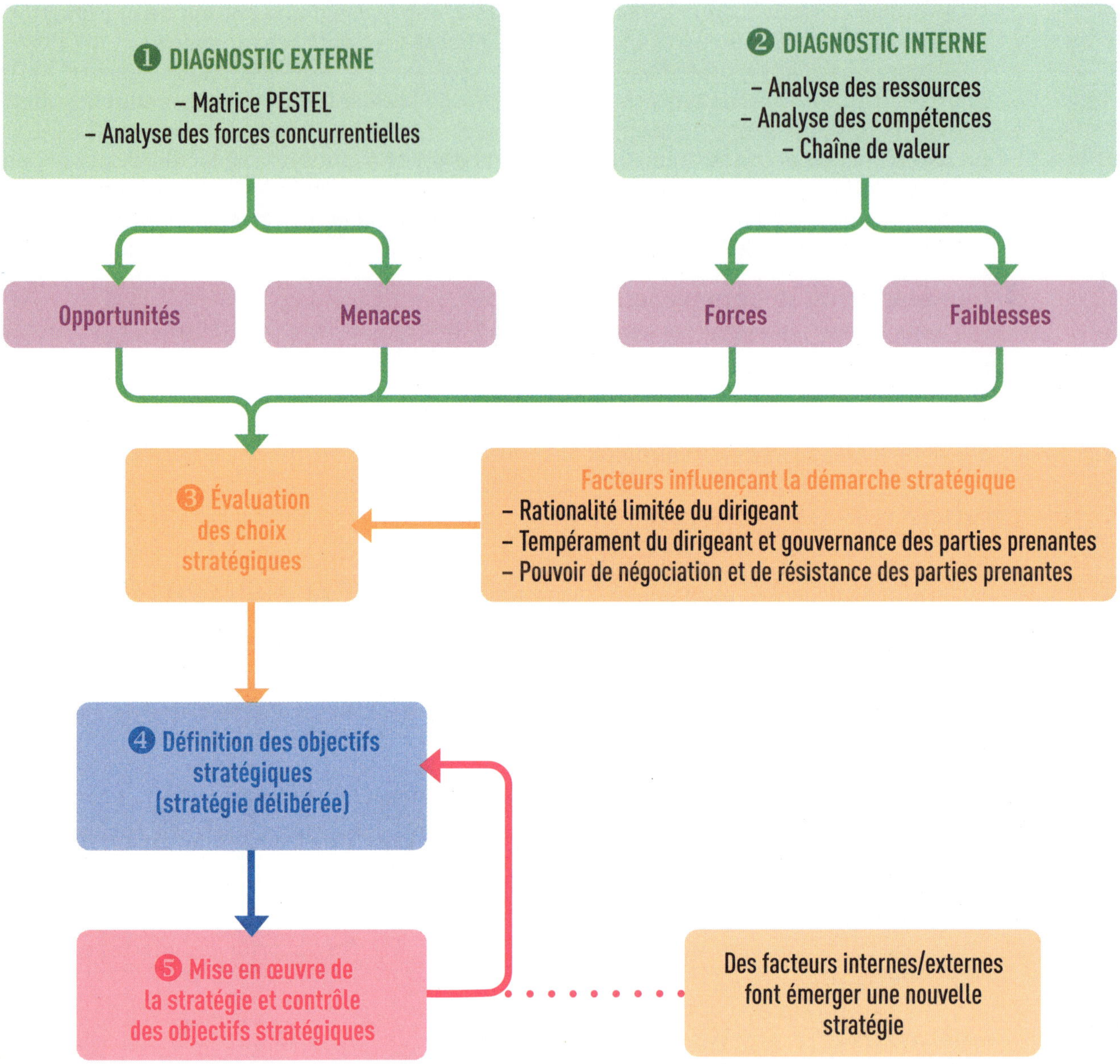

Mots-clés

- Chaîne de valeur
- Démarche stratégique
- Diagnostic externe, diagnostic interne
- Forces concurrentielles
- Modèle LCAG
- Stratégie, stratégie réelle (ou émergente)

> Voir lexique CEJM, p. 237

Pour vérifier ses acquis

1 QCM numérique

Scannez le QR Code ou saisissez le lien mini pour accéder à un QCM interactif.

www.lienmini.fr/8739-1305

2 Le diagnostic de Fix Body

La société de remise en forme Fix Body, située dans le centre-ville de Nice, offre aux seniors des séances de sport personnalisées avec un coach individuel.

- **Indiquez pour chaque événement s'il s'agit d'une opportunité, d'une menace, d'une force ou d'une faiblesse.**

	Opportunités	Menaces	Forces	Faiblesses
L'espérance de vie augmente.				
Une salle de sport vient de s'ouvrir à proximité.				
Des séances de coaching sont proposées sur YouTube.				
Les coachs sont diplômés et expérimentés.				
L'État a décidé de fermer les salles de sport en raison de la crise sanitaire.				
Fix Body s'est endettée pour rénover la salle.				
La clientèle est très fidèle.				

3 Les concepts et leurs auteurs

- **Associez les notions suivantes aux auteurs les ayant analysées.**

L'analyse des ressources tangibles et intangibles pour identifier l'avantage compétitif

La rationalité limitée

La distinction entre stratégie délibérée et stratégie émergente

La chaîne de valeur

Les forces concurrentielles

L'analyse des compétences distinctives

La description des étapes de la démarche stratégique

Gary Hamel
Coimbatore K. Prahalad

Learned, Christensen, Andrews, Guth

Michael Porter

Herbert Simon

Edith Penrose

Henry Mintzberg

1 Entraînement en autonomie — La stratégie de G7

★★ COMPÉTENCE Présenter les principaux éléments de diagnostic externe de l'entreprise

Situation

G7 est une plateforme de réservation de taxis. Leader en France et en Europe, G7 emploie 300 collaborateurs et réalise 17 millions de trajets grâce à une flotte de 9 000 taxis affiliés. G7 fournit aux particuliers et aux entreprises une large gamme de services pour répondre à leurs besoins de mobilité au quotidien.

VIDÉO
Présentation de l'entreprise G7
www.lienmini.fr/8739-1306

1 Réalisez un diagnostic externe de G7 en mettant en évidence les opportunités et les menaces de son environnement (annexes 1 et 2).

2 Montrez que la stratégie adoptée par G7 est cohérente avec le diagnostic externe.

3 Analysez le rôle du facteur écologique dans l'évolution de la stratégie de G7.

Annexe 1

Un environnement concurrentiel tendu pour G7

Depuis quelques années, c'est une nouvelle concurrence qui est apparue pour les chauffeurs de taxi avec le développement des VTC. Ils sont plus de 40 000 sur Paris. Cette alternative est incarnée par d'importantes sociétés internationales telles que Uber ou Heetch. L'État a dû intervenir pour réguler cette profession en réglementant. La loi d'orientation sur les mobilités doit venir réguler les pratiques de la profession.

À cette situation déjà tendue s'est ajoutée la crise sanitaire. L'année 2020 a été difficile pour la plateforme de réservation G7. La crise sanitaire a entraîné une chute du tourisme à Paris. À plus long terme, ce sont aussi de nouvelles mobilités qui se mettent en place. En effet, par crainte de la contamination, les usagers recourent à de nouveaux modes de déplacement : la trottinette ou le vélo. La clientèle professionnelle développe aussi de nouvelles organisations du travail : visioconférence, télétravail. Autant de solutions qui conduisent à délaisser le taxi.

Face à cette baisse d'activité (–32 % de fréquentation sur la plateforme depuis le début de la crise), Nicolas Rousselet, le PDG de G7, ne baisse pas les bras. Outre le développement d'une flotte verte, il a choisi de baisser le prix des redevances de plus de 15 %.

Annexe 2

Transition énergétique et mobilité propre avec G7 Green

G7 a lancé en 2007 G7 Green, la première flotte de taxis à faible émission en Europe. Aujourd'hui, G7 Green consolide sa position de leader de la mobilité durable avec plus de 5 500 véhicules hybrides ou électriques, soit plus de 55 % de la flotte G7.

Prochain objectif : 100 % de berlines G7 Green en 2027 !

Depuis avril 2019, G7 Green, en partenariat avec Reforest'Action, spécialiste de la reforestation en France et dans le monde, s'engage avec vous pour améliorer le cadre de vie des Franciliens. Toutes vos 10 courses en G7 Green réservées avec l'application G7, sous 3 mois, nous plantons un arbre à Paris et en Île-de-France.

D'après www.G7.fr

2 Faire le lien avec le stage/l'apprentissage

1 Réalisez un diagnostic externe de votre entreprise (matrice PESTEL et forces concurrentielles).

2 Identifiez les ressources et les compétences distinctives de votre entreprise.

3 Construisez la matrice FFOM de votre entreprise.

CHAPITRE 13

Pour préparer l'examen

Cas d'entreprise BIO-UV Group

COMPÉTENCES Identifier les différentes étapes d'une démarche stratégique
Présenter les principaux éléments de diagnostic interne et/ou externe de l'entreprise

Situation

VIDÉO
BIO-UV Group : traitement de l'eau et désinfection des espaces par UV, ozone & AOP
www.lienmini.fr/8739-1307

BIO-UV Group est une PME industrielle innovante. C'est le premier fabricant français d'appareils de traitement de l'eau et de désinfection des surfaces par ultraviolets et ozone. La société a été créée en mai 2000. Elle compte parmi ses clients des armateurs mondiaux tels que CGA-CGM et Louis Dreyfus pour lesquels elle assure le retraitement des eaux de ballast[1].

BIO-UV déploie son savoir-faire vers quatre marchés : le récréatif (traitement des eaux de piscine, etc.), l'industrie (traitement des eaux de process, etc.), la réutilisation d'eaux usées traitées et l'aquaculture.

Selon le PDG, Benoît Gillmann : « Au regard de la crise climatique, du manque d'eau dans le monde, le traitement de l'eau a un potentiel de marché quasi infini devant lui. »

Tous les produits BIO-UV sont ainsi conçus et fabriqués sur deux sites de production : celui de Lunel, repositionné comme centre d'excellence sur les UV, et celui de Glasgow (Écosse), plus tourné vers l'ozone. Le site de production de Lunel possède une superficie totale de 5 200 m², dont 4 300 m² entièrement dédiés à la production.

Afin d'améliorer ses fonds propres, BIO-UV procède à une augmentation de capital en 2020 de 7 millions d'euros.

1. Un ballast est un réservoir d'eau de grande contenance équipant certains navires. Il est destiné à être rempli ou vidangé d'eau de mer afin d'optimiser la navigation. Effectuée dans de mauvaises conditions, l'opération de vidange, ou déballastage, peut poser des problèmes écologiques.

BIO-UV en chiffres

Avec un chiffre d'affaires de **44,3** millions d'euros en 2021, BIO-UV Group a connu un doublement de ses ventes en deux ans et une croissance de **150 %** de ses ventes internationales.
Le groupe emploie plus de **150** salariés. Depuis sa création, BIO-UV Group a équipé plus de :

- **250** navires avec les systèmes BIO-SEA®
- **2 000** systèmes de potabilisation et de traitement des eaux usées
- **5 000** piscines publiques et **100 000** piscines et spas résidentiels
- **1 800** aquariums publics

Mission 1 L'analyse de l'environnement de BIO-UV

1. Présentez les principaux éléments de diagnostic du macroenvironnement et du microenvironnement.
2. Identifiez les opportunités et les menaces pour BIO-UV.

Mission 2 L'analyse des ressources et des compétences

3. Analysez les ressources et les compétences de BIO-UV.
4. Identifiez les forces et les faiblesses de BIO-UV.

Mission 3 Vers les choix stratégiques

5. Retrouvez les étapes de la démarche stratégique adoptée par BIO-UV.
6. Mettez en évidence l'évolution de la stratégie de BIO-UV liée à la crise sanitaire.
7. Montrez que la connaissance de son environnement et la maîtrise de ses compétences ont permis cette évolution de la stratégie.

Annexe 1

La réglementation des activités de désinfection

Le Code de la santé publique encadre strictement les procédures de traitement des eaux destinées à la consommation humaine (EDCH) en rendant obligatoires le nettoyage et la désinfection régulière des installations afin de garantir la qualité de l'eau.
La réglementation fait désormais obligation aux armateurs d'équiper leurs bateaux en unités de décontamination des eaux de ballast.

Annexe 2

La technologie par ultraviolets

La technologie par ultraviolets est totalement propre car non chimique. Elle est facile à mettre en œuvre mais elle n'élimine pas la totalité des micro-organismes présents dans l'eau. Cette technologie est également fortement consommatrice d'électricité.

Annexe 3

Une alternative aux solutions par ultraviolets

La désinfection des surfaces par voie aérienne (DSVA) est une méthode de désinfection de l'intégralité des surfaces (matériel, murs, plafond et sol) d'un local par propulsion, dans l'air, d'un produit désinfectant à l'aide d'une machine. Elle s'effectue hors présence humaine et permet de traiter toutes les surfaces en contact avec l'air par saturation du local. Elle peut être réalisée à titre préventif, à la suite d'un nettoyage manuel (nettoyage approfondi ou mise à blanc) ou seule si les surfaces sont propres ; mais aussi à titre curatif à la suite d'une contamination. […] Notre machine de désinfection a été conçue pour répondre aux contraintes strictes de l'industrie pharmaceutique. Elle répond notamment à la norme dédiée NF T 72-281 (mai 2009) en vigueur.

www.hygiatech-services.com

Annexe 4

Entretien avec Benoît Gillmann, PDG de BIO-UV Group

Depuis plus de 20 ans, BIO-UV conçoit et fabrique des solutions de désinfection de l'eau par ultraviolets. Lorsque nous mettons au point une solution qui répond à des besoins, celle-ci est testée puis validée par des laboratoires indépendants selon certaines normes. Au vu de la crise pandémique, nous avons décidé de nous positionner sur la désinfection de surface, une aubaine en quelque sorte, car la technique est moins complexe que la désinfection d'eau. Très rapidement, nous avons mis au point une solution adaptée au sujet.
De tout temps il y a eu des virus et des micro-organismes, et il y en aura toujours. Actuellement, le Sars-CoV-2 n'est pas plus dur à éliminer avec des appareils UV-C bien conçus que d'autres micro-organismes, la dose nécessaire pour éradiquer ce virus est même inférieure à [celle qu'on emploie contre] d'autres virus.
Votre solution a été spécifiquement pensée pour les hôteliers, pourquoi ?
En constatant l'urgence du secteur médical et compte tenu de ma sensibilité pour l'hôtellerie, j'ai voulu apporter une solution rapide, ergonomique et abordable à ces acteurs. Celle-ci a été certifiée selon la norme NFT 81273. Très faciles et rapides d'utilisation, les lampes sont adaptées à la désinfection d'espaces et de surfaces comme des chambres et peuvent parfaitement être utilisées sur du matériel électronique sans le dégrader. Des chaînes d'hôtels, comme Accor, ont déployé nos solutions de lampes de désinfection UV-C.

www.tom.travel

CHAPITRE 14

Les choix stratégiques de l'entreprise

COMPÉTENCES

- Présenter les étapes de la décision stratégique
- Identifier et analyser les choix stratégiques de l'entreprise
- Analyser la pertinence des choix stratégiques de l'entreprise

SAVOIRS ASSOCIÉS

- Les domaines d'activités stratégiques
- Les options stratégiques globales et par domaines d'activités
- Les modalités de croissance des entreprises

Situation professionnelle

En 2011, Grégory Sand et Emmanuel Antonot décident de créer Moustache Bikes, une entreprise qui se consacre uniquement à la fabrication de vélos à assistance électrique (VAE). Elle emploie alors un seul salarié. En moins de 10 ans, cette start-up est devenue un leader du marché français.

Sur ce domaine d'activité, Moustache Bikes propose des vélos haut de gamme dont le prix oscille entre 2 000 et 10 000 € et couvre l'ensemble des usages loisirs, urbains ou tout terrain.

Depuis la conception des 65 modèles proposés jusqu'à la distribution dans un réseau de vendeurs indépendants, en passant par l'assemblage réalisé dans les Vosges, le processus est complètement intégré et maîtrisé afin de garantir une qualité parfaite aux clients.

Aujourd'hui, Moustache Bikes produit plus de 50 000 VAE par an, réalise un chiffre d'affaires qui avoisine les 100 millions d'euros et emploie plus de 150 personnes. Cette croissance, Moustaches Bikes l'a construite progressivement en s'appuyant sur des partenaires financiers qui lui ont fait confiance et sur plusieurs levées de fonds.

VIDÉO

Moustache Bikes recrute

www.lienmini.fr/8739-1401

Découvrir les problématiques du chapitre

1. Quel est le domaine d'activité de Moustache Bikes ? Pourquoi peut-on parler d'entreprise spécialisée ?
2. Comment Moustache Bikes se différencie-t-elle de ses concurrents ?
3. Comment Moustache Bikes a-t-elle financé sa croissance ?

CHAPITRE 14

Activité 1 Analyser les étapes de la décision stratégique

Document 1 La décision stratégique

Prendre une décision, c'est effectuer un choix compte tenu des informations disponibles.
Une décision stratégique est prise par le dirigeant de l'entreprise. Elle oriente l'entreprise sur le long terme. Elle mobilise d'importantes ressources, ce qui la rend généralement irréversible. La décision stratégique se distingue de la décision opérationnelle qui porte sur le court terme et concerne des opérations courantes facilement réversibles.

Document 2 Le modèle IMC

H. A. Simon et J. G. March considèrent que pour prendre une décision rationnelle, trois étapes sont à respecter. C'est le modèle Intelligence Modélisation Choix (IMC) :

Intelligence : Recenser les stratégies possibles compte tenu de la compréhension de la situation par le décideur → **Modélisation :** Déterminer les conséquences de chaque décision → **Choix :** Prendre la meilleure décision compte tenu des contraintes

Document 3 La rationalité limitée

Toutefois, H. A. Simon montre que le décideur est contraint par le manque d'informations à sa disposition, un budget, des délais limités ou les biais propres à sa perception de l'environnement. Sa rationalité est donc limitée. Le décideur prend la décision qui lui paraît la meilleure mais qui n'est pas nécessairement optimale.

Document 4 Delpharm se convertit à la fabrication du vaccin contre la Covid-19

L'entreprise française Delpharm est l'un des plus grands producteurs mondiaux de médicaments avec un chiffre d'affaires de près de 800 millions d'euros. Son dirigeant, Sébastien Aguettant, a obtenu un contrat auprès des laboratoires pharmaceutiques Pfizer et BioNTech pour le remplissage de plusieurs dizaines de millions de doses en France du vaccin contre la Covid-19.
Delpharm aurait pu choisir de rester sur son marché d'origine, car elle n'est pas positionnée directement dans le domaine des vaccins. Mais elle a fait ce choix après avoir analysé les capacités industrielles qu'elle pouvait mobiliser, sa capacité financière à investir 10 millions d'euros dans des installations spécifiques permettant de conserver le vaccin à une température de – 70 °C et ses possibilités de recrutement. Difficile dès lors de refuser ce marché énorme. Finalement, ce sont 46 millions qui auront été investis en 2022 sur les deux sites de production, installant ainsi durablement Delpharm dans cette nouvelle activité.

VIDÉO
Présentation de Delpharm
www.lienmini.fr/8739-1402

1. Montrez que la décision de l'entreprise Delpharm est stratégique et non opérationnelle.
2. Utilisez le modèle IMC pour expliquer la décision prise par S. Aguettant de fabriquer le vaccin.
3. Montrez que la rationalité du dirigeant était limitée au moment de la prise de décision.

Conclusion

Montrez que prendre une décision stratégique, c'est choisir la solution qui paraît la meilleure au moment où elle est prise.

> Voir lexique CEJM, p. 237

Activité 2 Choisir les options stratégiques

A La notion de domaine d'activité stratégique

Document 5 Les domaines d'activités stratégiques

Un domaine d'activité stratégique (DAS) est une sous-partie d'une entreprise regroupant des produits et des services qui nécessitent les mêmes compétences et les mêmes technologies, qui font face aux mêmes concurrents et qui adoptent une stratégie spécifique. La maîtrise du DAS offre à l'entreprise un avantage qui lui permet de supplanter ses concurrents.

Quand une entreprise a plusieurs activités, la segmentation stratégique lui permet d'identifier son ou ses DAS. L'ensemble des DAS forme le portefeuille d'activités de l'entreprise.

Document 6 Made.com, un nouveau modèle de magasin d'ameublement

VIDÉO
Made.com ouvre son showroom connecté à Paris
www.lienmini.fr/8739-1403

Au commencement : un problème. Notre fondateur cherchait alors à meubler son appartement. Pas satisfait de l'absence sur le marché de canapés de qualité à des prix abordables, il a décidé de changer les règles du jeu. Le concept ? Limpide. Des créations que l'on aime ET que l'on peut s'offrir. C'est ça Made.com, tout simplement. On collabore avec les meilleurs designers et fabricants indépendants. Et avec ces artisans hautement qualifiés, on crée des pièces qui vous accompagneront année après année. Le choix des matériaux utilisés est essentiel, aussi bien d'un point de vue social qu'environnemental. D'où notre engagement responsable et durable à chaque étape de notre processus de création, du concept de base aux dernières finitions.

www.made.com

4. **Identifiez les caractéristiques du DAS de made.com : produit, marché, technologie, environnement concurrentiel.**

5. **Analysez les atouts de made.com par rapport à des entreprises traditionnelles d'ameublement.**

Document 7 Les DAS de Bolloré

Créé en 1822, le groupe Bolloré figure parmi les 500 plus grandes compagnies mondiales. Coté en Bourse, il est toujours contrôlé majoritairement par la famille Bolloré. La stabilité de son actionnariat lui permet de mener une politique d'investissement à long terme. Grâce à sa stratégie de diversification basée sur l'innovation et sur le développement à l'international, il occupe aujourd'hui des positions fortes dans ses trois activités :

– Bolloré Transport et Logistics exerce ses activités dans les ports, la commission de transport et les chemins de fer. Il est aussi un acteur important de la logistique pétrolière en France et en Europe ;

– le pôle communication repose principalement sur sa participation dans Vivendi avec : Groupe Canal+, Havas, l'un des premiers groupes mondiaux de publicité et de conseil en communication, Editis, deuxième groupe d'édition français, Gameloft, leader dans les jeux vidéo sur mobile. Depuis fin 2021, il détient également une participation de 18 % dans Universal Music Group, leader mondial de la musique ;

– le stockage d'électricité (batteries) et les systèmes proposent un écosystème d'optimisation des flux de personnes, de matériels et de données.

D'après www.bollore.com

6. **Identifiez les différents DAS formant le portefeuille d'activités du groupe Bolloré.**

7. **Expliquez comment le groupe Bolloré entretient ce portefeuille.**

CHAPITRE 14

Activité 2

B Les stratégies globales

Document 8 Spécialisation et diversification

La stratégie globale vise à gérer un portefeuille de DAS en arbitrant entre :
– La spécialisation quand l'entreprise dépend d'une seule activité.

Avantages de la spécialisation	Limites et risques de la spécialisation
• L'effet d'expérience joue pleinement et permet de réduire les coûts grâce aux économies d'échelle. • L'image de l'entreprise est forte et cohérente.	• Le risque est d'engendrer des routines liées à la pratique d'un seul métier. • Il y a danger si l'activité est en déclin.

– La diversification quand l'entreprise se développe sur plusieurs activités.

Avantages de la diversification	Limites et risques de la diversification
Meilleure répartition des risques sur plusieurs activités.	• Risque financier lié aux investissements nécessaires. • Risque de dilution de l'image de l'entreprise.

Document 9 La matrice d'Ansoff

Igor Ansoff considère que la croissance d'une entreprise se construit autour de quatre choix stratégiques : pénétration de marché, développement de marché, développement de produit et diversification.

Marché/Produit	Produit actuel	Nouveau produit
Marché actuel	Pénétration de marché (Spécialisation)	Développement de produit (Diversification produit)
Nouveau marché	Développement de marché (Diversification marché)	Diversification

VIDÉO
La matrice d'Ansoff avec l'exemple d'Apple
www.lienmini.fr/8739-1404

Document 10 La stratégie de Naturalia

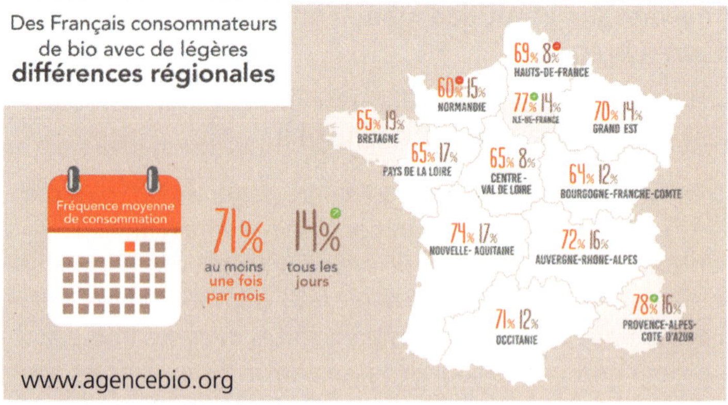

Depuis 1973, Naturalia est le pionnier des produits alimentaires bio en France. La stratégie de l'entreprise traduit la volonté de l'enseigne de prôner la liberté pour chacun de vivre bio à sa façon.
Naturalia travaille avec plus de 470 fournisseurs et producteurs sélectionnés pour leur engagement en faveur de l'agriculture biologique et la qualité de leurs produits.
Cette stratégie donne à l'entreprise une image forte dans son domaine et une expérience reconnue. Pourtant, Naturalia ne se satisfait pas de cette situation qui peut freiner sa capacité à innover. C'est pourquoi l'entreprise lance deux nouveaux concepts. Le premier, Naturalia Vegan, propose une offre 100 % biologique et végane ; le second, Naturalia Origines, est un retour aux origines de l'enseigne avec une offre dédiée au bien-être et aux médecines douces.

8. Identifiez le DAS d'origine de Naturalia et qualifiez sa stratégie globale.
9. Montrez que cette stratégie répond aux opportunités du marché.
10. Indiquez les avantages de la stratégie globale de Naturalia.
11. Appliquez la matrice d'Ansoff pour analyser l'évolution des choix stratégiques de Naturalia.

Document 11 Intégration et externalisation

La stratégie globale doit également permettre de choisir entre :
– L'intégration : l'entreprise réalise l'ensemble des activités composant la chaîne de valeur.

Avantage de l'intégration	Limites de l'intégration
L'entreprise maîtrise l'ensemble du processus composant la chaîne de valeur.	Difficultés à maîtriser l'ensemble des métiers formant la chaîne de valeur.

– L'externalisation : l'entreprise confie à des partenaires externes la réalisation de certaines activités. Les activités externalisées peuvent être des fonctions principales (H&M, par exemple, externalise la production de ses vêtements) ou des fonctions support (gestion du système d'information). La sous-traitance est une forme d'externalisation.

Avantage de l'externalisation	Limites de l'externalisation
Exploitation des compétences métiers des différents partenaires pour réduire les coûts.	• Risque de perte du savoir-faire qui est confié aux sous-traitants. • Difficultés de contrôle de l'activité externalisée.

Document 12 Shark Robotics, des robots 100 % *made in France*

VIDÉO
Présentation de Shark Robotics
www.lienmini.fr/8739-1405

Créée en 2016, Shark Robotics conçoit et fabrique, intégralement à La Rochelle, des robots haut de gamme conjuguant puissance, fiabilité et robustesse. Shark Robotics propose à la fois des robots dits catalogue et des robots sur-mesure répondant aux besoins spécifiques de ses clients. Elle intervient notamment dans les domaines de la sécurité, de la défense, de l'industrie, de l'énergie et du nucléaire. Shark Robotics, c'est :
– une entreprise innovante : 4 nouveaux robots développés chaque année ;
– des robots « Battle proven » : les robots Shark Robotics sont éprouvés au combat. On compte au moins 10 interventions par semaine avec nos différents robots ;
– une fabrication 100 % *made in France* : grâce à la maîtrise totale de la chaîne de valeur, Shark Robotics propose à ses clients des robots haut de gamme ;
– l'ingénierie en boucle courte, qui confère à Shark Robotics une très grande agilité et réactivité quant aux demandes des clients.

www.shark-robotics.com

12. **Identifiez le DAS de Shark Robotics et déduisez-en la stratégie globale de l'entreprise.**

13. **Présentez l'intérêt de l'intégration des activités pour Shark Robotics.**

14. **Identifiez les limites possibles de cette stratégie d'intégration.**

Document 13 Moustache Bikes confie ses moteurs à Bosch

Moustache Bikes a fait le choix de la spécialisation dans les vélos à assistance électrique (VAE). Et quand le patron de Bosch, Volkmar Denner, délaisse son opulente berline pour un VAE, c'est sur un Moustache Bikes qu'il pédale. Une consécration pour la marque vosgienne qui a fait le choix de confier à Bosch, réputé pour sa maîtrise technologique, la fabrication des moteurs de ses vélos.
Bosch a donné sa chance il y a plus de 10 ans à Moustache Bikes qui n'était alors qu'une start-up de deux personnes et qui ne pouvait pas atteindre les minima de commandes moteurs. Mais l'équipe Bosch a fait une exception et depuis, les deux marques innovent ensemble.

15. **Qualifiez le choix stratégique fait par Moustache Bikes pour fabriquer ses vélos.**

16. **Analysez l'intérêt de ce choix au regard de la stratégie voulue par les dirigeants de Moustache Bikes.**

Activité 2

C Les stratégies de domaine

Document 14 L'avantage concurrentiel

Théorisé par Michael Porter en 1985, l'avantage concurrentiel est un facteur de réussite que l'entreprise doit maîtriser mieux que la concurrence pour pouvoir en tirer une meilleure position sur le marché. L'avantage concurrentiel présente trois caractéristiques : il est durable, il est parfaitement identifiable et il est capable de faire face à la concurrence.

Document 15 Les stratégies de domaine

À l'intérieur de chaque DAS, l'entreprise détermine la stratégie à conduire pour entretenir et pérenniser son avantage concurrentiel. Michael Porter propose trois stratégies de domaine :

– La stratégie de domination par les coûts repose sur une offre à des coûts et des prix plus bas que ceux des concurrents pour une valeur perçue comparable. Cette stratégie repose sur la réalisation d'économie d'échelle ou une réorganisation de la chaîne de valeur.

– La stratégie de différenciation repose sur une offre dont la valeur perçue est différente de celle des concurrents grâce à des caractéristiques différentes.

– La stratégie de focalisation (ou de niche) consiste à proposer une offre très fortement différenciée qui ne va attirer qu'un nombre réduit de clients.

Document 16 La stratégie de Zeeman

Zeeman est une enseigne dont le modèle repose sur des lots de vêtements vendus à des prix très bas (2,99 € le lot de trois paires de chaussettes) concurrençant ainsi H&M, les marques distributeurs ou les lots vendus sur les marchés.

Comment Zeeman peut-il proposer des prix aussi réduits ? « On dessine nous-mêmes nos modèles, on traite directement avec les fournisseurs sans intermédiaire et on contrôle toute la chaîne de production », explique Stéphane Bauer, retail manager France. Ces prix bas s'expliquent par d'importantes économies d'échelle : une production en grosses quantités et sur peu de modèles différents. À cela, on peut aussi ajouter des dépenses en communication et marketing très faibles.

17. **Qualifiez la stratégie de domaine de Zeeman.**

18. **Montrez que l'organisation de la chaîne de valeur est au service de cette stratégie.**

Document 17 La stratégie de Tesla

En moins de 20 ans, Tesla est devenu le leader mondial du marché de la voiture électrique avec plus de 406 000 véhicules vendus soit 13,6 % du marché, loin devant la co-entreprise GM (9,3 %) et le chinois BYD (8,5 %). La clientèle de Tesla a entre 30 et 40 ans et est issue de milieux plutôt aisés.

Le but affiché du constructeur reste clair : faire disparaître les véhicules fonctionnant aux énergies fossiles pour les remplacer par des engins non polluants, fiables et performants. Au-delà de sa technologie, la grande idée de Tesla est de contrôler la fabrication en s'appuyant sur des gigafactories situées en Asie et en Europe et sur un réseau mondial de super chargeurs (18 000 dans le monde, répartis dans 2 000 stations) pour assurer la mobilité longue distance. Au niveau de la distribution, Tesla fait le choix de vendre ses véhicules *via* son site Internet et son propre réseau de boutiques.

19. **Identifiez les facteurs sur lesquels repose la stratégie de différenciation de Tesla.**

20. **Analysez comment Tesla peut entretenir cette stratégie.**

Conclusion

Rappelez quelles sont les principales options stratégiques possibles au niveau de l'entreprise ou du groupe et au niveau d'un domaine d'activité.

› Voir lexique CEJM, p. 237

CHAPITRE 14

Activité 3 Trouver des modalités de croissance

Document 18 Les trois formes de croissance

Afin de pérenniser leurs activités et de se développer, les entreprises disposent de différentes modalités de croissance :
– La croissance interne (ou organique) consiste à s'appuyer sur ses propres ressources et compétences pour assurer son développement. Elle offre la sécurité et le contrôle, mais sa lenteur peut faire manquer des opportunités à l'entreprise.
– La croissance externe consiste à se développer en prenant le contrôle d'autres entreprises par fusions ou acquisitions. Elle est rapide, mais peut se traduire par des restructurations fortes et déstabilisantes pour les salariés.
– La croissance conjointe consiste à se développer en nouant des partenariats ou des alliances avec d'autres entreprises.

Document 19 Paprec, une *success story* française

Paprec Group est passé en 25 ans de 45 à 12 500 collaborateurs et collaboratrices répartis sur plus de 300 sites. Son chiffre d'affaires atteint désormais 2,5 milliards d'euros. La stratégie est d'être un acteur incontournable de la gestion globale des déchets en France et en Suisse.
Le groupe est devenu le leader français du recyclage, reconnu pour la qualité des matières premières issues du recyclage produites et vendues dans le monde entier. Parti de son métier historique, le recyclage du papier, Paprec s'est diversifié. Il est aujourd'hui le troisième acteur français du traitement des déchets. De la collecte au stockage, en passant par la valorisation énergétique des déchets, Paprec maîtrise l'ensemble de la chaîne des déchets.

D'après www.paprec.com

VIDÉO
Paprec, pour une planète plus verte et une société plus fraternelle
www.lienmini.fr/7639-1406

21. Qualifiez la stratégie globale de Paprec.

Document 20 Paprec, une expansion territoriale

Notre croissance est l'un de nos principaux axes de développement. Nés en Île-de-France, nous avons rapidement misé sur le renforcement de notre maillage territorial pour nous rapprocher de nos clients, mais aussi des bassins de production industrielle et d'activités commerciales productrices de déchets. Une expansion en partie organique via la création de nouvelles agences, mais également alimentée par des acquisitions d'entreprises implantées dans des régions clés.
L'objectif : étendre notre réseau et bénéficier d'infrastructures, d'autorisations d'exploitation et de portefeuilles clients existants.

www.paprec.com

Document 21 Un développement international

Déjà très présents en France il y a dix ans, nous avons racheté la société Lottner pour nous implanter en Suisse. Une première acquisition qui en a généré d'autres, puisque Paprec Suisse, présent à Genève, Bâle, Zurich, Oftringen et Lucerne, compte 9 sites industriels et est devenu le 2e acteur du traitement des déchets en Suisse.

www.paprec.com

22. Identifiez les modalités de croissance de Paprec.

23. Mettez en évidence les avantages de ces modalités de croissance.

24. Montrez que cette croissance est cohérente avec les objectifs stratégiques de l'entreprise Paprec.

Activité 3

Document 22 Alliances et partenariat

La croissance conjointe permet à deux entreprises de se rapprocher sans perdre leur identité propre. Cette modalité de croissance peut mettre en relation des entreprises non concurrentes : ce sont des partenariats. Le partenariat est une situation dans laquelle des entreprises juridiquement et financièrement indépendantes coordonnent leurs ressources et leurs compétences pour mettre en œuvre une activité ou un projet commun.
Mais elle peut également réunir des entreprises concurrentes. On parle alors d'alliances. Elles sont une alternative à l'affrontement. À la différence de la fusion, l'alliance laisse une grande autonomie aux alliés.
Alliances et partenariats sont formalisés par des contrats qui lient et engagent les deux parties.

Document 23 Alliance et partenariat à la Matmut

Le groupe mutualiste Matmut, dont le cœur de métier est l'assurance dommages des particuliers, poursuit aussi sa progression sur ses autres métiers, en s'appuyant notamment sur ses partenariats.
L'activité santé, portée par la Mutuelle Ociane Matmut, représente aujourd'hui près de 16 % du chiffre d'affaires total du groupe, à 356 millions d'euros, en progression de 6,6 % en un an. La Mutuelle Ociane Matmut a noué en 2019 un partenariat innovant avec le leader du e-commerce Cdiscount, afin de proposer à ses clients une offre complémentaire santé à bas prix.
Le marché des professionnels et des entreprises, auquel le groupe Matmut s'adresse *via* sa coentreprise avec la Macif, Inter Mutuelles Entreprises (IME), représente aujourd'hui 7,7 % du chiffre d'affaires global du groupe. Si la Matmut souhaite faire de ce segment un « relais de croissance », ce mouvement est, pour l'heure, plutôt lent.

25. Distinguez la croissance externe et la croissance conjointe.
26. Identifiez les formes de croissance conjointe utilisées par la Matmut.
27. Montrez que ces modalités contribuent à la stratégie de diversification de la Matmut.

Document 24 Stratégie d'internationalisation

Une entreprise peut faire le choix de se développer dans une économie mondialisée. Elle va alors construire une stratégie d'internationalisation. Elle dispose de trois solutions principales :

- Les exportations à partir du pays d'origine
- L'investissement direct à l'étranger
- La création de partenariats locaux dans le pays ciblé

Document 25 La nouvelle stratégie de Devialet

Devialet est une entreprise française de systèmes audio qui conçoit et commercialise des amplificateurs haut de gamme. Elle se déploie en distribuant ses enceintes dans plus de 1 000 points de vente à travers le monde. La Chine, devenue son deuxième marché, joue un rôle central dans cette stratégie grâce à des partenariats avec des distributeurs locaux à Pékin et à Shanghai. Le géant Huawei et Devialet ont également sorti une première enceinte connectée. Ce développement géographique permet aussi à Devialet d'être présent sur des marchés jeunes et en pleine croissance.

28. Identifiez les solutions de Devialet pour se développer à l'international.
29. Mettez en évidence les avantages de l'internationalisation.

Conclusion

Montrez que les modalités de croissance sont au service de la stratégie de l'entreprise.

› Voir lexique CEJM, p. 237

Les choix stratégiques de l'entreprise

1 La prise de décision stratégique

A. Définition

Les dirigeants sont amenés à prendre des décisions stratégiques qui engagent l'ensemble de l'entreprise sur le long terme.
Le décideur est forcément contraint par l'état de l'environnement au moment de la prise de décision et par les informations portées à sa connaissance. H. A. Simon parle de rationalité limitée.

B. Les étapes du processus de décision

Selon le modèle IMC proposé par March et Simon, le processus de décision se déroule en trois étapes :

INTELLIGENCE : recensement de toutes les solutions → **MODÉLISATION :** analyse des conséquences de chaque solution → **CHOIX :** prise de la meilleure décision possible

2 Les options stratégiques

A. La notion de domaine d'activité stratégique

Le domaine d'activité stratégique (DAS) est une sous-partie d'une entreprise regroupant des produits ou des services recourant à des compétences et technologies identiques et évoluant dans un même environnement concurrentiel. L'ensemble des DAS forme le portefeuille d'activités.

B. Les stratégies globales

La stratégie globale concerne l'entreprise ou le groupe dans son ensemble. On distingue différentes stratégies globales :
– la stratégie de spécialisation lorsque l'entreprise exploite un seul DAS ;
– la stratégie de diversification quand l'entreprise exploite plusieurs DAS.
La mise en œuvre de la stratégie globale permet d'arbitrer entre :
– l'intégration : réaliser l'ensemble des activités de la chaîne de valeur ;
– l'externalisation : externaliser tout ou partie des activités de la chaîne de valeur.

C. Les stratégies de domaine

La stratégie de domaine concerne un DAS. Elle permet de consolider et pérenniser l'avantage concurrentiel. L'avantage concurrentiel est un facteur de réussite qui permet à l'entreprise d'être meilleure que ses concurrents. On distingue trois principales stratégies de domaine :
– la domination par les coûts repose sur une offre à un coût et un prix plus bas que ceux des concurrents ;
– la différenciation repose sur une offre ayant des caractéristiques différentes de celles de la concurrence ;
– la focalisation repose sur une offre fortement différenciée s'adressant à un nombre réduit de clients.

3 Les modalités de croissance

Les modalités de croissance permettent de pérenniser les options stratégiques de l'entreprise. On distingue trois modalités principales :
– la croissance interne (ou organique) est réalisée grâce aux ressources propres de l'entreprise ;
– la croissance externe est une opération d'acquisition d'une autre entreprise à l'issue de laquelle ne subsistera qu'une seule entité ;
– la croissance conjointe consiste à nouer avec d'autres entreprises des alliances (entre entreprises concurrentes) ou des partenariats (entre entreprises non concurrentes).
L'internationalisation est une modalité qui développe la stratégie de l'entreprise sur plusieurs pays et continents, contribuant ainsi à la croissance de l'entreprise. En effet, en élargissant son marché, l'entreprise va pouvoir réaliser des économies d'échelle.

Les choix stratégiques de l'entreprise

Le processus de décision

Le décideur prend ses décisions dans un contexte de rationalité limitée, c'est-à-dire compte tenu des informations à sa disposition au moment de décider

INTELLIGENCE → MODÉLISATION → CHOIX

Les options stratégiques découlent des décisions stratégiques

Les options stratégiques

L'identification des domaines d'activités stratégiques (DAS)

STRATÉGIE GLOBALE
- Spécialisation (un seul DAS)
- Intégration (faire soi-même)
- Diversification (plusieurs DAS)
- Externalisation (faire faire)

STRATÉGIE DE DOMAINE
- Différenciation
- Domination par les coûts
- Focalisation

Les options stratégiques construisent et entretiennent **l'avantage concurrentiel**

Les options stratégiques sont pérennisées grâce à la croissance

Les modalités de croissance

- Croissance externe
- Croissance interne
- Croissance conjointe
  - Alliances
  - Partenariats
- Internationalisation

Mots-clés

- Avantage concurrentiel
- Croissance conjointe
- Croissance externe
- Croissance interne
- Différenciation
- Diversification
- Domaine d'activité stratégique
- Domination par les coûts
- Externalisation
- Focalisation
- Intégration
- Modèle IMC
- Spécialisation
- Stratégie de domaine
- Stratégie globale

> Voir lexique CEJM, p. 237

CHAPITRE 14

Pour vérifier ses acquis

1 QCM numérique

Scannez le QR Code ou saisissez le lien mini pour accéder à un QCM interactif.

www.lienmini.fr/8739-1407

2 L'identification des stratégies globales

- **Indiquez, pour chaque situation, la nature de la stratégie globale.**

Danone intervient dans 4 domaines d'activités : les produits laitiers, les eaux, la nutrition infantile et médicale.

H&M fait fabriquer ses articles en Éthiopie afin de réduire ses coûts.

Aromazone propose à ses clients tout le nécessaire pour fabriquer leurs propres cosmétiques à base d'huiles essentielles 100 % naturelles.

Le Slip Français fait le choix de fabriquer ses articles dans ses usines françaises.

Spécialisation

Diversification

Externalisation

Intégration

3 L'identification des stratégies de domaine

- **Associez la stratégie de domaine correspondant à chaque situation.**

GEMO — Spécialiste des vêtements à prix bas

PRONUPTIA PARIS — Spécialiste de la robe de mariée

HERMÈS PARIS — Propose des produits de luxe dans le domaine de la maroquinerie, du parfum et du prêt-à-porter

BIC — Spécialiste des produits jetables (stylos, rasoirs, briquets)

alkè — Propose des véhicules électriques destinés au transport et au remorquage dans les zones aéroportuaires

Différenciation

Focalisation

Domination par les coûts

4 Croissance interne et croissance externe

- **Indiquez pour chaque cas s'il s'agit d'une opération de croissance interne ou externe.**

	Croissance interne	Croissance externe
Carrefour fait l'acquisition pour 97 millions d'euros de la chaîne de distribution taïwanaise Wellcome.	☐	☐
Tesla assure sa croissance grâce à ses gains de productivité qui lui permettent d'augmenter ses ventes de véhicules électriques.	☐	☐
LVMH a conclu un accord pour l'acquisition du joaillier américain Tiffany.	☐	☐
Bouygues Bâtiment accroît ses positions dans la construction en bois en renforçant son pôle ingénierie et en formant son personnel.	☐	☐
BlaBlaCar, le spécialiste du covoiturage, s'est développé en renforçant sa présence dans 22 pays.	☐	☐

Entraînement en autonomie ★★ 1083, le jean français

1083

COMPÉTENCES Identifier et analyser les choix stratégiques de l'entreprise
Analyser la pertinence des choix stratégiques de l'entreprise

Situation

C'est l'histoire d'un informaticien qui décide de donner du sens à son quotidien. Conscient des dérives de l'industrie de la mode, Thomas Huriez a le souci de l'homme et de l'environnement. Il cherche à limiter la pollution liée au traitement des tissus et au transport des marchandises, qui effectuent des milliers de kilomètres à travers le globe avant d'arriver dans nos rayons. En 2013, il crée 1083, une marque de jeans entièrement conçus à l'intérieur des 1 083 kilomètres qui séparent les deux villes les plus éloignées de France : Porspoder en Bretagne et Menton en Provence-Alpes-Côte d'Azur.

www.efficycle.fr

VIDÉO
Présentation de 1083
www.lienmini.fr/8739-1408

1. **Qualifiez la stratégie globale de l'entreprise à sa création en 2013.**
2. **Repérez les projets de diversification de 1083 et montrez leur cohérence avec les finalités de l'entreprise.**
3. **Mettez en évidence l'intérêt de la stratégie d'intégration des activités de 1083.**
4. **En vous appuyant sur l'analyse de la chaîne de valeur, indiquez comment 1083 a construit sa stratégie de différenciation.**
5. **Qualifiez la modalité de croissance et montrez qu'elle concourt à la réussite de la stratégie de 1083.**

Annexe 1

Présentation de l'entreprise

Cela faisait bien longtemps que les denims (contraction de « de Nîmes ») ne venaient plus de Nîmes. Ni même de France, à vrai dire. Jusqu'à ce que Thomas Huriez ait l'idée, en 2013, de produire de nouveau des jeans en France. Aujourd'hui, sa société fabrique des denims *made in France* à 97 %.

Un jean 1083 coûte entre 89 et 129 € pièce alors qu'en moyenne, un Français dépense environ 27 € par jean, et 70 € par an. Mais c'est le « prix juste » pour de telles conditions de fabrication, soutient Thomas Huriez. Un tarif qui permet de faire des marges proches de celles de la *fast fashion*, puisqu'il est vendu deux ou trois fois son coût de revient. Le secret ? D'abord, limiter les coûts de publicité ou de marketing en misant sur l'engagement de la communauté des clients soucieux de l'environnement.

Deuxième élément de la formule : supprimer les intermédiaires. Pas de grossistes, d'agents commerciaux. « On ne fait pas de prospection : les commerçants nous appellent pour vendre nos produits. » Et enfin, pas de soldes, ni de Black Friday : c'est le même prix toute l'année.

Annexe 2

Le Parapluie de Cherbourg et 1083 s'associent

Certains objets sont indispensables au quotidien. C'est le cas du parapluie qui nous garde au sec avec élégance, mais aussi du jean, grand classique de nos armoires depuis des décennies. C'est donc tout naturellement que les destins de Charles Yvon, PDG du Parapluie de Cherbourg, et de Thomas Huriez, fondateur de la marque de jeans 1083, se sont croisés. Toutes deux porteuses de la certification Origine France Garantie, ces marques ont à cœur depuis des années de faire rayonner l'excellence du savoir-faire français au sein de l'Hexagone, mais également à l'international.

Le Parapluie de Cherbourg x 1083 est le premier parapluie réalisé avec une toile extérieure en jean *made in France*.

www.modeintextile.fr, mai 2022.

Pour préparer l'examen

VIDÉO
Mama Shelter, l'histoire derrière cet hôtel branché
www.lienmini.fr/8739-1409

Cas d'entreprise Mama Shelter

COMPÉTENCES Présenter les étapes de la décision stratégique
Identifier et analyser les choix stratégiques de l'entreprise
Analyser la pertinence des choix stratégiques de l'entreprise

Situation

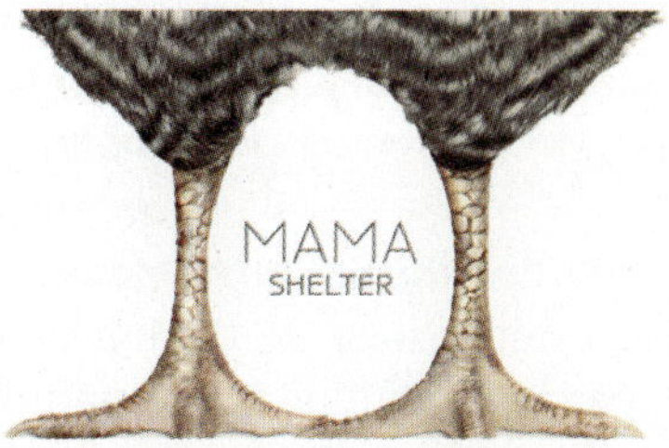

Mama Shelter ? « Ce n'est pas un hôtel mais un lieu de vie et de fête. » C'est ainsi que Serge Trigano, 72 ans, et ses fils Jérémie et Benjamin, aiment présenter ce nouveau concept d'hôtellerie-restauration considéré comme le plus innovant de la dernière décennie. En France, à Prague, à Rio ou Los Angeles, les « Mama » s'appuient sur un cocktail de valeurs communes mélangeant urbanité, énergie positive, « coolitude ». Une belle réussite qui a même attiré le groupe Accor désireux de construire des hôtels *lifestyle*. Si le groupe compte aujourd'hui 840 salariés dans le monde et réalise un chiffre d'affaires de 40 millions d'euros en 2020, l'aventure entrepreneuriale conduite par Serge Trigano n'a pas toujours été facile. Il a fallu batailler avec peu de moyens, croire dur comme fer à ce nouveau concept de tourisme urbain et de séjours courts, se serrer les coudes et s'entourer de créatifs, géniaux et audacieux.

Mission 1 L'esprit d'entreprise de Mama Shelter

1. Montrez que Serge Trigano est animé par l'esprit entrepreneurial.
2. Identifiez les finalités principales de Mama Shelter.

Mission 2 Les choix stratégiques de Mama Shelter

3. Réalisez un rapide diagnostic interne afin de mettre en évidence l'avantage concurrentiel de Mama Shelter.
4. Identifiez le ou les DAS de Mama Shelter et qualifiez la stratégie globale de l'entreprise.
5. En utilisant la matrice d'Ansoff, montrez que la création des « Mama Works » constitue une forme de diversification.
6. En analysant la chaîne de valeur, indiquez comment Mama Shelter a construit sa stratégie de différenciation.

Mission 3 La croissance de Mama Shelter

7. Caractérisez la modalité de croissance choisie par Accor.
8. Montrez l'intérêt de cette opération pour les deux entreprises.

Annexe 1

Le concept Mama Shelter

Dès l'ouverture de la rue de Bagnolet, le premier Mama Shelter est un succès. Tout le Paris cool et sympa se retrouve sous les bouées bigarrées suspendues du bar, autour du baby-foot, au restaurant pour faire la fête, boire un verre entre amis, bruncher, déjeuner, dîner sous les plafonds façon tableau noir, parsemés de graffitis. Les enfants ne sont pas oubliés, puisqu'ils sont invités certains dimanches aux boums du Mama avec DJ, PlayStation et distribution de bonbons multicolores. Du coup, c'est tout le quartier bobo qui déboule le week-end avec poussettes, porte-bébés et chauffe-biberons, aux côtés des jeunes couples étrangers venus visiter le « vrai » Paris, des cadres en voyage d'affaires, des célibataires, des friqués, des plus modestes…
En semaine, le restaurant fait le plein grâce à sa carte de saison, mêlant pizzas et burgers de haute volée et plats plus onéreux accompagnés d'une carte de vins et de cocktails à tomber. Gourmets ou gourmands, tout le monde s'y retrouve. C'est cette mixité qui fait la force des Mama Shelter.
Résultat, la restauration génère 56 % du chiffre d'affaires dans les Mama Shelter et, à Paris, on y sert entre 400 et 500 couverts par jour, là où, dans l'hôtellerie traditionnelle, elle ne représente bien souvent que 20 % du chiffre d'affaires. Ce qui fait dire avec humour (et lucidité) au pater familias, Serge, que le Mama, « ce n'est pas un hôtel, mais un restaurant avec des chambres au-dessus ».

Annexe 2

Accor rachète le capital de Mama Shelter

Si les projets en cours sont nombreux, Mama Shelter aurait pu ne jamais voir le jour... « Les banques n'étaient pas convaincues par le concept d'allier hôtellerie et restauration dans des lieux un peu éloignés du centre-ville. Bpifrance y a cru et nous a beaucoup aidés au démarrage de l'aventure, en nous apportant ses garanties, qui nous ont permis d'obtenir un prêt pour financer les aménagements intérieurs de notre premier Mama », se souvient l'ancien PDG du Club Med.

Tout s'est ensuite accéléré. En 2014, Accor, l'un des leaders mondiaux du secteur, entre au capital de l'entreprise familiale, permettant ainsi d'accélérer son développement. Après avoir augmenté sa participation plusieurs fois, Accor détiendra 100 % de la chaîne cette année.

« Nous resterons à leurs côtés sur le volet opérationnel afin de maintenir l'ADN de notre concept et continuer de développer l'international », précise le dirigeant.

www.latribune.fr, 28 mai 2021.

Annexe 3

Mama Works : le *coworking* à la sauce Mama Shelter

À Lyon, Bordeaux et Lille sont nés les Mama Works, à côté des hôtels et des restaurants : des espaces de *coworking* innovant, avec salles de sport, bar, baby-foot, espaces musique et bientôt crèches.

Tous les services classiques du *coworking* sont bien sûr là, mais complétés par quelques prestations étonnantes. Le premier espace a ouvert en septembre 2017 à Lyon, dans le quartier de la Part-Dieu. Sur 1 600 mètres carrés, ce loft chaleureux, qui a nécessité plus d'un million d'euros de travaux, accueille 230 postes de travail, bénéficiant du haut débit, d'imprimantes, de salles de réunion, d'un bar, de douches et d'une salle de sport. Voilà pour le côté habituel du *coworking*.

Côté innovations, on compte une boutique de fournitures de bureau, des vélos en accès libre et un studio de répétition, insonorisé et équipé d'instruments de musique. « Ils sont à la disposition des *coworkers*, afin de faire un break pendant la journée ou de se retrouver le soir, après le travail, pour jouer ensemble. Nous voulions ajouter des activités extraprofessionnelles pour qu'une communauté puisse se créer », raconte Jérémie Trigano, fils de Serge Trigano et DG de Mama Shelter.

Les choix stratégiques de l'entreprise

VIDÉO

Animation de synthèse

www.lienmini.fr/8739-0004

MANAGEMENT

Comment le diagnostic éclaire-t-il les choix stratégiques de l'entreprise ?

Par une **démarche d'analyse stratégique** qui repose sur

- Un **diagnostic interne** : analyse des ressources, des compétences, de la chaîne de valeur
  - qui permet de déterminer des forces et des faiblesses
- Un **diagnostic externe** : analyse du micro-environnement et du macro-environnement
  - qui permet de déterminer des menaces et des opportunités

Quels sont les choix stratégiques opérés par l'entreprise ?

À partir de ce diagnostic, l'entreprise va définir :

- Une **stratégie globale** : spécialisation/diversification ; intégration/externalisation
- Une **stratégie de domaine d'activité stratégique** (DAS) : différenciation, domination par les coûts, focalisation
  - après en avoir déterminé les facteurs clés de succès
  - en fixant des objectifs et en allouant des ressources

Quelle que soit la stratégie, l'entreprise va définir les **modalités de sa croissance**

- **Croissance interne**
- **Croissance externe**
- **Croissance conjointe**
- **Internationalisation**

Cas Cléopâtre

Cette odeur familière d'amande et cette spatule pour se servir d'une colle présentée dans un petit pot : que de souvenirs d'enfance ! Cette colle, c'est celle bien connue de la société Cléopâtre Colles et Couleurs, fondée en 1930 à Paris et basée aujourd'hui en Touraine, sous la direction d'Alexandre Marionnet. Star des écoles, Cléopâtre propose des fournitures destinées aux écoliers (colles, peintures, pinceaux), mais s'adresse aussi aux particuliers avec une large offre de loisirs créatifs pour enfants et adultes (vernis, résines, colles, peintures et modelages).

Surfant sur la vague du DIY « Faites-le vous-même », Cléopâtre invite ses clients à mettre en scène leur expérience d'achat sur les réseaux sociaux. Son site Internet, ses partenariats avec des plateformes de vente en ligne, mais aussi l'intervention de community managers, nouveau métier du Web, font de Cléopâtre une marque moderne, qui s'adapte à l'évolution des modes de consommation.

Labellisée « entreprise du patrimoine vivant » pour récompenser son haut degré d'excellence et de savoir-faire, Cléopâtre est attachée à proposer des produits sains dont la fabrication est respectueuse de l'environnement. La société se distingue ainsi de ses concurrents par une offre qualitative et originale. Le « slime » est sans doute sa plus belle réussite commerciale. Cette pâte gluante à fabriquer soi-même, vue dans le film *Ghostbusters*, lui a permis de renouer avec un chiffre d'affaires florissant.

L'étude est composée de trois missions

- Mission 1 L'analyse de l'environnement et des choix stratégiques de la société Cléopâtre
- Mission 2 L'étude de l'impact du numérique sur Cléopâtre
- Mission 3 La prise en compte des mutations du marché du travail

Dossier documentaire

- Annexe 1 73 % des Français font du DIY
- Annexe 2 Cléopâtre, la reine de l'école
- Annexe 3 Les acteurs de l'économie numérique
- Annexe 4 Le retour du « slime » donne un coup de jeune à la bonne vieille colle Cléopâtre
- Annexe 5 L'économie collaborative
- Annexe 6 Le nom de domaine
- Annexe 7 Sanction de 500 000 euros à l'encontre de la société Brico Privé
- Annexe 8 Le métier de community manager
- Annexe 9 Enquête sur les community managers
- Annexe 10 Le contrat d'engagement jeune (CEJ)
- Annexe 11 Extrait du contrat de travail à durée indéterminée (CDI) de Mme Tournelle
- Annexe 12 La génération Z en entreprise : quelles sont les attentes de ces *digital natives* ?

• En prenant appui sur vos connaissances, le contexte et le dossier documentaire, il vous est demandé de répondre aux questions relatives aux trois missions du sujet. Vous êtes invité(e) à mobiliser les concepts et les apports théoriques dès lors qu'ils sont pertinents et que le lien avec la mission est argumenté.

Missions

1 L'analyse de l'environnement et des choix stratégiques de la société Cléopâtre (annexes 1 à 4)

L'entreprise Cléopâtre existe depuis les années 1930 et jouit d'un effet d'attachement nostalgique chez ses clients. Toutefois, le marché des loisirs créatifs est hyper concurrentiel. Alexandre Marionnet doit donc asseoir sa position sur le marché en s'appuyant sur des ressources et compétences distinctives bien identifiées. Il est également primordial d'intégrer le numérique dans l'organisation et d'opérer les bons choix stratégiques en termes d'activités et de produits.

1.1. **Présenter les principaux éléments du diagnostic externe de Cléopâtre propre au marché des loisirs créatifs.**
1.2. **Indiquer quelles sont les ressources et compétences de Cléopâtre qui sont sources d'avantage concurrentiel.**
1.3. **Repérer à quelle catégorie d'acteurs du numérique appartient Cléopâtre. Justifier la réponse.**
1.4. **Identifier la stratégie mise en œuvre par Cléopâtre pour son DAS Loisirs créatifs.**
1.5. **Distinguer les étapes ayant conduit à la décision de produire la pâte « slime ».**

2 L'étude de l'impact du numérique sur Cléopâtre (annexes 5 à 7)

L'usage d'Internet et des réseaux sociaux permet à Cléopâtre de participer à l'économie collaborative mais induit également des risques juridiques contre lesquels elle doit se prémunir. Alexandre Marionnet veut s'assurer que la marque Cléopâtre déposée auprès de l'INPI et que son site Internet dont le nom de domaine réservé est « colle-cleopatre.com », sont bien protégés. Il veille également au respect du cadre réglementaire lié au RGPD.

2.1. **Démontrer la participation de l'entreprise Cléopâtre à l'économie collaborative.**
2.2. **Apprécier la nature de la protection du nom de domaine de l'entreprise Cléopâtre et exposer les principaux risques juridiques contre lesquels elle doit se prémunir en conséquence.**
2.3. **Synthétiser les exigences réglementaires auxquelles Cléopâtre doit se soumettre, quant à l'usage des données personnelles des clients. Identifier les risques pour toute entreprise, en cas de non-respect de ces règles.**

3 La prise en compte des mutations du marché du travail (annexes 8 à 12)

Cléopâtre a recruté une animatrice de communauté Web (community manager) pour gérer la présence de la marque sur le Net. Si ce métier attire beaucoup les jeunes, ces derniers peinent souvent à s'insérer sur le marché du travail. C'est pourquoi les pouvoirs publics renforcent les dispositifs d'emploi en leur faveur, parmi lesquels la diminution du coût du travail. Cette mesure a d'ailleurs convaincu Alexandre Marionnet d'embaucher la toute jeune Naomi Tournelle, afin de renforcer l'équipe.

3.1. **Décrire les principales tendances du marché du travail pour les community managers.**
3.2. **Indiquer comment l'entreprise Cléopâtre peut se saisir des mesures prises par les pouvoirs publics en matière d'emploi des jeunes.**
3.3. **Analyser la validité des clauses 4 et 7 du contrat de travail élaboré pour l'occasion.**
3.4. **Identifier les facteurs de motivation au travail de la génération Z. Conseiller en conséquence Alexandre Marionnet sur le mode de management à privilégier auprès de Naomi.**

Dossier documentaire

Annexe 1

73 % des Français font du DIY

73 %. C'est le nombre de personnes qui, dans le cadre de l'étude « Les Français et le DIY », menée par Toluna pour l'éditeur de portail e-shopping Webloyalty, déclarent pratiquer, même occasionnellement, des activités de bricolage et « fait maison ». Une pratique qui s'était démocratisée bien avant la crise sanitaire mais qui a recruté de nouveaux adeptes depuis pour pallier, entre autres, la fermeture de certains commerces et brasseries. Parmi les catégories d'activités plébiscitées pour le DIY, plus d'un répondant sur deux favorise ainsi la cuisine (51 %). Viennent ensuite le jardinage (45 %), le bricolage (42 %) et la décoration d'intérieur (39 %) pour se sentir bien chez soi. Mais aussi la confection de vêtements (couture) ou la réparation (mécanique). À l'image de l'achat de produits de seconde main, le *do it yourself* permet de concilier économie et écologie. Réparer soi-même du mobilier ou bricoler en famille plutôt que d'acheter de nouveaux produits est donc résolument « bon pour la planète et pour le porte-monnaie » (11 % des sondés pour l'aspect écologique). La pratique est aussi appréciée par nombre de Français qui aiment se détendre en effectuant des tâches manuelles ou en mettant à profit leur créativité pour confectionner quelque chose d'utile. 27 % des répondants déclarent ainsi que c'est pour le plaisir et 11 % pour faire passer le temps.

81 % des sondés auraient prévu de consacrer un budget identique dans le secteur du bricolage et du DIY, sinon supérieur, sur l'année 2021. Parmi les enseignes citées en priorité : Feu Vert, Bricorama ou encore Castorama.

Méthodologie : étude menée en février 2021 auprès de 1 151 répondants âgés de 18 ans et plus auprès de 12 catégories socioprofessionnelles (cadre, libéral, artisan, ouvrier, etc.).

Valentine Puaux, www.cbnews.fr, juillet 2021.

Annexe 2

Cléopâtre, la reine de l'école

Au milieu des années 2000, l'entreprise se positionne sur les peintures et décide de se lancer sur le marché des loisirs créatifs pour adultes. « Nous touchions déjà les professeurs d'école et les enfants, analyse Alexandre Marionnet. Avec les loisirs créatifs, nous voulions toucher les parents, et particulièrement les mamans, afin de leur faire redécouvrir la marque. » À l'affût des tendances, l'entreprise saute sur l'occasion quand vient la mode du slime dès 2017. Cette sorte de pâte à modeler gluante et élastique, née aux États-Unis, est fabriquée à partir de colle transparente. Cléopâtre Colles & Couleurs capitalise sur sa notoriété et la qualité de sa colle réputée sans danger pour les enfants, et en produit des milliers de litres. La stratégie adoptée par son nouveau dirigeant semble payer. 20 ans après sa reprise, l'entreprise emploie 30 personnes, produit 2 000 tonnes de colle par an (soit environ 30 millions d'unités) et réalise 6,5 millions d'euros de chiffre d'affaires.

Le renouveau de Cléopâtre Colles & Couleurs se caractérise également par son engagement en faveur du développement durable. « À l'origine, la colle Cléopâtre était fabriquée principalement à partir d'amidon de pomme de terre, rappelle Alexandre Marionnet. Après-guerre, le monde a été inondé de produits chimiques, la colle n'y a pas échappé. Nous avons donc voulu revenir aux bases et redevenir le plus naturel possible pour la santé des enfants. » Le travail sur la composition des produits s'est accompagné d'une démarche globale ambitieuse. En 2006, l'entreprise a intégré une nouvelle usine, à la charpente en bois, et non reliée directement aux égouts afin d'éviter toute pollution accidentelle.

« Nous avons regardé chacun de nos process pour voir comment nous pourrions nous améliorer. Aujourd'hui, chaque décision est prise au regard de son impact environnemental. » Par exemple, l'entreprise renonce à passer aux tubes souples mêlant plastique et aluminium, comme ceux des dentifrices, préférant garder des tubes 100 % aluminium entièrement recyclables. « Lorsque nous voulons acheter une nouvelle machine, nous regardons si elle est facile à nettoyer pour ne pas utiliser des litres d'eau, illustre encore le chef d'entreprise. C'est à la fois écologique et économique. » La démarche d'éco-management de Cléopâtre Colles & Couleurs est certifiée par la norme européenne EMAS (*Eco Management Audit Scheme*), contrôlée chaque année. Ancrée dans son territoire, l'entreprise, labellisée Entreprise du patrimoine vivant, s'attache à privilégier les sous-traitants locaux quand cela est possible. 90 % de sa production est assurée en France, mais les bâtons de colle sont sous-traités en Asie. À la suite de la crise du coronavirus et face au regain d'intérêt pour le *made in France*, Cléopâtre réfléchit à rapatrier en France les activités réalisées à l'étranger. « Nous en avons déjà parlé avec des grandes enseignes qui seraient d'accord pour contracter avec nous sur plusieurs années », se réjouit Alexandre Marionnet.

CCI Touraine, www.cci.fr, 13 juillet 2021.

Annexe 3

Les acteurs de l'économie numérique

Selon l'Insee, le secteur des TIC regroupe les entreprises qui produisent des biens et services supportant le processus de numérisation de l'économie, c'est-à-dire la transformation des informations utilisées ou fournies en informations numériques (informatique, télécommunications, électronique). Il convient de distinguer quatre catégories d'acteurs :

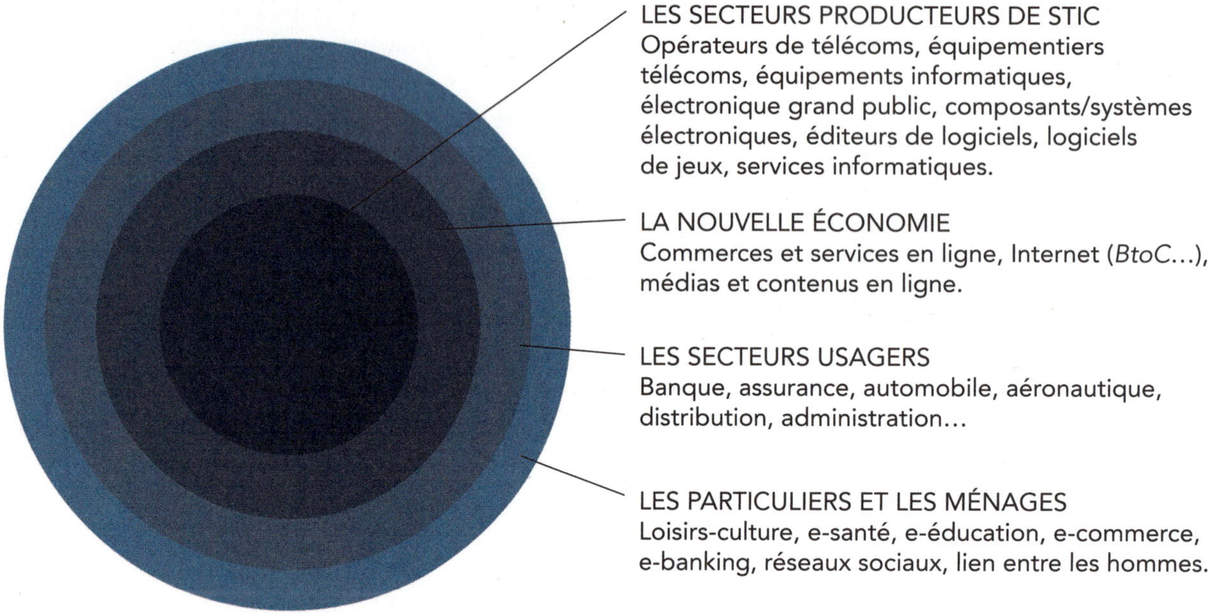

https://archives.entreprises.gouv.fr

Annexe 4

Le retour du « slime » donne un coup de jeune à la bonne vieille colle Cléopâtre

[...] « Morve de licorne », « Cerveau de Martien » ou encore « Crotte de nez de vache ». [...] La fameuse pâte gélatineuse avait connu son heure de gloire en 1984 avec le film *Ghostbusters* (*SOS Fantômes*). [...] Elle est revenue sur le devant de la scène aux États-Unis dès novembre 2016 grâce à des vidéos postées sur YouTube par des préadolescents fiers de leur création. Début 2017, les jeunes Français s'y mettent à leur tour, et, depuis février, le phénomène ne faiblit pas. « Nous l'avons assez vite accompagné, ce qui nous a permis finalement de nous l'approprier. Dans la tête des utilisateurs, qui sont majoritairement collégiens, le slime est associé à Cléopâtre, la colle qu'ils utilisent depuis le début de leur scolarité », analyse Alexandre Marionnet. [...] La « community manager » de l'entreprise a très vite identifié les principaux relais d'influence et leur a envoyé des pots de colle liquide classique, et cela a fait rapidement boule de neige. Rachetée moribonde en 2000, l'entreprise Cléopâtre, qui affichait en 2002 un chiffre d'affaires de 700 000 €, table sur 5,8 millions d'euros pour 2017. [...] Près de 400 000 € ont été investis, dans une machine à dosage, des cuves et des outils informatiques pour mieux suivre les tendances. L'entreprise a par exemple analysé les ventes du « *Rainbow Loom* », accessoires en plastique, à base principalement d'élastiques, ou du « *hand spinner* », jouet tournant, précédents succès commerciaux dans le secteur des loisirs créatifs. [...]

AFP, Guillaume Souvant.

Annexe 5

L'économie collaborative

L'économie collaborative est définie comme une économie qui repose sur le partage ou l'échange entre particuliers de biens (voiture, logement, parking, perceuse, etc.), de services (transport de passagers, bricolage, etc.), ou de connaissances (cours d'informatique, communautés d'apprentissage, etc.), avec échange monétaire (vente, location, prestation de service) ou sans échange monétaire (dons, troc, volontariat), par l'intermédiaire d'une plateforme numérique de mise en relation.

www.impots.gouv.fr

Annexe 6

Le nom de domaine

Avant de créer un site Internet pour vendre des produits ou des services en ligne ou pour faire connaître son activité, il faut réserver un nom de domaine, auprès de l'organisme gestionnaire qui en a la charge (ex. : afnic pour le .fr ; icann pour le .com), ce qui permettra aux internautes d'accéder aux pages Web du site. […] Le nom de domaine est attribué à celui qui en demande la réservation en premier. Cette réservation du nom de domaine n'est pas pour autant une protection au niveau de la propriété intellectuelle. En effet, le nom de domaine ne correspond pas à une marque, qui est un titre de propriété intellectuelle protégé après son dépôt. Pour protéger son nom de domaine des cybersquatteurs ou des concurrents, il est alors recommandé d'enregistrer également le nom de domaine sous forme de marque en complément de la réservation du nom de domaine.

www.service-public.fr

Annexe 7

Sanction de 500 000 euros à l'encontre de la société Brico Privé

La formation restreinte de la CNIL a sanctionné la société Brico Privé pour avoir envoyé des courriels de prospection sans le consentement des personnes et pour avoir manqué à plusieurs obligations du RGPD. […] La formation restreinte a prononcé une amende de 500 000 euros […] pour manquement à l'obligation de limiter la durée de conservation des données, manquement à l'obligation d'information des personnes, manquement à l'obligation de respecter le droit à l'effacement (article 17 du RGPD), manquement à l'obligation d'assurer la sécurité des données personnelles.

www.cnil.fr, 17 juin 2021.

Annexe 8

Le métier de community manager

La nécessité de communiquer sur son entreprise, de rédiger du contenu sur les médias sociaux, de faire de la veille concurrentielle a donné naissance il y a à peine 5 ans environ au métier de community manager (CM). [...] Si le terme « community manager » (qui signifie une fois francisé « animateur de communauté Web ») est employé dans 45 % des cas, d'autres appellations : chargé de communication Web, social media manager, gestionnaire de communautés Internet, animateur réseaux sociaux, manager de communautés... sont utilisées. Le community manager a pour mission de créer et d'animer des communautés dans le but de développer les relations avec ses publics – collaborateurs, utilisateurs, clients... [...]

Les objectifs peuvent être variables : développer la notoriété et l'image de marque de l'entreprise, soigner son e-réputation, mettre en place une plateforme participative en interne pour favoriser l'innovation, déployer des dispositifs de *knowledge management*, ouvrir la plateforme à la communauté externe (consommateurs, usagers, grand public) afin de permettre la cocréation de services, produits ou contenus. Concrètement, il lui faudra dialoguer avec les internautes sur les différentes plateformes ou les médias sociaux de son entreprise, mais aussi sur les sites extérieurs : blogs, forums, réseaux sociaux. [...] Le community manager est aussi en charge de la veille technologique (nouveaux outils ou médias sociaux – Facebook, Dailymotion, Twitter, YouTube, Flickr...) mais aussi sectorielle (étude du marché). De ce fait, il est aussi l'élément clé pour observer les remontées négatives et leur amplification au point de devenir d'éventuelles crises. [...]

www.pole-emploi.fr

Annexe 9

Enquête sur les community managers

- Le community manager est une femme dans 75,5 % des cas.
- 28 ans : c'est l'âge médian du community manager en France.
- 27,5 % des community managers travaillent à Paris.
- Plus de la moitié des community managers sont en CDI (52 %).
- 54 % des community managers ont plus de cinq ans d'expérience professionnelle.
- Plus d'un community manager sur deux dispose d'un diplôme équivalent à un bac + 5 et près de 90 % des community managers ont au moins un diplôme de niveau licence (bac + 3).

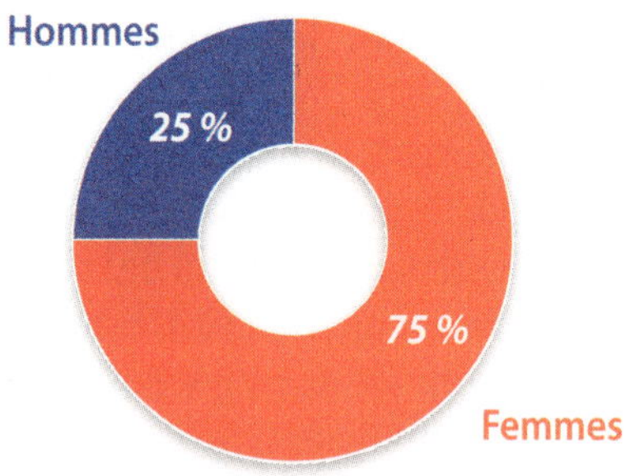

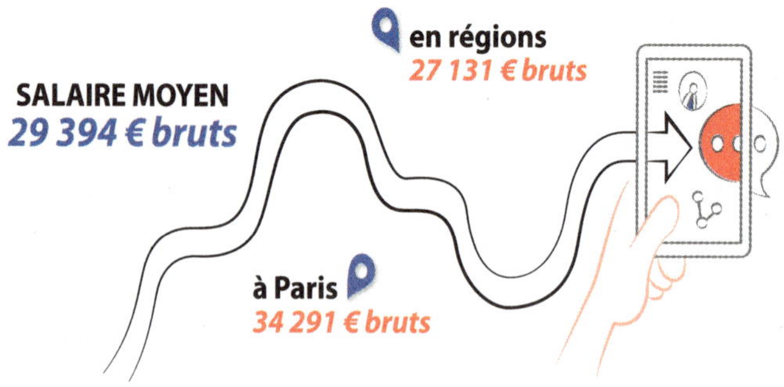

Source : www.blogdumoderateur.fr, septembre 2021.

Annexe 10

Le contrat d'engagement jeune (CEJ)

Le contrat d'engagement jeune s'inscrit dans la continuité du plan « 1 jeune, 1 solution » mis en place en juillet 2020, une mobilisation en faveur de l'emploi des jeunes qui a permis à près de 4 millions d'entre d'eux de trouver une solution : un emploi, une formation ou un parcours d'insertion. Il s'adresse aux jeunes de 16 à 25 ans révolus [...] qui ne sont pas étudiants, ne suivent pas une formation et présentent des difficultés d'accès à l'emploi durable. En vigueur à compter du 1er mars 2022, le contrat d'engagement jeune propose à ces jeunes un accompagnement individuel et intensif profondément renouvelé, dans un cadre exigeant, avec un objectif d'entrée plus rapide et durable dans l'emploi. Il remplace la Garantie jeunes. Il est mis en œuvre par Pôle emploi et les missions locales.

Le contrat d'engagement jeune, qu'est-ce que c'est ?
Un parcours entièrement personnalisé qui peut durer de 6 à 12 mois* pour les jeunes en fonction de leur profil, avec l'objectif de les aider à définir leur projet professionnel et à trouver un emploi.
Quand un jeune signe son contrat, il bénéficie de :
1. un accompagnement par un conseiller dédié qui le suit tout au long de son parcours et jusqu'à ce qu'il accède à un emploi durable ;
2. un programme intensif de 15 à 20 heures par semaine composé de différents types d'activités ;
3. une allocation pouvant aller jusqu'à 500 euros par mois en fonction de ses ressources et sous condition de respecter ses engagements.

**La durée de l'accompagnement pourra exceptionnellement aller jusqu'à 18 mois.*

https://travail-emploi.gouv.fr

Annexe 11

Extraits du contrat de travail à durée indéterminée (CDI) de Mme Tournelle

[...]

Article 1. Engagement

La société CLÉOPÂTRE engage, sous réserve des résultats de la visite médicale d'embauche, Madame Tournelle. Le présent contrat qui prend effet le 1er septembre 2021 est conclu pour une durée indéterminée.

[...]

Article 4. Préavis et essai

La première période de 1 mois sera considérée comme période d'essai au cours de laquelle chacune des parties pourra rompre le contrat sans indemnité.

[...]

Article 6. Rémunération

Madame Tournelle bénéficiera d'un salaire mensuel brut de 3 000,00 €.

Article 7. Obligation professionnelle spécifique

En cas de rupture du présent contrat pour quelque cause que ce soit, Madame Tournelle s'engage à ne pas travailler, à quelque titre que ce soit, pour une entreprise ayant une activité concurrente de celle de la société CLÉOPÂTRE, et à ne pas s'intéresser directement ou indirectement à toutes activités pouvant concurrencer les activités de la société. Les activités susmentionnées ne pourront être exercées pendant une durée de 1 an à compter de la cessation du contrat, sur le territoire suivant : Indre-et-Loire. En contrepartie de cette obligation, Madame Tournelle percevra pendant toute la durée de l'interdiction une indemnité mensuelle égale à 3 000 €. [...]

Annexe 12

La génération Z en entreprise : quelles sont les attentes de ces *digital natives* ?

LA GÉNÉRATION Z

L'entreprise comme pilier du lien social

28,8 %
déclarent que l'équipe est l'élément le plus important du travail.
Élodie Gantina, spécialiste de la gen Z

56 %
affirment que l'ambiance de travail et la communication entre collègues sont des facteurs déterminants pour aller travailler.

79 %
souhaitent que l'entreprise offre un bureau physique.

Source : Mazars et Opinion Way.

LA GÉNÉRATION Z

Une horizontalité et une communication transversale

42 %
souhaitent participer aux décisions stratégiques de leur entreprise

VS

36 %
pour la génération Y

Source : Mazars et Opinion Way.

LA GÉNÉRATION Z

Un mélange d'autonomie, de liberté et de flexibilité

73 %
souhaitent que l'entreprise leur offre une certaine liberté sur leurs horaires de travail et s'estimeront satisfaits si cette liberté est accordée.

80 %
déclarent n'avoir aucun problème à beaucoup travailler tant qu'ils disposent de cette autonomie.

79 % désirent travailler en CDI **mais** **50 %** estiment que le CDI a vocation à disparaître

Source : Mazars et Opinion Way.

LA GÉNÉRATION Z

La quête de sens et l'épanouissement au travail

78 %
refuseraient un emploi n'ayant pas de sens pour eux
YouGov pour Monster

Le secteur d'activité est lui aussi un critère important :

58 % Souhaitent travailler dans un domaine passionnant

88 % Estiment que l'image virtuelle de l'entreprise est importante

43 % Disent avoir besoin de se sentir utile dans leurs missions

Source : Service Now.

LA GÉNÉRATION Z

Le bien-être et la QVT : des facteurs primordiaux

Critère pour le choix du métier :

92 % Intérêt du poste

85 % Ambiance et bien-être au travail

49 % Rémunération

Source : Baromètre BCG.

LA GÉNÉRATION Z

Une entreprise intégrée à l'ère du numérique

81 %
estiment qu'une intégration des nouvelles technologies dans l'entreprise est primordiale.

88 %
estiment que ces logiciels doivent être aussi intuitifs et simple d'utilisation que les outils qu'ils utilisent au quotidien.

Source : Service Now.

www.arthur-loyd.com, 26 avril 2022.

Entraînement à l'examen

Cas Mécachrome

Leader mondial de la mécanique de précision, le groupe Mécachrome conçoit et fabrique des pièces et des ensembles de structure à forte valeur ajoutée pour les secteurs de l'aérospatiale, de l'aéronautique, de l'automobile, de la défense, du médical et de l'énergie. La société compte parmi ses clients des acteurs incontournables tels qu'Airbus, Safran ou encore Rolls Royce. Grâce à une expertise renforcée au fil de ses 80 ans d'existence et d'une main-d'œuvre hautement qualifiée, elle propose à ses clients du monde de l'industrie des solutions innovantes. Basée en France, Mécachrome est également implantée au Canada, au Maroc, en Tunisie et au Portugal. Elle compte plus de 2 400 salariés dont un millier en France. Son chiffre d'affaires s'élève à plus de 250 millions d'euros en 2021. Depuis les années 2010, la société poursuit une stratégie de croissance externe avec des fusions-acquisitions, mais également de croissance interne grâce à une augmentation de la production et des ventes. L'objectif stratégique affiché de ce sous-traitant est de consolider sa position de leader dans le domaine de l'aéronautique.

Malgré cette solidité apparente, Mécachrome n'a pas échappé au contexte morose de la crise sanitaire. L'épidémie de Covid-19 a eu pour conséquence une diminution drastique des commandes de la part de ses clients : compagnies aériennes et avionneurs. Ceci s'est ajouté à une crise plus structurelle liée à l'arrêt de la production de l'A380 qui avait déjà poussé la société à se restructurer. Aujourd'hui, malgré une reprise des commandes et un retour aux embauches, la guerre en Ukraine et l'inflation galopante menacent l'approvisionnement de certains matériaux, dont le titane.

L'étude est composée de trois missions

- **Mission 1** La prise en compte du numérique dans les relations de Mécachrome avec ses partenaires
- **Mission 2** L'étude de l'impact de la crise sanitaire et économique sur Mécachrome
- **Mission 3** L'analyse des leviers d'action à disposition de Mécachrome face aux enjeux sociaux

Dossier documentaire

- **Annexe 1** Mécachrome, une entreprise 4.0
- **Annexe 2** Mécachrome consolide ses comptes avec le logiciel métier Opera
- **Annexe 3** Dématérialiser les processus pour redonner de l'agilité aux entreprises
- **Annexe 4** Commandes annuelles d'avions Airbus selon le type d'appareil
- **Annexe 5** L'aéronautique recrute à nouveau, faut-il postuler ?
- **Annexe 6** Aéronautique : à Mécachrome, l'inflation met le feu aux poudres
- **Annexe 7** Présentation du plan de soutien de l'État à l'aéronautique
- **Annexe 8** Mk Formation : le centre de formation créé par Lécachrome
- **Annexe 9** Renforcer le soutien à la reconversion des salariés
- **Annexe 10** Avis des employés de Mécachrome sur leur entreprise

• **En prenant appui sur vos connaissances, le contexte et le dossier documentaire, il vous est demandé de répondre aux questions relatives aux trois missions du sujet. Vous êtes invité(e) à mobiliser les concepts et les apports théoriques dès lors qu'ils sont pertinents et que le lien avec la mission est argumenté.**

Missions

1 La prise en compte du numérique dans les relations de Mécachrome avec ses partenaires (annexes 1 à 4)

Mécachrome est une entreprise 4.0, sous-traitante de donneurs d'ordres prestigieux tels qu'Airbus ou encore Rolls Royce. Elle a choisi de déployer le numérique pour renforcer son agilité et sa réactivité face à un environnement turbulent et menaçant.

1.1. Expliquer comment la stratégie initiale de Mécachrome a été bouleversée par les récentes menaces de son environnement et comment le groupe entend y faire face.

1.2. Qualifier le type de relations établies entre Mécachrome et Airbus.

1.3. Identifier la valeur ajoutée apportée à Mécachrome par une qualification « entreprise 4.0 ».

1.4. Présenter le type de contrat passé entre Mécachrome et Amelkis.

2 L'étude de l'impact de l'environnement sur Mécachrome (annexes 4 à 6)

La reprise économique amorcée en 2021, laisse entrevoir des perspectives optimistes pour le secteur de l'aéronautique, avec des enjeux forts en matière de gestion des ressources humaines.

2.1. Décrire l'évolution post-covid du marché du travail dans le secteur de l'aéronautique.

2.2. Préciser le rôle des partenaires sociaux au sein de Mécachrome, dans ce contexte d'inflation.

2.3. Mettre en évidence la segmentation du marché du travail dans le secteur de l'aéronautique français.

3 L'analyse des leviers d'action à disposition de Mécachrome face aux enjeux sociaux (annexes 7 à 10)

Dans un contexte inflationniste et face aux enjeux sociaux, Mécachrome peut compter sur le soutien de l'État. Afin d'accompagner au mieux les salariés, la GEPP est plus que jamais indispensable.

3.1. Analyser comment l'État intervient pour soutenir le secteur de l'aéronautique depuis la crise sanitaire.

3.2. Montrer que les formations internes et externes s'inscrivent dans le cadre d'une démarche GEPP.

3.3. Proposer des leviers de motivation à mettre en œuvre auprès des salariés de Mécachrome afin de les fidéliser.

Dossier documentaire

Annexe 1

Mécachrome : une entreprise 4.0

La filière aéronautique doit faire preuve de flexibilité face à des retournements de conjoncture brutaux. Après des augmentations de cadences de production spectaculaires, la suspension de vol du Boeing 737 Max, l'arrêt du programme A380 et la crise de la Covid-19 ont imposé un coup d'arrêt à la production. Dans ce contexte, le numérique constitue un atout majeur. En effet, l'entreprise 4.0 tournée vers le digital et « le 0 papier » permet la génération d'un grand nombre de données et leur traitement rapide. Il en ressort une plus grande réactivité face aux évolutions de l'environnement.

Dans son usine de Sablé-sur-Sarthe, Mécachrome a par exemple mis en place un nouvel atelier 4.0 dans lequel sont déployés des robots et où la dématérialisation assure une meilleure traçabilité de l'information, facilite le contrôle qualité des pièces, le stockage, l'accès aux données, ainsi que l'obtention de statistiques sur les process de fabrication. Plus précisément, Mécachrome s'est dotée d'une plateforme *Business Process Management* (BPM) qui permet de dématérialiser la gestion de ses processus métier et d'en assurer une meilleure coordination grâce à une intégration des flux de données. Ainsi, les machines des ateliers de production sont mises en réseau et le processus de fabrication est surveillé par un système d'hypervision (ensemble de capteurs) permettant d'anticiper des pannes et d'intervenir rapidement. L'agilité de l'entreprise s'en retrouve renforcée. Par ailleurs, en déchargeant les opérateurs de tâches répétitives et pénibles pour leur permettre de se consacrer à la supervision du processus de fabrication, le numérique enrichit le travail.

Enfin, la dématérialisation des processus offre la possibilité d'ouvrir le système d'information de l'entreprise en amont et en aval, aux différents partenaires. Il devient alors possible de travailler en synergie avec les clients et les fournisseurs, de créer une organisation étendue, grâce à un système d'information ouvert et compatible.

Source : les auteurs.

Annexe 2

Mécachrome consolide ses comptes avec le logiciel métier Opera

Opera BPM (*Business Process Management*) est un logiciel de consolidation proposé par Amelkis, éditeur de solutions dédiées à la mesure de la performance des entreprises. Reconnu pour son savoir-faire et son expertise « métier », Amelkis s'adresse en particulier aux contrôleurs de gestion et experts-comptables. Il compte parmi ses clients des groupes de renom tels que KPMG, Mazars, In Extenso, Vente-privee.com, Daddy sucre. L'éditeur, en contrepartie d'une redevance mensuelle, assure l'accès Web à l'application, l'hébergement des données, les mises à jour et l'assistance hotline.

Source : les auteurs.

Annexe 3

Dématérialiser les processus pour redonner de l'agilité aux entreprises

Plus qu'un simple concept, la dématérialisation est aujourd'hui une préoccupation majeure pour les entreprises et les administrations.

L'un des principaux enjeux de la dématérialisation est de pouvoir assurer le suivi, la traçabilité et l'automatisation des informations circulant dans l'entreprise sous format électronique.

Dans le monde de l'entreprise, trois activités génèrent un volume d'échanges considérable :

- Les achats et les relations avec les fournisseurs
- La relation et le suivi des clients
- L'administration

Mais au-delà de la simple numérisation de documents papier, la dématérialisation présente un véritable levier lorsqu'elle s'attaque à l'ensemble des processus de l'entreprise.

Gestion électronique de documents

- Information d'origine non structurée
- Passage du papier au numérique
- Peu d'automatisation
- Structuration de la donnée dématérialisée limitée
- Factures, courrier, fonds documentaire…

Services en ligne

- Transformation de formulaires papier en formulaires numériques
- Meilleure accessibilité du service
- Traitement automatisé
- Structuration des données semi-structurées
- Self-service, télédéclaration, e-administration, e-commerce

Gestion dématérialisée des processus

- Mise en place d'un flux d'informations structuré
- Projets techniques aux implications métier fortes
- Automatisation optimale
- Sécurité et traçabilité
- Facturation EDI, virements bancaires, plateforme de commande…

Dans 42 % des cas, les démarches BPM s'inscrivent dans un contexte de dématérialisation.

Les outils de *Business Process Management* sont régulièrement mis en œuvre afin de répondre à ce type de besoin. Les principales réponses apportées par les outils de BPM dans les contextes de la dématérialisation sont :

1. maîtriser le dispositif de création de valeur de l'organisation autour de la dématérialisation
2. optimiser la performance opérationnelle en respectant les contraintes (économiques, réglementaires…) de l'entreprise
3. mettre en œuvre des démarches d'automatisation et d'amélioration continue de ces processus
4. accompagner les entreprises dans ces phases de transition et d'accompagnement liées au changement
5. renforcer l'agilité de l'organisation dans des environnements où le rythme du changement est important
6. orienter l'organisation et la culture des collaborateurs vers le tout numérique

Contextes dans lesquels s'incrivent les démarches processus

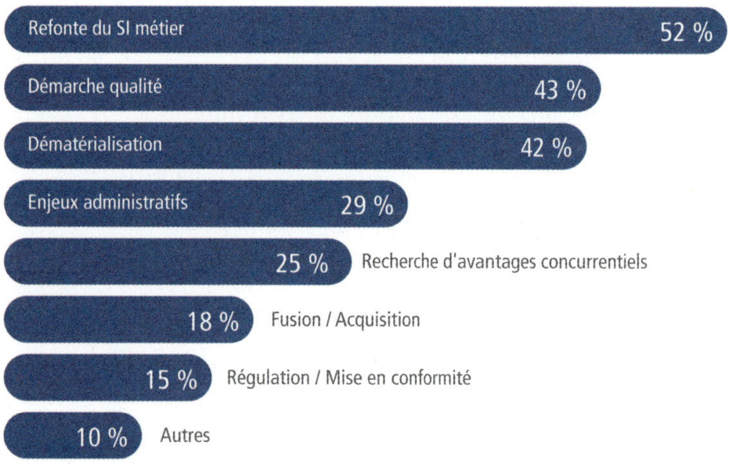

https://fr.bonitasoft.com

Annexe 4

Commandes annuelles d'avions Airbus selon le type d'appareil

En nombre d'avions

	2019	2020	2021
Monocouloirs	914	360	725
Famille A330/A340/A350	217	23	46
Total commandes brutes	1 131	383	771

Source : Insee.

Annexe 5

L'aéronautique recrute à nouveau, faut-il postuler ?

Le Groupement des industries françaises aéronautiques et spatiales (GIFAS) réunit quelque 400 entreprises et près de 200 000 salariés. Et Philippe Dujaric[1] de préciser : « Notre secteur avait recruté 7 000 salariés en 2021 mais devrait en embaucher 15 000 en 2022 dont 40 % de cadres. Nous avions embauché près de 20 000 salariés en 2019, avant la crise sanitaire. En 2023 et 2024, nous espérons revenir à ces recrutements d'avant Covid-19 ». À cela, il faudra ajouter le recrutement de 5 000 à 6 000 apprentis par an. […] Nous avons des besoins pour répondre aux montées en cadence et pour accompagner la transformation digitale de notre industrie et des services, ainsi que la décarbonation de l'aviation ».
[…] Tout d'abord, le secteur connait aujourd'hui de forts départs en retraite, phénomène qui a été accéléré par les départs d'anciens du fait du Covid-19. Ensuite, les produits aéronautiques ont dû s'adapter et réinventer une aviation bas carbone pour des clients qui souhaitent des engins plus simples, plus verts, moins chers et plus rapides à construire. […] Il faut alors embaucher de nouvelles compétences en *supply chain*, en informatique, en production pour mener cette révolution industrielle. […]
Le recrutement repart et, sans surprise, ce sont les ingénieurs qui vont rafler la mise. […] Le manque de spécialiste est tel qu'Airbus a en projet de développer une école du numérique adaptée à l'aéronautique. Selon le Gifas, les « informaticiens », au sens large, vont représenter près de 30 % des embauches actuelles. Le secteur doit se digitaliser. Les spécialistes des nouvelles technologies sont très recherchés tant chez les grands donneurs d'ordre (Airbus, Thales, Safran, Dassault) que chez les équipementiers ou les start-ups de cet écosystème. La 2e grande famille en tension est celle des experts en recherche et développement. L'aéronautique doit innover et les ingénieurs R&D sont très demandées et encore plus dans des spécialités liées à l'hydrogène, son stockage, les batteries ou la cryogénisation. Enfin, les métiers intervenant dans la production et la maintenance (ingénieur maintenance, ingénieur production, logisticien, acheteur, *supply chain manager*) sont également en tension.
Ces tensions ont des effets sur les rémunérations au sens large. […] En ce moment, ajoute un autre recruteur, « les employeurs sont capables de mettre 10 000 euros de plus pour embaucher un "cador" ». Mais ils misent aussi sur la qualité de vie au travail. […] L'aéronautique devra aussi rechercher des spécialistes dans d'autres secteurs. […] Les cadres de l'automobile, de l'énergie au sens large ou du ferroviaire peuvent donc aujourd'hui postuler pour importer les bonnes méthodes de leur secteur dans l'aéronautique.

Gwenole Guiomard, *Cadre emploi*, 2 février 2022.

1. Directeur des affaires sociales et de la formation du Gifas

Annexe 6

Aéronautique : à Mécachrome, l'inflation met le feu aux poudres

Le sous-traitant aéronautique toulousain doit faire face à un mouvement de grève sur son site local, qui témoigne de la colère d'une partie de ses 2 400 salariés. Les représentants du personnel de Mécachrome mènent actuellement des négociations avec la direction en vue d›une revalorisation salariale dans un contexte inflationniste. [...] De source syndicale, ce mouvement serait suivi par 80 à 90 % des salariés de la production, à Toulouse, le seul site de l'entreprise qui a lancé un mouvement de grève. En cause ? Les négociations annuelles obligatoires (NAO) ouvertes à la fin du mois d'avril. Dans sa première proposition, la direction du sous-traitant aéronautique qui emploie au total 2 400 salariés proposait une augmentation générale des salaires de + 2 %. Une offre pas du tout à la hauteur des demandes des syndicats. « Nous avons consulté les salariés. Ils demandent une revalorisation salariale générale de + 7 %, avec un talon de 200 euros (augmentation minimum, ndlr) », revendique un membre de la CGT au sein de Mécachrome, qui préfère taire son nom. Du côté de Force Ouvrière (FO), « nous étions partis au début des négociations avec une demande d›augmentation générale de + 5 %, + 2 % en augmentation individuelle, soit une enveloppe de + 7 % aussi. Mais nous demandions un talon de 100 euros », ajoute Jacky Chauvière, délégué du syndicat chez Mécachrome, travaillant sur le site d'Amboise (Indre-et-Loire). En raison notamment de cette divergence sur la question du montant du talon, la CGT, FO et la CFTC n'ont réussi à mettre sur pied une intersyndicale.

Pierrick Merlet, *La Tribune*, 17 mai 2022.

Annexe 7

Présentation du plan de soutien de l'État à l'aéronautique

Plan de soutien de l'État au secteur de l'aéronautique

15 milliards d'euros d'aides, d'investissements et de prêts et garanties

Directions :

- Répondre à l'urgence en soutenant les entreprises en difficulté et protéger leurs salariés
- Investir dans les PME et les ETI pour accompagner la transformation de la filière
- Investir pour concevoir et produire en France les appareils de demain

Objectif : produire en France les avions et les hélicoptères propres de demain pour rester une nation leader de l'aéronautique dans le monde

D'après www.economie.gouv.fr

Annexe 8

Mk Formation : le centre de formation créé par Mécachrome

Créée en 2022 par le groupe Mécachrome, MK Formation est une entité autonome qui accompagne toutes les entreprises ainsi que les salariés de Mécachrome sur des formations dans ses domaines de prédilection : usinage, ajustage, montage, chaudronnerie, contrôle tridimensionnel ainsi que dans les fonctions supports telles que des formations en sécurité, santé et environnement (SSE). L'organisme propose également des formations aux demandeurs d'emploi sur des parcours qualifiants de la métallurgie (CQPM). Preuve de sa réussite, MK Formation réalise maintenant 40 % de son chiffre d'affaires avec des entreprises extérieures.

www.mecachrome.com

Annexe 9

Renforcer le soutien à la reconversion des salariés

Pour tout comprendre

LE CPF PROJET DE TRANSITION PROFESSIONNELLE

01 | LE CPF PTP, QU'EST-CE QUE C'EST ?

- C'est un **dispositif de l'État** qui permet à un salarié (ou ancien salarié en CDD, sous certaines conditions) **d'entreprendre à son initiative**, la formation de son choix.
- Le CPF PTP permet de réaliser un **projet professionnel de reconversion ou évolution, indépendamment des actions de formation prévues par l'employeur.**
- Ce dispositif permet à tout salarié de **développer ses compétences, accéder à une qualification supérieure ou d'obtenir un Diplôme d'État**, de se reconvertir **tout en conservant sa rémunération.**

02 | LE CPF PTP, QUI PEUT EN BÉNÉFICIER ?

Tout salarié sous contrat **CDI, CDD, intérimaire ou demandeur d'emploi** venant de terminer un CDD, répondant aux conditions d'éligibilité au CPF PTP.

03 | QUELLE EST LA DURÉE D'UN CPF PTP ?

La durée du CPF PTP est égale à la durée de la formation et **ne peut excéder un an à temps plein ou 1 200 heures à temps partiel.**

© Groupe GEFOR

Annexe 10

Avis des employés de Mécachrome sur leur entreprise

MECACHROME
3,6 ★★★★☆ 27 avis

Suivre

Recevez de nouvelles offres d'emploi et de nouveaux avis chaque semaine !

À propos | Pourquoi postuler | 27 **Avis** | Salaires | Photos | Emplois | 3 Questions | Entretien d'embauche

Avis des employés pour MECACHROME

Evaluer cette entreprise

Intitulé du poste
Tous

Lieu
France 24 avis

Notes par catégorie

3,4 ★ Équilibre vie privée/professionnelle
3,5 ★ Salaire et avantages
2,8 ★ Sécurité et évolution
2,8 ★ Direction
3,2 ★ Culture d'entreprise

Trier par: Pertinence | Note | Date

Langue: Toutes

24 avis correspondant à votre recherche Voir les 27 avis

Avis à la une
L'avis le plus utile, sélectionné par Indeed

3,0 ★★★☆☆
Mk
Directeur lean groupe (ancien employé) - Amboise (37) - 8 mars 2020

Une pépite de l industrie aéronautique française a continuer de faire grandir

Avez-vous trouvé cet avis utile ?
Oui | Non

Signaler | Partager

Demander l'attribution de cette Page Entreprise

Vous souhaitez en savoir plus sur le travail dans cette entreprise ?

Posez une question au sujet du travail chez MECACHROME ou de leurs entretiens d'embauche. Notre

www.indeed.fr

L'épreuve de CEJM

Sujets zéro CEJM
www.lienmini.fr/6995-005

I Présentation de l'épreuve

1. Les objectifs

Il s'agit d'une épreuve écrite de 4 heures qui se présente sous la forme d'une étude de cas. Vous disposez d'un dossier documentaire d'une dizaine de pages présentant une situation d'entreprise contextualisée. À l'aide des annexes proposées (textes, graphiques, tableaux, etc.), vous devez résoudre plusieurs missions qui comprennent elles-mêmes plusieurs questions. Chaque mission fait appel à plusieurs champs disciplinaires (économie, droit, management) mais chaque question est rattachée à un seul champ disciplinaire, sauf s'il est demandé de réaliser une analyse PESTEL. L'objectif de l'épreuve est d'évaluer vos capacités à mobiliser les notions des trois champs disciplinaires pour répondre aux problématiques exposées dans le contexte.

2. Les critères d'évaluation

L'évaluation porte sur votre capacité à :
- analyser le contexte proposé ;
- exploiter les documents fournis en annexe ;
- établir un diagnostic ;
- proposer des solutions argumentées, en mobilisant des notions économiques, juridiques ou managériales et les méthodologies adaptées.

II Comment réussir l'épreuve ?

1. La lecture du sujet

Il est conseillé de commencer par lire le sujet dans son intégralité afin de prendre connaissance des différentes questions et d'effectuer une lecture active des annexes. Soulignez et annotez les passages importants permettant de répondre aux questions pour pouvoir les retrouver plus rapidement par la suite. Indiquez sur votre brouillon les thèmes abordés et toutes les connaissances personnelles que vous pouvez apporter en lien avec le sujet : définitions, auteurs, etc. Prêtez une attention particulière aux verbes directeurs utilisés, afin de bien saisir ce qui est attendu. Attention, une même mission mobilise plusieurs champs disciplinaires. Un travail préalable d'identification du champ disciplinaire de chaque question est donc conseillé. Pour cela, vous pouvez vous aider :
- de la formulation des questions (référence au juridique par exemple) ;
- des termes employés (terme « agent » renvoie à l'économie, « parties prenantes » au management) ;
- des annexes.

2. L'organisation du travail

Estimez au brouillon le temps nécessaire pour traiter chaque mission et vérifiez au fur et à mesure le respect de votre timing. Pensez à réserver vos dix dernières minutes pour la relecture de votre copie et la correction d'éventuelles fautes. Si le brouillon doit vous aider à organiser vos réponses, il ne faut pas pour autant tout rédiger, au risque de perdre trop de temps.

3. La rédaction de la copie

• **La forme.** La copie rendue doit être agréable à lire et aérée. Les missions et les numéros des questions auxquelles vous répondez doivent apparaître clairement. De même, il faut vous efforcer de structurer votre réponse en plusieurs paragraphes afin de montrer votre raisonnement.

• **Le fond.** Le correcteur attend une réponse claire aux questions posées, sans digressions ni hors sujet. De même, il faut mettre en valeur les arguments et ne pas se contenter de paraphraser le texte. Il conviendra donc de privilégier le raisonnement plutôt que le plaquage de références théoriques et de définitions sans justification.

Économie

Exploiter un document économique

Les difficultés de recrutement, une tendance plus marquée en France qu'en Europe

Près de 20 % des entreprises de services indiquent être limitées par un manque de main-d'œuvre alors que le chômage touche encore 8,6 % de la population active. Il existe ainsi [...] une exception française [...] que beaucoup de chefs d'entreprise connaissent bien. Si les entreprises de tous les pays européens disent ressentir plus de difficultés à recruter des salariés aujourd'hui qu'il y a trois ans, ce phénomène est plus marqué en France. La question est évidemment de savoir pourquoi. L'inadéquation entre les compétences des travailleurs français et les besoins des entreprises participe à ce phénomène, mais ce n'est pas la seule raison. [...]. Ainsi, les créations d'emplois ces dernières années se sont concentrées dans les métropoles dans lesquelles le coût de l'immobilier a grimpé et les problèmes de transport sont importants. Ainsi, l'an passé, 45 % des emplois créés dans l'Hexagone l'ont été en Île-de-France, région qui ne compte pourtant que pour 30 % du PIB du pays et 20 % de sa population. Or il n'est pas toujours facile de changer de région pour trouver un emploi, les coûts, notamment immobiliers, étant parfois prohibitifs.

Guillaume de Calignon, *Les Echos*, 27 septembre 2019.

1 Étape 1. Identifiez le titre et les mots-clés contenus dans ce titre.

Intérêt pour l'analyse	Exemple de réponse
• Obtenir des indications sur l'objet, le thème principal du document. • Obtenir des indications sur le caractère informatif, illustratif ou argumentatif du document.	Le document traite le sujet des difficultés de recrutement en France, comparativement aux autres pays européens. Ce document est principalement informatif et illustratif.

2 Étape 2. Identifiez la source, l'auteur, la date et la nature du document économique.

Intérêt pour l'analyse	Exemple de réponse
• Obtenir des indications sur le contexte économique et social de la période considérée. • Obtenir des indications sur la qualité des idées et des données chiffrées (degré d'objectivité et de fiabilité du document).	Ce document est un article de Guillaume de Calignon paru le 27 septembre 2019 dans le journal *Les Echos*. Les idées et données chiffrées sont actuelles. Les idées et données chiffrées sont objectives et fiables.

3 Étape 3. Lisez le document en identifiant à l'aide d'un code couleur :

- les notions clés ;
- les liens logiques, les connecteurs s'il s'agit d'un texte ;
- les informations fournies et leur unité de mesure s'il s'agit d'un graphique ou d'un tableau ;
- les idées, les mécanismes économiques (voir fiche suivante), les exemples et données chiffrées.

Intérêt pour l'analyse
• Identifier les notions clés et les définir. • Identifier la structure du document en évoquant les étapes principales du raisonnement s'il s'agit d'un texte. • Construire une lecture précise des idées, des mécanismes économiques et des données chiffrées.

4 Étape 4. Identifiez, expliquez et résumez les principales idées et informations.

Intérêt pour l'analyse	Exemple de réponse
• Identifier les idées principales qui pourront vous permettre de répondre aux questions de l'épreuve. • Utiliser des mécanismes économiques, des données chiffrées ainsi qu'un vocabulaire précis pour justifier vos réponses aux questions posées.	• Idée principale : les difficultés de recrutement sont plus fortes en France que dans les autres pays européens. • Causes possibles : – inadéquation des compétences des travailleurs français aux besoins des entreprises françaises ; – inadéquation géographique des travailleurs français aux emplois proposés par les entreprises françaises. • Données chiffrées utiles : – 20 % des entreprises de services françaises manquent de main-d'œuvre alors que le taux de chômage est de 8,6 % de la population active ; •••

•••	
	– concentration des créations d'emplois en Île-de-France (45 % des emplois créés en 2019) alors que la région ne représente que 20 % de la population. • Mécanisme économique utile : la concentration géographique des créations d'emploi entraîne une hausse du prix de l'immobilier et des problèmes de transport, ce qui peut limiter la mobilité géographique des travailleurs et donc les créations d'emplois.

Analyser un mécanisme économique

Exemple 1 : à partir d'un schéma	Exemple 2 : à partir d'un texte
↘ de la demande de travail ↓ ↗ du chômage et ↙ des salaires	Les inégalités de salaires pourraient être justifiées en observant les écarts de productivité du travail. Les plus bas salaires seraient versés aux salariés les moins productifs, au sens où ils créeraient moins de valeur que les autres par leur travail pour leur entreprise.

1 Étape 1. Identifiez et définissez les notions économiques impliquées dans chacun des mécanismes économiques.

Exemple 1	Exemple 2
– Demande de travail : offre d'emploi des entreprises qui cherchent à recruter de la main-d'œuvre ; – Chômage : situation des individus sans emploi et à la recherche d'un emploi ; – Salaire : revenus du travail qui résultent d'un contrat de travail entre un salarié et une entreprise .	– Salaire : revenus du travail qui résultent d'un contrat de travail entre un salarié et une entreprise ; – Productivité du travail : quantité de biens et service que le facteur travail produit au cours d'une période donnée.

2 Étape 2. Faites apparaître des notions complémentaires utiles à l'analyse du mécanisme économique.

Exemple 1	Exemple 2
Ces notions économiques font appel à des notions économiques complémentaires comme : – marché du travail : lieu, souvent abstrait, où se confrontent une offre et une demande de travail pour aboutir à des échanges au prix de marché ; – offre de travail : demande d'emploi des individus qui cherchent à occuper un emploi.	Ces notions économiques ne font pas appel à d'autres notions économiques complémentaires utiles à l'analyse du mécanisme économique présenté.

3 Étape 3. Établissez les relations (corrélations) entre les notions économiques recensées : examinez si les deux notions sont liées, si elles évoluent dans le même sens ou dans le sens inverse.

Exemple 1	Exemple 2
Une baisse de la demande de travail est associée à une hausse du chômage et une baisse du salaire sur le marché du travail, pour une offre de travail donnée.	Le salaire évolue dans le même sens que le niveau de productivité du travail.

4 Étape 4. Établissez une éventuelle relation de causalité entre ces notions économiques : examinez si la variation d'une variable économique entraîne la variation de l'autre.

Exemple 1	Exemple 2
La baisse de la demande de travail est à l'origine de la hausse du chômage et de la baisse du salaire sur le marché du travail.	Plus un travailleur est productif, plus il crée de la valeur pour son entreprise. Par conséquent, il perçoit un salaire plus élevé.

Analyser une situation juridique

L'analyse d'une situation juridique permet d'apporter une solution en suivant un raisonnement juridique. Pour cela, vous devez suivre les étapes suivantes.

Situation

La société F* a confié le transport de 35 colis de médicaments à la société T*. Ces produits doivent être transportés à une température comprise entre 2 et 8 °C. Lucas est chargé de la livraison. La 1re heure de route se déroule sans incident. Mais soudain, Lucas constate que la température du compartiment où se trouvent les marchandises est tombée à – 10 °C. Comme il ne lui reste que 20 minutes de route, il décide de couper le système de réfrigération pour faire remonter la température et continue sa route. À l'arrivée, les médicaments sont inutilisables, ce qui cause un préjudice financier important à la société F* du fait de la valeur des lots. Elle demande à être indemnisée par la société T*.

1 Étape 1 : Qualifier les faits

Il s'agit de traduire la situation en termes juridiques pour la rattacher à une catégorie juridique. Il faut donc repérer les parties, le lien juridique entre elles et les faits.

Exemple :
Les parties sont la société F* et la société T*.
Le lien juridique entre ces 2 sociétés est un contrat de transport.
Les faits sont que les médicaments qui devaient être livrés par la société T* ont été détériorés pendant le transport, le système de réfrigération du camion étant tombé en panne. Il y a mauvaise exécution du contrat et la société F* a subi un préjudice financier.
La catégorie juridique est donc la responsabilité civile contractuelle.

2 Étape 2 : Formuler le problème juridique

Ce problème doit être formulé sous la forme d'une question et de façon générale. Il s'agit d'aller au-delà du cas étudié : tous les cas de figure identiques se verront appliquer la même solution.

Exemple :
La responsabilité d'une société de transport est-elle engagée en cas de détérioration de la marchandise transportée ?

3 Étape 3 : Présenter les règles applicables

Ce sont les règles de droit qui vont permettre d'apporter une solution.

Exemple :
La responsabilité civile contractuelle est fondée sur l'article 1231-1 du Code civil : « Le débiteur est condamné, s'il y a lieu, au paiement de dommages et intérêts soit à raison de l'inexécution de l'obligation, soit à raison du retard dans l'exécution, s'il ne justifie pas que l'exécution a été empêchée par la force majeure. »
Et selon l'article L. 133-1 du Code du commerce : le voiturier (le transporteur) est garant de la perte des objets à transporter, hors les cas de la force majeure. Il est garant des avaries autres que celles qui proviennent du vice propre de la chose ou de la force majeure.

4 Étape 4 : Déduire la solution juridique

L'application des règles de droit permet de proposer une solution à la situation.

Exemple :
Les produits ont été détériorés pendant le transport : il s'agit d'une mauvaise exécution du contrat. La société T* ne peut s'exonérer de sa responsabilité puisqu'il n'y a ni force majeure ni vice de la marchandise transportée. Elle devra indemniser la société F* du dommage financier subi.

Analyser une décision de justice

Lors de l'épreuve, il pourra vous être demandé de proposer une solution à un problème juridique de façon argumentée. Le dossier documentaire peut comprendre une décision de justice ou un extrait de jurisprudence. Pour bien cerner la situation juridique et comprendre le raisonnement suivi par la juridiction, il vous faudra repérer les éléments suivants.

Éléments à repérer	Exemple : arrêt de la Cour de cassation	Vocabulaire
① Juridiction et date de l'arrêt →	Arrêt n° 1346 du 8 novembre 2017 - Cour de cassation - Chambre commerciale, financière et économique.	
② Identité des parties et faits →	**Attendu,** selon l'arrêt attaqué (Paris, 11 février 2016), que la société Yves Dorsey, qui commercialise des chemises, a confié, à partir de l'année 2000, à la société Esquiss, la maîtrise d'œuvre de chemises fabriquées au Bangladesh, moyennant le règlement de commissions calculées en fonction du volume des commandes ;	***Attendu :*** *annonce l'exposé des faits.*
③ Objet du litige et prétentions →	Que, reprochant à la société Dorsey d'avoir diminué le volume de ses commandes à partir de l'année 2008, la société Esquiss l'a assignée en paiement de dommages-intérêts pour rupture brutale d'une relation commerciale établie (...) ;	
④ Arguments des parties →	Attendu que la société Esquiss **fait grief** à l'arrêt de rejeter toutes ses demandes alors, selon **le moyen** :	***Faire grief :*** *reprocher.*
Texte juridique de référence →	Que selon l'article L. 442-6, I, 5 du Code de commerce, toute rupture brutale, même partielle, d'une relation commerciale établie engage la responsabilité de son auteur ; Que la cour d'appel a elle-même constaté que la société Dorsey ne conteste pas qu'elle a momentanément cessé de passer des commandes à la société Esquiss ;	***Le moyen :*** *argument de droit par lequel l'auteur d'un pourvoi en cassation critique la décision contestée.*
Rappel de la décision de la cour d'appel (procédure antérieure) →	qu'en refusant néanmoins d'imputer à la société Dorsey une rupture brutale de la relation commerciale établie avec la société Esquiss, fût-elle partielle, la cour d'appel, qui s'est abstenue de tirer les conséquences légales de ses propres constatations, a violé la disposition susvisée ; (...)	
⑤ Motifs de la décision →	Mais **attendu qu'**après avoir constaté que la société Dorsey n'avait pris aucun engagement de volume envers son partenaire, l'arrêt relève qu'elle a souffert d'une baisse de chiffre d'affaires d'un peu plus de 15 % du fait de la situation conjoncturelle affectant le marché du textile, baisse qu'elle n'a pu que répercuter sur ses commandes dans la mesure où un donneur d'ordre ne peut être contraint de maintenir un niveau d'activité auprès de son sous-traitant lorsque le marché lui-même diminue ; (...)	***Attendu que :*** *annonce les motifs de la solution de la Cour de cassation. À ne pas confondre avec « Attendu » qui annonce l'exposé des faits.*
La Cour de cassation confirme l'arrêt de la cour d'appel →	Qu'en l'état de ces constatations et appréciations, la cour d'appel a pu retenir que la baisse des commandes de la société Dorsey, inhérente à un marché en crise, n'engageait pas sa responsabilité, la cour d'appel, (...) a légalement justifié sa décision ;	
⑥ Décision de la Cour de cassation →	Par ces motifs : REJETTE le pourvoi	

Droit

Analyser un contrat

À l'examen, l'analyse d'un contrat peut être nécessaire pour proposer une solution juridique dans une situation donnée. Pour analyser un contrat, vous devez en repérer les éléments essentiels.

① **Identification et qualification des parties :** vendeur/consommateur, employeur/salarié, etc.

② **Qualification du contrat :** contrat de vente, contrat de travail, contrat de location, etc. Ceci permet de déterminer le droit qui s'applique au contrat (droit de la consommation, droit du travail…).

③ **Date et le lieu d'établissement du contrat.**

④ **Objet du contrat.**

⑤ **Obligations des parties :** payer, livrer, respecter des directives, etc.

⑥ **Clauses particulières :** clause pénale, clause de réserve de propriété, clause de non-concurrence, etc.

⑦ **Conséquences du non-respect d'une obligation.**

À l'issue de l'analyse du contrat, il faut vérifier, si cela est possible, si les règles générales de validité des contrats ont été respectées : consentement non vicié, capacité juridique des contractants, contenu licite et certain.

Exemple de contrat	Analyse
① Conseiller commercial : Michel F. représentant la concession D. Client : Madame Anne L. Véhicule : Peugeot 108 3 portes Like essence Puissance fiscale : 3 CV Prix TTC à payer : 10 878 € TTC Date de livraison : 21/01/N Acompte reçu : 1 000 € TTC	**Les parties :** Michel F. est un vendeur et Anne L. est une consommatrice.
②④ Le véhicule fera l'objet d'un achat au comptant.	Il s'agit d'un **contrat de vente**. L'**objet** est la vente d'un véhicule.
⑥ Le transfert de propriété du véhicule est suspendu jusqu'au paiement intégral de son prix, conformément aux dispositions de la loi du 12 mai 1980 sur la réserve de propriété (…).	**Clause de réserve de propriété.**
Art. 2 : Le prix du véhicule faisant l'objet de la commande est celui du tarif en vigueur au jour de celle-ci. Ce prix est garanti jusqu'à l'expiration du ⑤ délai contractuel de livraison. (…)	**Obligation du vendeur :** livrer le véhicule dans les délais.
Art. 6 : Dans le cas d'une vente au comptant, ⑤ le prix est payable à la mise à disposition du véhicule par le concessionnaire.	**Obligation de la cliente :** payer le véhicule.
Par l'application de l'article 3 de la loi n° 92-1442 du 31 décembre 1992, il est expressément convenu que ⑥ des pénalités de retard, calculées à un taux égal à une fois et demie le taux de l'intérêt légal en vigueur au jour de l'exigibilité des factures, sont appliquées après mises en demeure, dans le cas où les sommes dues sont versées après la date de paiement figurant sur la facture, lorsque le versement intervient au-delà du délai fixé par les conditions générales de vente.	**Clause pénale :** elle est applicable si le délai de paiement n'est pas respecté par la cliente.
Art. 7 : Le lieu de livraison est le siège de l'établissement du concessionnaire. ⑤ Tout client prévenu de la mise à disposition du véhicule commandé doit en prendre livraison dans les quinze jours ; passé ce délai, il lui sera compté des frais de garage (…).	**Obligation de la cliente :** prendre livraison du bien.
Art. 9 : Conformément aux dispositions de l'article L. 114-1 du Code de la consommation, en cas de dépassement de la date de livraison convenue excédant sept jours et non dû à un cas de force majeure, ⑦ le client pourra annuler sa commande et exiger le remboursement des versements déjà effectués (…). Le vendeur pourra annuler la commande si dans le délai de quinze jours, le client n'a pas pris livraison du véhicule ou payé son prix. (…)	**Résiliation du contrat :** la commande peut être annulée si l'une des parties ne respecte pas une obligation.
③ Le 05/01/N. À Lille Signature du concessionnaire ou son représentant : Michel F. Signature du client : Anne L	

Conduire une analyse en management

Lors de l'épreuve, il vous est demandé d'analyser des situations de management. Pour cela, vous devez mobiliser des notions inscrites dans un cadre d'analyse théorique qui vous permettent de comprendre la situation. Ces notions ont été élaborées par des auteurs qui, par leur expérience professionnelle, ont pu en vérifier la pertinence et l'efficacité.

Situation : Ô Quotidien est un épicier qui propose à ses clients une large gamme de produits frais d'origine locale et biologique. Il répond ainsi à la tendance du « manger sain ». Son objectif est de réaliser un chiffre d'affaires de 400 000 € la première année.

Question : Montrez que l'objectif de l'entreprise Ô Quotidien est cohérent avec ses finalités économiques.

Notions :
- **Finalité économique :** raison d'être de l'entreprise, visant à répondre aux attentes des clients.
- **Objectif :** résultat attendu en lien avec une finalité.

Peter Drucker (1909-2005) considère que l'entreprise se définit d'abord par le besoin que le client cherche à satisfaire en acquérant un bien ou un service. Le manager, en se fixant des objectifs, doit tendre vers la réalisation de ce but.

Réponse : La finalité économique d'Ô Quotidien est de satisfaire la demande nouvelle des clients soucieux de manger local et sain. Pour réaliser cette finalité, l'entreprise se fixe un objectif de 400 000 € de CA. Ô Quotidien illustre la notion de finalité économique telle que Drucker l'a définie. C'est la première mission de l'entreprise.

Situation : Titulaire d'un MBA business stratégie et consulting, Cédric Schwartzenberger s'est d'abord construit une expérience de *business developper* au sein de grandes entreprises internationales. Ce sont ses expériences de voyage qui l'ont conduit à inventer la boîte à clés connectée et à créer la société Monkey Locky.

Question : Expliquez en quoi l'esprit entrepreneurial dont fait preuve le dirigeant de Monkey Locky contribue à la dynamique innovante de l'entreprise.

Notions :
- **Innovation :** capacité constante à créer du nouveau.
- **Esprit entrepreneurial :** capacité pour un individu de saisir des opportunités de profit.

Joseph A. Schumpeter (1883-1950) explique la dynamique du capitalisme par le rôle de l'entrepreneur et sa capacité à innover.
Israël Kirzner (né en 1930) est à l'origine du concept d'esprit entrepreneurial. Il montre que la capacité d'innovation repose sur les compétences (formation, expériences) de l'entrepreneur.

Réponse : En s'appuyant sur sa formation et son expérience, le dirigeant de l'entreprise a su saisir les opportunités que lui offrent ses voyages pour innover (boîte à clés connectée) et créer une activité nouvelle, génératrice de profit.
Cédric Schwartzenberger incarne l'entrepreneur au sens de Schumpeter : il prend un risque pour innover, contribuant ainsi à la dynamique économique. Cette capacité à innover repose sur ses compétences antérieurement acquises, telle que l'analyse Kirzner.

Situation : Ô Quotidien est une entreprise coopérative qui propose à ses clients une large gamme de produits alimentaires frais d'origine locale et biologique. Elle répond ainsi à la tendance du « manger sain ». Elle s'appuie sur un vaste réseau de producteurs locaux. Ses salariés, presque tous coopérateurs (propriétaires), partagent largement ces valeurs et contribuent au succès de l'enseigne.

Question : Indiquez la contribution des parties prenantes à la réalisation des objectifs d'Ô Quotidien.

Notion :
Partie prenante : individu ou groupe d'individus pouvant affecter ou être affecté(s) par la réalisation des objectifs de l'entreprise.

R. Edward Freeman (né en 1951) intègre au champ de l'analyse stratégique l'ensemble des acteurs (*stakeholders*) qui exercent une influence sur l'entreprise et peuvent agir comme des contre-pouvoirs.

Réponse : Les parties prenantes d'Ô Quotidien sont : les clients qui achètent les produits qui correspondent à leurs besoins, les producteurs qui trouvent un débouché à leurs produits, les salariés qui sont rémunérés pour leur travail et trouvent en plus un épanouissement personnel tout en contribuant au développement de l'activité. En tant que coopérateurs, ils ont financé l'entreprise et participent ainsi à la réalisation de ses objectifs. Salariés, clients, fournisseurs et propriétaires agissent directement sur l'entreprise, en contribuant à la réalisation de ses objectifs.

Management

Situation : Judith souhaitait lors de la création de son entreprise Ô Quotidien produire elle-même les fruits et légumes vendues dans son épicerie. Mais elle s'est bien vite rendu compte qu'elle n'avait pas les ressources et les compétences pour cultiver tous ces produits. Mieux valait s'appuyer sur le savoir-faire des producteurs locaux.

Question : Analysez les arbitrages effectués par Judith en vous appuyant sur la notion de chaîne de valeur.

Notion : **Chaîne de valeur :** assemblage des différentes fonctions de l'entreprise permettant de générer sa marge.	**Michael Porter** (né en 1947), professeur de stratégie, montre l'importance de l'optimisation de la chaîne de valeur et de l'analyse de l'environnement pour construire un avantage concurrentiel.

Réponse : Judith a dû choisir entre faire elle-même (conserver la fonction de production dans la chaîne de valeur) ou faire faire (sortir l'activité de la chaîne de valeur). La solution de l'externalisation (faire produire les fruits et légumes par des producteurs locaux) est plus avantageuse, car elle est moins coûteuse et elle utilise au mieux le savoir-faire de ses partenaires.

Situation : Judith souhaiterait ouvrir un rayon viandes bio. Comme elle le fait toujours, elle demande l'avis de ses salariés sur le projet. Ils expriment une forte hostilité. Ils considèrent d'une part qu'ils n'ont pas les compétences pour fournir une telle prestation et d'autre part que cela s'oppose à leurs convictions personnelles : ils sont tous végétariens ! Judith va devoir renoncer à ce projet.

Question : Montrez l'influence du style de direction et du rôle des salariés dans la prise de décision finale de Judith.

Notions : • **Style de direction :** façon dont un dirigeant prend ses décisions. • **Contre-pouvoir :** opposition face à un pouvoir établi.	**Rensis Likert** (1903-1981) est un psychologue à l'origine de la typologie des quatre styles de direction : autoritaire, paternaliste, consultatif et participatif. **Michel Crozier** (1922-2013) est un sociologue qui analyse les stratégies mises en œuvre par les acteurs pour défendre leur intérêt et leur marge de liberté face au pouvoir.

Réponse : Selon la typologie de Likert, Judith adopte un style consultatif car elle demande aux salariés leur avis sur le projet et accepte d'y renoncer. Les salariés hostiles au projet se comportent comme des contre-pouvoirs face à l'autorité incarnée par Judith afin de préserver leurs marges de liberté.

Lexique CEJM

Le lexique CEJM au format numérique
www.lienmini.fr/8739-0005

A

- **AAI (autorité administrative indépendante) :** organisme administratif qui agit au nom de l'État sans relever de l'autorité du gouvernement.
- **Accord collectif :** il sert à adapter des règles législatives aux réalités du secteur d'activité ou de l'entreprise. Il est limité à certains thèmes.
- **Action collective :** action commune ou concertée de plusieurs acteurs d'une même entreprise travaillant ensemble pour un échange de compétences, un partenariat ou un projet commun.
- **Alignement stratégique :** son enjeu est de faire du système d'information un atout au service de la stratégie de l'entreprise.
- **Audience :** un des critères de représentativité syndicale, elle se mesure au nombre de voix recueillies par un syndicat lors des élections professionnelles.
- **Automatisation :** ensemble de procédés qui rendent l'exécution d'une tâche automatique, sans intervention de l'homme.
- **Avantage concurrentiel :** facteur de réussite que l'entreprise maîtrise mieux que la concurrence et dont elle tire une meilleure position sur le marché (M. Porter).

B

- **Base de données :** ensemble de données organisées et accessibles afin d'être consultées, mises à jour et analysées.
- **Big data :** volume très important de données numériques.

C

- **CDD (contrat à durée déterminée) :** contrat de travail conclu pour une tâche précise et temporaire.
- **CDI (contrat à durée indéterminée) :** contrat de travail dont le terme n'est pas fixé et qui prend fin par accord conjoint des parties, ou suite à la démission ou au licenciement du salarié.
- **Chaîne de valeur :** outil d'analyse de la création de valeur pour le client final. Elle distingue les fonctions de l'entreprise à valoriser car créatrices de valeur et celles qui sont à minimiser car génératrices de coûts (M. Porter).
- **Charte informatique :** document d'entreprise interne qui réglemente l'usage des outils informatiques.
- **Chômage :** situation d'une personne en âge de travailler sans emploi et en recherchant activement un.
- **Clause de confidentialité :** clause d'un contrat imposant aux parties de conserver confidentielles les informations auxquelles elles auraient pu avoir accès au cours de l'exécution du contrat.
- **CNIL (Commission nationale de l'informatique et des libertés) :** AAI veillant au respect de la vie privée et des libertés dans le monde numérique.
- **Clause de réversibilité :** clause d'un contrat de prestation de services numériques désignant la faculté pour le client de récupérer ses données lors de la cessation du contrat.
- **Compte personnel de formation (CPF) :** dispositif permettant à toute personne active d'acquérir des droits à la formation mobilisables tout au long de sa vie professionnelle.
- **Concurrence déloyale :** pratiques commerciales abusives d'une entreprise nuisant à la concurrence.
- **Conditions générales de vente (CGV) :** informations auxquelles un consommateur doit avoir accès avant de passer commande à un vendeur.
- **Contrat de travail :** convention par laquelle le salarié s'engage à travailler contre rémunération pour le compte et sous la direction de l'employeur.
- **Contrats dérogatoires :** cette catégorie regroupe les contrats précaires (CDD, CTT) qui doivent obligatoirement faire l'objet d'un écrit.
- **Contrefaçon :** appropriation par une entreprise ou un particulier d'un objet soumis au droit d'auteur, sans l'autorisation de son propriétaire.
- **Convention collective :** elle sert à adapter des règles législatives aux réalités du secteur d'activité ou de l'entreprise. Elle traite l'ensemble des conditions de travail.
- **Cotisations sociales :** prélèvements obligatoires pour le financement des différentes branches de la Sécurité sociale (vieillesse, maladie, prévoyance...).
- **Coûts fixes :** charges qui ne varient pas avec le volume de l'activité d'une entreprise.
- **Croissance conjointe :** l'entreprise se développe en nouant des partenariats ou des alliances avec d'autres entreprises.
- **Croissance externe :** l'entreprise se développe en prenant le contrôle d'autres entreprises par fusions ou acquisitions.
- **Croissance interne (ou organique) :** l'entreprise se développe en s'appuyant sur ses propres ressources et compétences.

- **CSE (comité social et économique) :** instance de représentation du personnel dans les entreprises de plus de onze salariés.
- **CTT (contrat de travail temporaire) :** contrat de travail établi par une entreprise de travail temporaire qui met le salarié à disposition d'une entreprise utilisatrice pour une durée déterminée.
- **Cybersquattage :** dépôt frauduleux d'un nom de domaine en rapport avec une marque pour lui nuire ou exploiter sa notoriété.

D

- **Demande d'emploi/offre de travail :** émane des individus qui cherchent à occuper un emploi ou louer leur force de travail.
- **Demande de travail/offre d'emploi :** émane des entreprises qui cherchent à recruter de la main-d'œuvre.
- **Démarche stratégique :** méthode s'appuyant sur un diagnostic interne et un diagnostic externe pour préparer des choix stratégiques.
- **Dématérialisation :** suppression du support matériel. Synonyme de numérisation.
- **Démission :** rupture du contrat de travail par le salarié.
- **Dépenses ciblées en faveur de l'emploi et du marché du travail :** dépenses engagées en faveur de l'emploi à destination des personnes en difficulté sur le marché du travail.
- **Dépenses générales en faveur de l'emploi et du marché du travail :** dépenses engagées en faveur de l'emploi qui ne s'adressent pas spécifiquement à des personnes en difficulté sur le marché du travail.
- **Désintermédiation :** diminution du rôle des intermédiaires au profit des transactions directes entre clients et fournisseurs.
- **Diagnostic externe :** il identifie les menaces et les opportunités de l'environnement.
- **Diagnostic interne :** il analyse les ressources et les compétences pour dégager les forces et les faiblesses de l'entreprise en vue de déterminer son avantage compétitif.
- **Différenciation :** stratégie de domaine d'une entreprise qui propose une offre dont la valeur perçue est différente de celle des concurrents.
- **Digital natives :** expression désignant la génération ayant grandi en même temps que le développement d'Internet, entre 1980 et 2000. Elle est composée d'utilisateurs naturels et intensifs d'Internet et des téléphones portables.
- **Discrimination :** distinction de traitement portée à un salarié ou à une personne candidate à un emploi, stage ou formation sur un motif autre que les nécessités de l'emploi ou les qualités professionnelles du salarié.
- **Diversification :** stratégie globale concernant les entreprises qui exploitent plusieurs DAS.
- **Domaine d'activité stratégique (DAS) :** sous-partie d'une entreprise regroupant des produits ou services recourant aux mêmes compétences et technologies et évoluant dans un même environnement concurrentiel.
- **Domination par les coûts :** stratégie de domaine d'une entreprise proposant une offre à un coût et un prix plus bas que ceux des concurrents.
- **Données à caractère personnel :** toute information relative à une personne physique susceptible d'être identifiée directement ou indirectement (RGPD).
- **Double-clic :** procédé à respecter pour les ventes sur Internet qui consiste en deux étapes : la création d'un panier modifiable puis la confirmation de la commande.
- **Droit d'auteur :** ensemble des prérogatives dont dispose un auteur sur des œuvres de l'esprit originales. Il comprend des droits moraux et patrimoniaux.
- **Droit de rétractation :** il permet à l'acheteur de revenir sur sa décision d'achat dans un délai de 14 jours après la signature du contrat pour un service ou après la réception du bien pour un produit.
- **Droit négocié :** règles issues des négociations entre les partenaires sociaux permettant d'adapter le droit du travail aux conditions spécifiques d'une branche ou d'une entreprise.

E

- **E-réputation :** image construite à partir de l'ensemble des contenus publiés sur Internet à propos d'une personne ou d'une organisation.
- **Économie collaborative :** modèle économique regroupant les activités qui reposent sur le partage ou la mutualisation des biens, savoirs, services ou espaces et sur l'usage plutôt que la possession.
- **Emplois atypiques :** emplois à durée déterminée et/ou à temps partiel (CCD, intérim).
- **Emplois typiques :** emplois à durée indéterminée à temps plein avec un employeur unique.
- **Employabilité :** aptitude à trouver et conserver un emploi, à progresser sur le plan des compétences et à s'adapter au changement tout au long de la vie professionnelle.
- **Entreprise réseau :** structure d'organisation qui repose sur le recours à l'externalisation ou à des relations de coopération entre une entreprise pivot et ses fournisseurs ou clients.
- **Externalisation :** stratégie d'une entreprise qui confie à des partenaires externes la réalisation de certaines activités.

- **Externalités de réseau :** phénomène par lequel l'utilité d'une technique ou d'un produit dépend du nombre de ses utilisateurs.

F

- **Flexibilité :** capacité d'une entreprise à s'adapter à un environnement mouvant.
- **Focalisation :** stratégie de domaine d'une entreprise qui propose une offre très fortement différenciée pour n'attirer qu'un nombre réduit de clients.
- **Forces concurrentielles :** il existe plusieurs forces concurrentielles qui sont des menaces pour l'entreprise : le pouvoir d'influence des fournisseurs, les entreprises potentiellement entrantes sur le marché, le pouvoir d'influence des clients, les produits de substitution, la rivalité entre les entreprises et l'action des pouvoirs publics.

G

- **Gestion des talents :** démarche de gestion des ressources humaines visant à détecter et valoriser les compétences particulières d'un individu afin de le fidéliser.
- **GEPP :** démarche de gestion prospective des ressources humaines visant à adapter - à court et moyen termes - les effectifs et les parcours professionnels aux exigences issues de sa stratégie et à l'évolution de son environnement.

H

- **Harcèlement :** répétition de propos et de comportements ayant pour effet une dégradation des conditions de vie de la victime, de sa santé physique et/ou mentale.

I

- **Identité numérique :** ensemble des renseignements et données qui se rapportent spécifiquement à un individu ou à un organisme sur Internet.
- **Intégration :** stratégie d'une entreprise qui réalise elle-même l'ensemble des activités composant la chaîne de valeur.

L

- **Licenciement :** rupture du contrat de travail par l'employeur (motif personnel ou économique).
- **Lien de subordination :** lien entre un salarié et son employeur qui exerce sur lui un pouvoir de direction, contrôle et sanction.
- **Logiciel :** ensemble d'instructions qui permet à un ordinateur d'assurer une tâche ou une fonction en particulier.

M

- **Management participatif :** type de management favorisant le consensus par un dialogue entre managers et collaborateurs.
- **Marché du travail :** lieu (théorique) de rencontre entre des travailleurs et des entreprises.
- **Marché du travail interne :** marché du travail occupé par les « *insiders* » qui disposent d'un fort pouvoir de négociation, notamment salarial, dans l'entreprise.
- **Modèle IMC :** processus de décision en trois étapes : intelligence (recensement de toutes les solutions), modélisation (analyse des conséquences de chaque solution) et choix.
- **Modèle LCAG :** modèle qui définit les quatre étapes de la démarche stratégique de l'entreprise : le diagnostic interne et externe, l'évaluation des choix possibles, la définition des objectifs stratégiques et la mise en œuvre et le contrôle de la stratégie.
- **Motivation :** éléments poussant un individu à s'impliquer volontairement dans la réalisation de son travail.

N

- **Nom de domaine :** correspond à l'adresse saisie dans un navigateur pour accéder à un site Internet.

P

- **Place de marché (ou *marketplace*) :** plateforme virtuelle qui met en relation des acheteurs et des vendeurs sur Internet, qu'ils soient professionnels ou non.
- **Pôle emploi :** opérateur du service public qui accompagne les demandeurs d'emploi dans leur recherche jusqu'au placement, assure le versement des allocations, aide les entreprises dans leurs recrutements.
- **Politiques actives de l'emploi :** mesures mises en œuvre par les pouvoirs publics pour accroître le nombre d'emplois en favorisant le retour à l'emploi des chômeurs et en améliorant l'employabilité.
- **Politiques passives de l'emploi :** ensemble des mesures mises en œuvre par les pouvoirs publics afin de rendre plus supportables les périodes de chômage ou les retraits anticipés d'activité.
- **Population active :** personnes en âge de travailler, qu'elles aient un emploi ou soient au chômage.
- **Principe de faveur :** règle du droit du travail qui prévoit qu'en cas de conflit entre deux normes, c'est la norme la plus favorable au salarié qui s'applique.
- **Professions réglementées :** professions qui font l'objet d'une réglementation particulière.

- **Progiciel de gestion intégré (PGI) :** logiciel permettant de gérer l'ensemble des processus métiers d'une entreprise, grâce à une base de données commune.
- **PSE (plan de sauvegarde de l'emploi) :** dispositif qui a pour but d'éviter ou de limiter les licenciements pour motif économique dans l'entreprise par des propositions de reclassement, de mutation, etc.
- ***Pure players* :** commerces qui vendent leurs produits exclusivement sur Internet.

R

- **Réintermédiation :** apparition de nouveaux intermédiaires commerciaux sur de nouveaux canaux de distribution.
- **Relations d'échange :** on distingue quatre types d'échange : BtoC (*Business to consumer*), BtoB (*Business to Business*), CtoC (*Consumer to Consumer*) et BtoG (*Business to government*).
- **RGPD (règlement général sur la protection des données) :** règlement qui encadre le traitement et l'usage des données personnelles dans l'Union européenne.
- **Rupture conventionnelle :** permet à un employeur et un salarié en CDI de convenir des conditions de la rupture du contrat de travail. Elle ouvre droit à une indemnité de rupture pour le salarié qui peut prétendre aux allocations chômage.

S

- **Secteur primaire :** segment du marché du travail caractérisé par des emplois typiques occupés par des salariés qualifiés bien rémunérés et bénéficiant de bonnes conditions de travail.
- **Secteur secondaire :** segment du marché du travail caractérisé par des emplois atypiques moins rémunérés et ayant de moins bonnes conditions de travail.
- **Segmentation du marché du travail :** analyse qui considère qu'il existe plusieurs marchés du travail, un marché primaire et un marché secondaire.
- **Signature électronique :** procédé permettant de garantir l'intégrité d'un document électronique et d'en authentifier l'auteur.
- **Site Internet :** groupe de pages Web accessible depuis un navigateur Internet.
- **Spécialisation :** stratégie globale caractérisant les entreprises qui n'exploitent qu'un seul DAS.
- **Stratégie :** démarche consistant à définir les objectifs à long terme d'une entreprise.
- **Stratégie réelle (ou émergente) :** la stratégie voulue (ou délibérée) subit le plus souvent des perturbations provoquant l'émergence d'une nouvelle stratégie.
- **Stratégie de domaine :** elle concerne un DAS et permet de consolider et pérenniser l'avantage concurrentiel. M. Porter en distingue trois : la domination par les coûts, la différenciation et la focalisation.
- **Stratégie globale :** elle concerne l'entreprise ou le groupe dans son ensemble. On distingue deux stratégies : la spécialisation et la diversification.
- **Système d'information (SI) :** ensemble organisé de ressources techniques, organisationnelles et humaines requises pour le traitement des informations nécessaires aux métiers de l'entreprise.

T

- **Taux d'activité :** rapport entre le nombre d'actifs et la population en âge de travailler.
- **Taux d'emploi :** rapport entre le nombre d'actifs ayant un emploi et l'ensemble de la population correspondante.
- **Taux de chômage :** rapport entre le nombre de chômeurs et l'ensemble de la population active.
- **Télétravail :** activité professionnelle exercée à distance grâce à des outils de télécommunication.
- **Travail collaboratif :** fait d'optimiser le travail et la communication entre des acteurs grâce à des outils numériques ou des espaces dédiés.
- **Travailleur indépendant :** il travaille pour son propre compte de manière autonome et gère sa clientèle.
- **Typosquattage :** détournement d'un nom de domaine via un changement d'orthographe pour tromper les internautes.

U

- **Ubérisation :** modèle économique basé sur l'émergence de plateformes numériques mettant en relation directe des clients et des prestataires, en concurrence avec les acteurs de l'économie classique.
- **Unédic :** association chargée par délégation de service public de la gestion de l'assurance chômage en coopération avec Pôle emploi.

Y

- ***Yield management* :** méthode d'ajustement des prix en temps réel en fonction de la demande.

Achevé d'imprimer en Italie en avril 2023 par l'imprimerie L.E.G.O. S.p.A. - Numéro éditeur : MAGSI20220626 - Dépôt légal : avril 2023